产业新城发展模式及经营管理

Development and Operation Management of Industry-based New Town

曾肇河 赵永辉 编著

Edited & Written by ZENG Zhao-He, ZHAO Yong-Hui

中国建筑工业出版社

图书在版编目（CIP）数据

产业新城发展模式及经营管理 / 曾肇河，赵永辉编著. —北京：中国建筑工业出版社，2016.11
ISBN 978-7-112-19719-4

Ⅰ. ① 产… Ⅱ. ① 曾… ② 赵… Ⅲ. ① 城市建设－研究－中国 ② 房地产开发－研究－中国 Ⅳ. ①TU984.2 ② F299.233.4

中国版本图书馆CIP数据核字（2016）第199462号

产业新城作为传统地产企业转型发展的重要方向，如何成功打造产业新城对未来房地产企业在提升竞争力和资源整合能力方面有重要意义。本书首先从产业新城的起源出发，较为详尽地介绍了早期产业新城的历史演变，并对产业新城的概念、特征及类型进行分析。在此基础上，本书以典型案例的方式对国外和国内产业新城建设发展成就进行了回顾，从业务模式、盈利模式以及现金流循环模式等方面对产业新城的商业模式进行了定量和定性分析，从规划研发、团队建设、资金统筹、计划运营等方面对如何成功打造产业新城进行了深入剖析。最后，本书从世界和中国城镇化发展趋势、传统房地产转型发展以及新型城镇化建设等方面对产业新城未来发展进行展望及趋势研判。本书通篇配有大量图表，力求图文并茂，言简易懂。

责任编辑：咸大庆　岳建光　封　毅　张瀛天
责任校对：陈晶晶　李欣慰

产业新城发展模式及经营管理
曾肇河　赵永辉　编著
*
中国建筑工业出版社出版、发行（北京西郊百万庄）
各地新华书店、建筑书店经销
北京锋尚制版有限公司制版
北京建筑工业印刷厂印刷
*
开本：787×1092毫米　1/16　印张：20½　字数：310千字
2016年11月第一版　2017年11月第三次印刷
定价：48.00元
ISBN 978-7-112-19719-4
（29273）

前　言 | FOREWORD

随着中国经济进入“新常态”，房地产业也逐步从“黄金”时代步入“白银”时代，传统粗放式的房地产开发模式难以为继，当前房地产商业模式正经历着从传统住宅地产到商业地产再到产业地产的悄然转变与产品升级。因此，一大批房地产企业纷纷开启了转型升级的产业地产之路，如恒大预计总投资1600亿元的海南“海花岛”项目，碧桂园预计总投资2500亿元的马来西亚“森林城市”项目，万达在青岛投资500亿元致力于打造全球最大的影视产业基地——青岛东方影都项目，等等。

谈起产业新城，其发展历史可谓是源远流长，可以追溯到城市的起源。最早“城”和“市”是分离的，“城”是用来对外军事防御之用，而“市”是用来商品交换之用，也就是商业交易集聚地，当商品交换规模达到一定程度就演变成了产业。从根本上讲，“城”与“市”的融合以及城市的形成，是生产力发展的必然产物。也就是说，城市从诞生那一刻起，就是以商业或者产业为依托的。

譬如，春秋战国时期，齐国国都临淄（今山东淄博）商业发达，经济繁荣，城池规模宏大；隋唐时期，随着大运河的开发，大运河沿岸商业异常繁盛，淮安、扬州、苏州、杭州在当时并称为“四大都市”，都城长安也成为古丝绸之路上的“国际化都市”，来自亚欧的商人在此云集，实现着商业交易和文明交融；公元前10世纪的腓（féi）尼基（今巴勒斯坦、黎巴嫩地区）的商业贸易区曾经辉煌；1547年意大利创建的热那亚湾雷格亨港（Leghoyn），该港的创建标志着近代意义上的开发区在世界上的诞生。

进入20世纪，世界各国在发展当地经济、解决大城市病困扰、打造和谐宜居城市方面都做出了大量努力，并取得了丰硕成果。譬如伦敦市政府通过引进优秀开发企业，整合政策资源，大力实施招商引资，打造伦敦金丝雀码头，实现了伦敦东区的经济复兴。新加坡通过政府扶持，尖端产业的引进，打造了裕廊工业区，成为带动新加坡经济腾飞的引擎，发展中国家实施赶超战略的标杆。中国改革开放之后，为发展经济，改变城市落后面貌，由政府主导大力发展经济开发区，致力于产城一体下的新型城镇化建设。截至2015年，中国国家级开发区219个，合计实现地区生产总值（GDP）约15万亿元，占全国经济总量（67万亿元）的22%，如再将省级开发区（1167个）考虑进去，估计将达到35%以上。

近年来，在国内产业新城市场化开发运营方面，华夏幸福可谓是产业新城“家族”的元老。华夏幸福作为开启中国产业新城投资开发运营市场化之先河的企业之一，在过去的几年里以其独特的创新性商业模式，实现了从“0”到“1”的突破和从“1”到“N”的跨越，并在当前经济下行压力下取得了骄人业绩，实现了弯道超车、逆势增长、强势领先，并成为传统地产企业转型升级纷纷仿效的标杆，这也表明了产业新城模式精准契合了当前中国新型城镇化之路，在经济“新常态”下展现了强大的生命力。根据华夏幸福2015年上市公司年报，2015年公司全年房地产销售额达724亿元，同比增长41%；实现营业收入383亿元，同比增长43%；实现净利润50亿元，同比增长32%；资产总额达到1686亿元，同比增长48%。

目前，市面上虽有一些关于产业新城商业模式和企业管理方面的书籍以及一些证券公司的行业分析报告，但他们仅从商业模式角度揭示了产业新城的运作逻辑，却没有触及商业模式背后战略、组织、人、财、物等层面的深入分析研究及整合配置，难以对有志于从事产业地产研究以及管理的志士同仁提供借鉴。

“成功之人必有过人之处”。为系统总结国内外成功产业新城投资、开发、管理、运营的宝贵经验，试图提炼挖掘成功之道背后的商业逻辑，把握产业新城的运作核心和管理精髓，特编撰此书，试图解答产业新城做什么、怎么做等一系列务实管理问题，以便对有志于从事产业新城研究和管理实践的志士同仁提供参考，也渴望未来中国能打造出更多优秀的产业新城和产业新城开发运营商，为中国经济转型升级和新型城镇化建设，建设和谐宜居之城贡献菲薄之力。

曾肇河　赵永辉

2016年6月8日于北京

目　录 | CONTENTS

Chapter

01

| 第一章 |

认识产业新城

产业新城是新型城镇化背景下，以人为核心、以产业发展为基石、以“产城融合”为标志的城市发展创新模式和人本的城市开发哲学。具体而言，产业新城的规划、投资开发、运营都是在“以人为本”的新型城镇化模式指引下，以“建设智慧生态、宜居宜业的幸福城市”为理念，积极创新升级“政府主导、企业运作、合作共赢”的市场化运作模式，探索并实现产业新城的经济发展、城市发展和民生保障。因此，产业新城的投资发展模式为中国和世界的新型城镇化提供了可借鉴的样本。

可见，产业新城是现代城市的重要组成部分，并且是随着历史发展，根据人们对更高品质居住环境的发展要求，通过周密规划和资源整合而形成的产城一体、人与自然和谐共处的新型城镇。本质上讲，产业新城是城市的一种新兴形态。所以要想对产业新城有更深入的认知和了解，就需要对人类城市的起源和发展演变进行梳理分析。

一、城市的起源与发展

城市是人类最伟大的创造之一，它既是人类文明发展的重要标志，又为人类文明的进一步发展，奠定了坚实的物质和精神基础。认识城市的起源，把握城市发展的规律及其特点，了解现代城市化进程及其发展趋势，也是产业新城研究和实践的基础，对于产业新城的规划、开发，促进产业新城的发展与繁荣，具有重要的理论意义。

（一）早期城市的雏形和古代城市

城市是人类最伟大的创新成果，是人类社会文明进程和文化发展的重要标志。城市在其时间纬度上是一个历史的范畴，在其空间纬度上是一种区域现象，时、空衔接构成一个充满生机和活力的机体。

1. 城市形成的社会历史条件

城市的起源及其表现形态，往往与当时的社会制度和思想文化密切相关。只有全面地把握导致早期城市起源及其表现形态的社会制度与思想文化，才能更加准确地理解和把握导致城市诞生的社会历史背景和根本原因，以探索其中内含着的发展规律。

（1）**城市形成的背景**。人类社会有着百万年的悠久发展史，而城市的出现却不过只有几千年的“短暂”时期。城市的产生和发展不是一个孤立的社会物质现象，而是人类社会历史发展到一定阶段的产物。人类社会的经济、政治、文化的文明进程，是城市形成和发展的主要社会历史背景。城市形成的规律一般为：原始聚落→分散的乡村→集市→早期城市。鉴于政治、军事和宗教等因素对于城市诞生所具有的重要影响，一些城市是在原始聚落的基础上，直接发育成为早期城市的。

①**原始聚落**。远在距今约6000年的新石器时代，伴随着原始人群认知能力的提高和生产工具的发明，人类的生产力水平得到了第一次质的飞跃，人们开始了对野生动植物的驯化，耕作农业和养殖业也诞生了，继而发生了农业与畜牧业分离的第一次社会大分工。人类的生产活动第一次摆脱了对劳动对象的绝对依附性，选择有适合耕作土地的地方定居下来，形成了人类历史上以原始农业生产为主的固定居民点——聚落。所谓聚落是对人类各种形式的聚居地的总称，包括与人类生存密切相关的房屋建筑、各种生活、生产设施，是人类进行生产、劳动、居住、生活、休息及各种社会活动的场所。聚落的形成使原始人群可以充分地利用集体的力量，互助合作，共同应对自然的挑战，提高了战胜自然的能力，改善了生存的质量，对于人类文明的发展具有划时代的重大意义。

②**分散的乡村**。乡村是以农业活动和农业人口为主的聚居地。由于地理环境对农业生产具有重要的决定性影响，因而对乡村形态的影响也很大。一般在水源、交通路口等地带易于形成乡村。根据考古资料，大约在7000年前，最早固定的乡村诞生在中国长江流域下游的河姆渡地区。当然，当时乡村规模还比较小，人口一般很少超过200人，居民之间可能有着密切的血缘关系。

③**集市**。奴隶制社会初期，产生了由石器工具向金属工具的飞跃。农民中兼做工具的手工匠独立出来，成为专门从事工具生产的手工业者，从而产生了手工业与农业的分离——第二次社会大分工。产品开始有了剩余，商业交换应运而生。手工业者为便于生产和交换，选择交易方便的地方集中居住，导致集市的产生。集市已经包含了城

市最基本的内容和功能，因此，集市被称之为城市胚胎的发育形态。考古工作者在约旦河口西北约15公里处发现的耶利哥遗迹，面积达4公顷，时代为前陶与新石器时代，住房以黏土筑墙。根据规模估算，该村落约有2000人。这类村落的逐步发展，就可能演化成城市。

④**城市的诞生**。原始社会瓦解，私有制社会随之产生，人类进入了阶级社会。商品交换日益频繁，交换地区不断扩大，出现了专门从事商品交换业务的中间人即商人，产生了商业与农业、手工业的分离——第三次社会大分工，更加促进了商品经济的发展。在社会制度变革、商业经济发展和政治统治需求等多种因素的共同作用下，早期的城市产生了。1946～1949年在美索布达米亚南部的乌尔附近考古发掘的新石器时代晚期的埃利都遗迹，被证明是人类最早的城市。该遗迹面积约8～10公顷，人口约在4000人以上。住房以黏土筑墙为主，但已经开始使用砖坯砌墙。遗迹的中心有神庙，展示着当时宗教文化的兴起。

（2）**城市形成的原因**。关于城市的形成的原因，国内外学者有各种不同的看法。持“集市说”观点的学者认为，商品经济的发展和商品的频繁交换，导致居民和经济活动的集中而出现了“市”；持“防御说”观点的学者认为，为了抵御外族的侵略，修筑墙垣保护居民的财富不受掠夺而形成了“城”；持私有制说观点的学者认为，城市的产生是私有制出现和发展的结果。此外，持地利说观点的学者，用地形状况、山川形势、自然资源条件来解释城市的产生和发展。这些观点从不同角度、不同层次对城市产生的原因作了分析，但都只是从某一个侧面解释了城市起源的直接原因，没有完整地揭示城市产生的根本原因。这些说法都有一定的学术价值，但是，“城市产生的原因不是单一的，而是自然、社会、经济、政治等因素综合发展的结果，只有从生产力与生产关系的相互作用中考察和分析城市的起源，才能揭示城市产生的根本原因。”[1]

①**生产力的发展是导致城市诞生的根本原因**。农业生产技术的创新，促进了农业劳动生产率的提高，使农业生产有了一定的剩余产品，这是城市起源的物质基础。城市出现之前的农业生产，处于起步

1　参见：向德平.《城市社会学》. 北京：高等教育出版社. 2005年版，第25页。

和缓慢的发展状态，耕作方式落后，属迁移式农业。农业生产技术的创新，促进了农业劳动生产率的提高，固定乡村出现的同时，农业有了一定的剩余产品。这就是说，城市起源的物质基础与农业发展密切相关。正是由于生产力的发展激发了人类原始的生产关系及生产方式的变革，催生了三次社会大分工，是导致城市产生的根本原因。

②**商品经济的发展是导致城市诞生的经济原因**。城市是社会大分工的产物。社会大分工导致剩余农产品成为商品，出现了直接以交换为目的的商品生产及非农业人口的集中聚集，从根本上决定了聚落的分化，使人类的原始聚落最终分化为乡村和集市两种性质不同的社区，一部分集市形成了早期城市的雏形。马克思指出："城市工业本身一旦和农业分离，它的产品一开始就是商品，因为它的产品的出售就需要商业作为媒介，这是理所当然的。因此，商业依赖于城市的发展，而城市的发展也要以商业为条件。"[1]

③**阶级和国家的产生是促使城市诞生的政治原因**。人类最早的城市大约在公元前5000年至公元前3500年产生，该时期正是人类社会由原始社会向奴隶制社会过渡时期。统治阶级为了巩固自身的统治地位和维护自身的利益，必然要对经济基础和上层建筑进行变革，在变革过程中把聚落变成强大的政治、军事和经济中心，在客观上推进了聚落向早期城市的转化，为城市的诞生提供了必需的政治条件。因此，从阶级分析的角度看，城市是以私有制为基础的阶级和国家的产物。

④**思想文化的繁荣对城市的产生具有重要的影响**。人类早期城市的产生，与人类文明的发展具有高度的一致性。就词源意义上看，英文"civilization"（文明）正是源自拉丁文的"civis"，本意是"市民"或"城市中的居住者"。在专门从事手工业和商业活动的人口比较集中的聚落，也是原始的科技、教育和宗教活动的集中地。特别是文字、宗教以及反映社会等级的礼仪制度的出现，对城市的产生也起了重要作用，使原始的聚落发展成为一定区域的文化中心。

⑤**自然地理因素对城市的产生具有积极的影响**。自然地理条件通过影响人口分布和自然要素的作用而影响城市的形成发展，是城市形

---

1 参见：《马克思恩格斯全集》第25卷．北京：人民出版社．1974年版，第371页。

成的重要基础性条件。自然要素主要包括地形、气候、水、地质矿产、交通便利状况等。早期城市主要分布在尼罗河流域、东地中海沿岸、两河流域（底格里斯河、幼发拉底河）、印度河和恒河流域、黄河流域和长江流域等地区，这些地区土地肥沃，物产比较丰富，交通比较方便，便于商品的运输和集散，商品生产比较发达，适合进行商品交换，也就为城市的诞生提供了必需的自然条件。这些地区是世界文明的发祥地、人类文化的摇篮，为人类文明的发展做出了重要的贡献。

2. 远古时期的城市

远古时期的城市是人类从氏族社会迈入文明社会的重要标志。私有制、阶级和国家的出现是城市产生和发展的社会历史根源。人类早期的城市正是出现于原始社会向奴隶社会的过渡时期。

（1）人类早期城市的发展状况。世界上最早的城市，一般分布在早期农业生产发达的一些大河冲积平原地区，这些地区也是人类古文明的发源地。

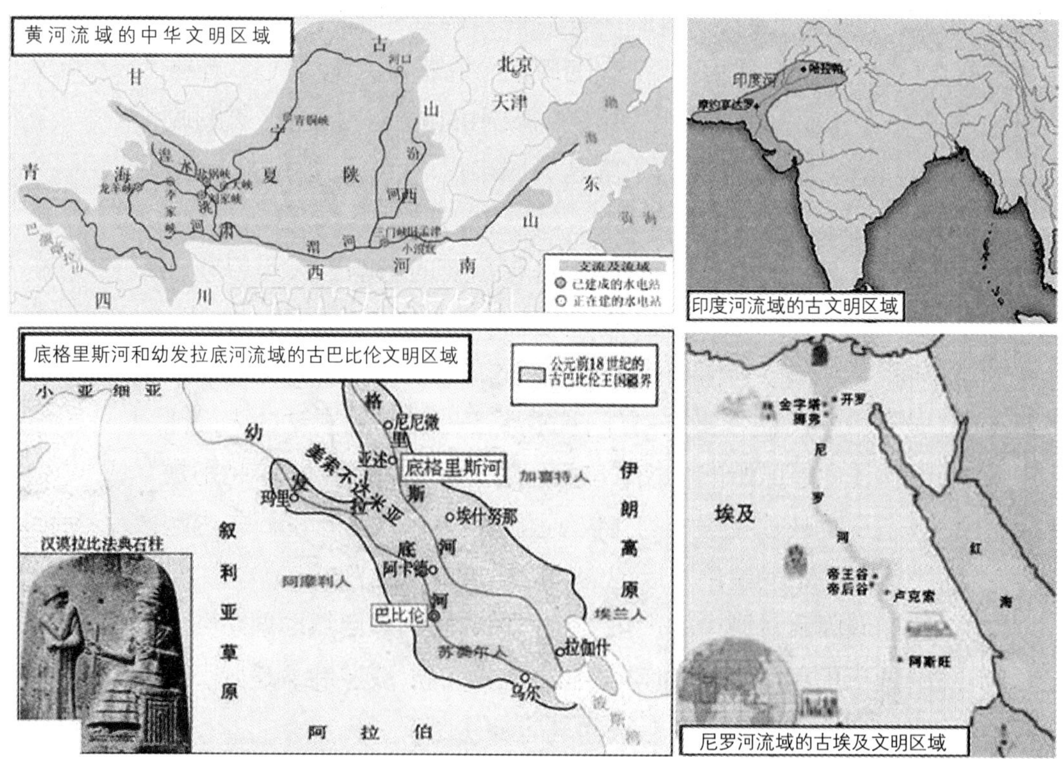

图1-1　四大文明古国发源地示意图

①**两河流域**。自公元前5000年至前2500年，两河流域的美索不达米亚和苏美尔地区，诞生了很多城市国家，如乌尔、埃利都、乌鲁克、拉迦什等。其中最为著名的城市遗址是乌尔城邦，位于今伊拉克首都巴格达市东南约300公里的幼发拉底河畔，距今约有5000多年。巴比伦古城位于今伊拉克首都巴格达以南约90公里处，是汉谟拉比国王于公元前19世纪统一两河流域后，建立的巴比伦王朝的都城。该城为长方形，横跨幼发拉底河两岸，面积约88平方公里，人口约50万至60万人。城市的中心大道两侧是神庙，塔庙有7层，高91米。南北大道北端西侧有南、北两处皇宫，南宫东北部建有著名的“空中花园”。高大而又富丽堂皇的宫殿与神庙，与以黏土、树枝、芦苇等材料建成的简陋的贫民住房，形成鲜明的对比，表明了当时阶级分化的社会现实状况。

②**尼罗河流域**。尼罗河流域的古埃及产生了人类历史上最早的一批城市，如孟菲斯、卡洪成、底比斯、法雍等。从公元前3200年到公元前332年，在这些城市中共经历了30个王朝。孟菲斯是第一王朝美尼斯所建的首都，是人类最早的城市。因其土坯墙壁涂为白色，故有“白墙”之称。考古发现较完整的城市遗址，位于开罗以南约100公里处，是第十二王朝（公元前1991年～前1786年）建造的卡洪城。该城总面积为380260平方米，围有城墙，分东西两部分。东部为贵族区，西部为贫民区。房屋和街道排列整齐，这是早期城市设计规划的成果。

③**印度河流域**。位于现巴基斯坦境内的印度河两岸信德地区的摩亨卓达罗城，存在于公元前2500年至前1500年之间，当时的居民以从事农业为主，但手工业和商业已相当发达。该城的鼎盛时期大约是在公元前2000年左右，面积约260公顷，近似长方形布局，人口估计有3万～4万人，是当时世界上最大的城市之一。城内街道、房屋排列得整齐，建有良好的排水系统。部分是2层的平顶房屋用烧制红砖砌成。作为统治阶层住地的“卫城”建于西部地势高处，四周设有壕沟和城墙。“卫城”的南部有会堂和寺庙，北半部中央有一大浴池，池西有大谷仓。

④**长江流域和黄河流域**。考古发现表明，位于长江、巢湖流域的安徽含山凌家滩原始部落遗址，是中国最早的城市，距今约5500年。

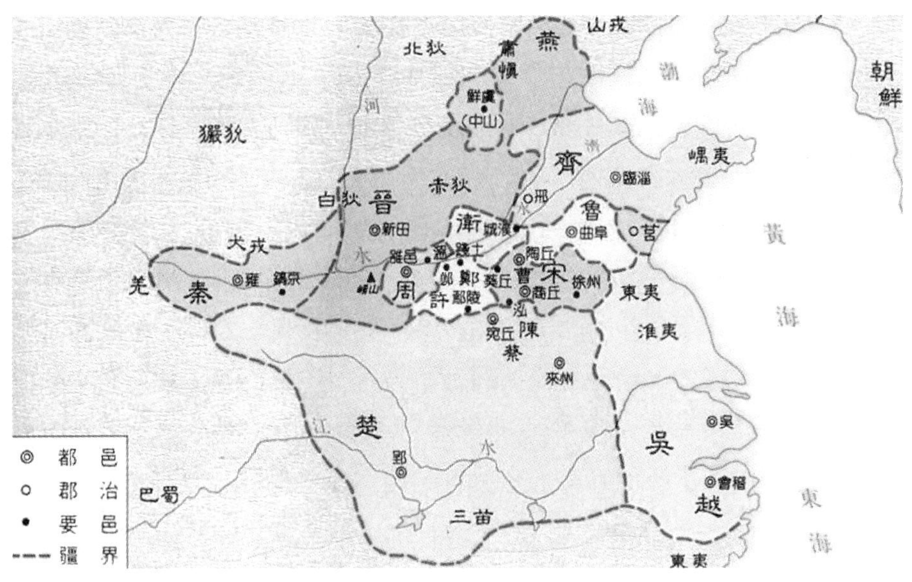

图1-2　春秋战国时期我国城市分布

考古专家认为，凌家滩在远古时期是一座繁华的城市，养殖业、畜牧业、手工业初步形成规模，并具备了初级的城市规划水平。山东省日照市五莲县的丹土村，距今有4000多年的历史。公元前21世纪至前17世纪，黄河流域出现了中国历史上第一个奴隶制王朝——夏朝。据传夏的第一个统治者禹，在嵩山之阳修筑城池，建立了阳城（今河南郑州登封东南）作为都城。夏王朝实施的分封制，使封侯逐渐具备了影响管理分封地域的能力，纷纷筑墙围城，由此在黄河中下游地区建立了很多作为统治中心的早期城市，形成我国历史上的第一次建城高潮。

我国历史上的第二次城市建设高潮产生于春秋战国时期。史料记载当时已经有了100多座城市，分布范围从黄河两岸向南向北扩展。现在长江流域许多著名城市，如苏州（吴）、成都（蜀）等，就是诞生在这一时期的。《史记》记载，当时的齐国国都临淄商业发达，经济繁荣，该城由大、小两城相套构成。大城为不规则的方形，城围约12公里；小城是宫殿区，位于大城的西南角，呈长方形，南北、东西长各约1.8公里和1.23公里。有7万多户居民，人口约在20万人以上。

⑤欧洲的早期城市。地中海沿岸的古希腊和古罗马，在公元前2000年左右，先后建立了马西利亚、叙拉古、拜占庭、斯巴达、

雅典和罗马等城市。古希腊时期的城市规模一般不大，很少有超过5000人的。但发展到公元前5世纪时，雅典城的人口已达到30万人左右。希腊城内有两个明显的功能区即卫城和人民会场。卫城属于统治阶层的住地，有庙宇、仓库和权力中心，也是防守的最后据点。人民会场是公民从事集会、议事、社交、审判等活动的场所。城内还修建了有许多供商业活动的广场，在广场周围还建有许多饮食店。

罗马帝国（公元前27年～公元476年）兴起并逐步实现了对地中海周围地区的控制，欧洲的中心城市转向了罗马。罗马城内的布局与功能分区具有典型的希腊殖民地城市的特点，创新之处是把希腊的卫城与人民会场组合在一起，其中包括供宗教活动的庙宇、行政办公建筑、仓库、公共图书馆、学校和市场，城市的给排水系统有很大发展。尽管在公元4世纪时罗马帝国崩溃后城市也随之衰落了，但像巴黎、伦敦、维也纳等世界名城，仍然是后世在其旧址的基础上发展起来的。

⑥**中美洲**。中美洲最古老的城市为玛雅文明的代表蒂卡尔城。

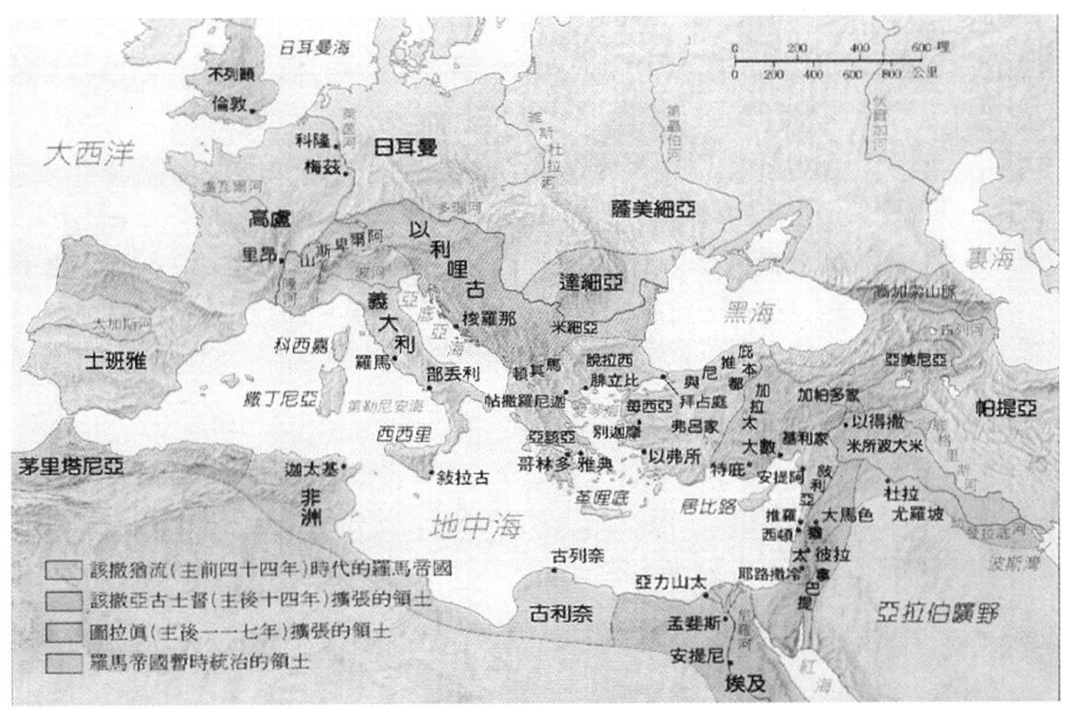

图1-3　古罗马帝国时期欧洲城市分布

该城是玛雅地区中央低地的古典文化中心，位于今危地马拉东部。大约在公元初期出现城邦，到9世纪时衰落，直到19世纪才被发掘，为世人所震惊。城区面积较大，估计约有4万居民。城中央的卫城是祭祀和行政管理中心，众多的金字塔式台庙、宫殿和官署组成复杂的建筑群，与道路、广场和球场等建筑设施的配套设计，十分壮观。

（2）**早期城市的特征**。澳大利亚著名历史学家、考古学家柴尔德（Vere Gordon Childe，1892～1957）把城市起源和发展的社会进化过程称为“城市革命”。柴尔德总结早期城市具有如下基本特征：

一是早期的城市有了相当的人口规模。与早期的聚落和集市相比，早期城市有了更多的人口。城市人口以居民身份替代了血缘关系，构成城市社会关系的基础。

二是具有一定数量的非农人口。早期城市中有一批不用自己生产自己所需食物的人，他们不从事农业生产活动，而是用全部时间从事非农活动，如手工业者、官吏、设计师、神职人员等。

三是城市有较好的生产经营条件。早期城市均诞生于农业发达和交通便利的地区，土地肥沃，而且地处温带，气候适宜，具有优越的农业生产条件和运输条件，是远古时期城市发展形态的显著特征，满足了城市产生至少要具备的剩余农产品和运输条件两个技术性前提。[1]工商业者开始了距离较远的贸易尝试，采购比当地更为廉价的原料，卖出加工后的产品。

四是科技文化发展迅速产生了应用科学。数学、几何学、天文学、历法学等学科诞生，并应用于农业生产、建筑设计等方面。同时还产生了文学和艺术，手工业者开始用概念化的观念和熟练的技巧制作各种雕塑。如各种雕塑、纪念碑、寺庙、祭坛的出现，不仅给人类的生活注入了美的要素，而且标志着人类艺术思维的真正诞生，为提高人类的思维能力奠定了坚实的基础。正如德国学者奥斯特·斯本格勒（Oswald Spengler，1880～1936）指出：“人类所有的伟大文

1 参见：保罗·贝洛克.《城市与经济发展》. 南昌：江西人民出版社. 1991年版，第10页。

化都是由城市产生的。”[1]

五是有象征意义的公共建筑如纪念碑、寺庙、祭坛等。公共建筑物作为政治与经济力量的标志，表明农业积累及生产发展的状况。

六是城市的防御功能强化。早期城市的周围都建有厚而坚固的城墙，发挥着重要的防御功能。城中往往有统治阶级居住的城堡即“卫城”，“卫城”内有庙宇、王宫和仓库等三种建筑。

柴尔德认为城市革命的社会意义可以同农业革命和工业革命相媲美。以作物种植和动物养殖为标志的农业革命为城市的产生奠定了物质基础，城市革命促进了生产技术、社会组织的发展，为城市的发展打下了基础。工业革命直接促进了城市化进程，城市革命则把农业革命和工业革命这两个非连续性的社会过程联结起来，构成了人类社会发展的完整过程。

3. 中古时期的城市

中古时期是指世界各国的封建社会时期，时间跨度大约从公元5世纪到16世纪（在中国则止于1840年的鸦片战争前），其主要特点在政治上的表现是封建制度的产生和发展，在经济上的表现是自然经济开始向商品经济的转化。

（1）中古时期欧洲城市的发展

中古时期欧洲城市的发展经历了一个由衰亡到复兴的过程。在公元4世纪，欧洲北方以游牧生活和自给型农业经济为主的日耳曼民族南下，挑起新的持续不断的战乱，5世纪罗马帝国灭亡，城市大多在战争中遭到破坏，欧洲分裂成许多小国家，城市人口锐减。如当时已经有近百万人口的罗马城，降到6世纪的4万人，10世纪的3万人。大约在10世纪到11世纪，西欧城市开始复兴。11世纪后，欧洲东部一些地方的中小城镇的手工业和商品经济的日趋活跃，使城市也得到了恢复和发展，欧洲城市逐渐进入一个复兴时期。威尼斯在繁盛时期，人口超过20万。从总体上看中古时期欧洲城市的人口规模仍较小。

1　参见［美］帕克·伯吉斯等著，宋俊岭等译.《城市社会学》. 北京：华夏出版社. 1987年版，第3页。

表1-1　欧洲部分中世纪城市的人口规模估计

城市名称	估计时期	估计人口规模（人）	人口密度（人/公顷）
英国伦敦	14世纪中后期	35000	121
意大利米兰	13世纪	52000	166
意大利那不勒斯	13世纪中后期	20000	133
法国巴黎	13世纪末	59000	157
意大利帕多瓦	14世纪初	41000	177
比利时布鲁日	14世纪中前叶	25000	58
比利时根特	14世纪中	60000	93
意大利威尼斯	14世纪中后叶	78000	240
希腊洛波尼亚	14世纪中后叶	32000	74
意大利佛罗伦萨	15世纪前期	37000	74
德国纽伦堡	15世纪中期	23000	165
法国布尔日	15世纪末	32000	289
意大利热那亚	16世纪初	38000	129
西班牙巴塞罗那	16世纪初	31000	118
意大利罗马	16世纪初	55000	40

资料来源：魏津生《世界的城市化与人口》，载《国外经济动态》1979年第一期。

注：1公顷=15亩=10000平方米。

中古时期欧洲城市的发展具有如下特点：

一是完成了由“城”到“市”的转变，“城”的防御功能逐渐淡化，商业流通使城市“市”的职能明显增强。

二是商品经济的发展促进城市功能的分化，逐渐形成了专业分工不同的城市。如贸易城市布鲁日等。[1]

三是城市行会组织和市民运动的兴起，城市自治权的扩大及城市国家出现。

四是城市的科技文化获得前所未有的发展，出现了许多不朽的大师，如大悲剧家欧里庇德斯、大喜剧家阿里斯托芬，著名哲学家苏格拉底、柏拉图、亚里士多德等。这些光辉的名字使雅典享有了文化上的无穷魅力，对此后的欧洲历史发生着深刻的影响，成为后世西方文化发展的源泉。

（2）**中国古代城市的发展**。相对于欧洲来说，中国的中古时期

1　参见：波斯坦，里奇，米勒主编，周荣国，张金秀译.《剑桥欧洲经济史（第三卷）——中世纪的经济组织和经济政策》. 北京：经济科学出版社，2002年版，第19~21页。

时间跨度要长得多。考察我国的城市化进程，首先就要研究我国的发展历史。几千年自给自足的小农经济，决定了清朝以前的中国只能是缓慢的城市化。延绵几千年的农耕时代，绝大多数人口生活在广袤的农村，城与镇能够吸纳的人口不多，因此，工业革命以前，城市化过程是相当缓慢而漫长的。学术界一般把中国古代城市的发展过程划分为5个时期，即：秦、汉时期，魏、晋、南北朝时期，隋、唐时期，五代、宋、元时期，明、清（鸦片战争前）时期。

①**秦、汉时期**。秦统一中国后，在全国实行郡县制，把全国分为36郡，郡下设县，各行政中心都发展成规模不等的城市，建立起全国范围内从上到下的统治中心——城市系统。秦始皇强化中央集权，统一法律、度量衡、货币和文字，广修道路，沟通各地陆路交通，这些措施对城市的兴起和发展起到了促进作用。秦朝鼎盛时期约有800到900个城市。首都咸阳的人口规模达80万之众，是当时世界上最大的城市。

汉代的经济发展较快，从而促进了城市的蓬勃发展。据不完全统计，汉代有城市670座，城市主要集中在经济较为发达的黄河流域，河西走廊、云贵等边疆地区也出现了城市。

西汉首都长安城的外形较完好地保留至今。城围长达251公里，城中大部分为宫殿所占，鼎盛时人口约30万。目前我国东部地区城市分布的基本轮廓就是在汉代形成的。

②**魏、晋、南北朝时期**。魏晋南北朝是中国封建社会前期城市发展的一个重要阶段。该时期城市的空间分布重心由黄河流域向长江流域推进，拓展了沿运河、长江两条城市的发展轴线。东晋、南北朝时期，由于北方汉族大量南迁与汉族政权南移，促进了南方的经济发展。梁武帝时（公元502～548年），建康（今南京）“城中二十八万余户，东西南北各四十里”，总人口逾百万，是我国都城发展史上第一个人口超过百万的特大城市，也是当时世界上最大的城市。

③**隋、唐时期**。隋唐两代是中国城市迅速发展的时期。隋统一中国后，开辟运河贯通南北，密切南北两大区域的经济联系，为城市发展奠定了良好的基础。在大运河沿岸，因南北航运而使一批运河沿岸城市兴起，淮安、扬州、苏州、杭州在当时并称为“四大都市”。

唐代的生产力的发展和经济繁荣使人口规模显著增长。唐代建成了以长安为中心，东到汴梁、商丘，西到岐州、成都，南到长沙、广州，北抵范阳（今北京）的城市网。唐代都城长安东西宽9.7公里，南北长8.6公里，周长36公里，人口估计近百万。唐代的城市文明对世界特别是对亚洲地区具有重大的影响，这种影响通过丝绸之路波及中亚和欧洲。

唐代时期，首都长安城是我国封建时代城市规划建设的集大成者。唐代长安城是在隋都大兴城的基础上不断修建而成的。由于经过汉末魏晋以来的战乱破坏，原来的汉代长安旧都已衰败残破，不能适应新的需要，因此隋文帝继位第二年，即决定在原汉长安东南新建都城。隋都大兴城由当时著名建筑家宇文恺负责兴建，这是一位“博览书记”、“颇有巧思”的很有成就的工程技术专家，大兴新都的所有规划都由他提出。唐朝建立以后，在大兴城的基础上，由工部尚书阎立德（画家阎立本之兄）负责整修，使之比前更加宏丽。

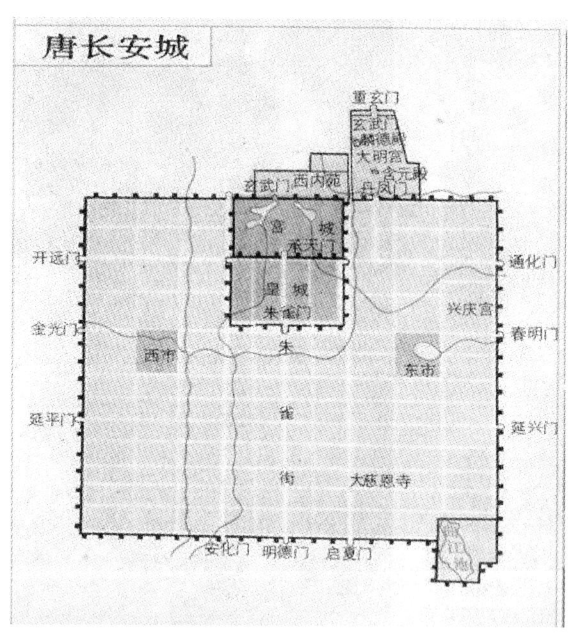

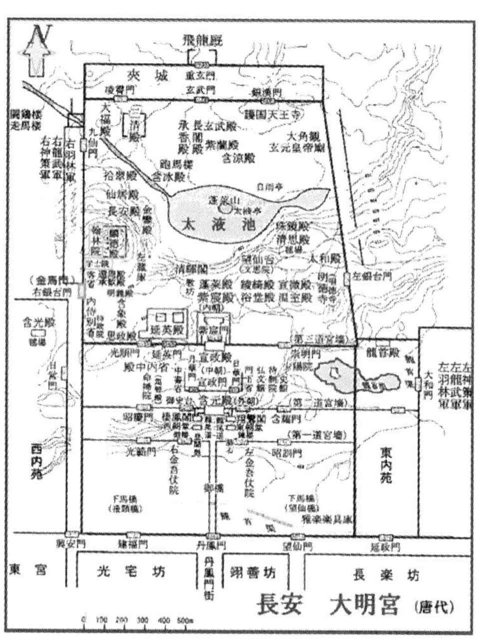

图1-4　唐代长安城及大明宫平面图

长安城作为我国古代城市规划建设的标杆，它凝聚着我国古代城市建设的智慧和优点，主要表现在：

第一，唐长安城的布局，分为宫城、皇城、商业区即“市”、市民居住区，彼此区划分明，这为唐以后各代都城的建设开创了先例，后来宋、元、明、清各代国都的建设布局，基本上都继承了唐长安城的模式。唐长安城的宫城，位于全城正中的北部，以三大宫殿作为宫城的主要建筑群。正北为太极宫，太极宫有太极殿，是皇帝日常接见群臣的地方。太极殿两侧分设中书、门下诸省，是高级官吏们的办公处所。太极宫北门名玄武门，驻有保护皇宫的重兵，李世民和他的哥哥李建成争夺皇位的兵战就在这里发生。太极宫的东北有大明宫，是皇帝经常处理朝政的地方。大明宫遗址现已由考古工作者挖出清理，地址在今西安火车站北的龙首原上，实测宫城西墙达2256米长，东墙达2614米长。大明宫的含元殿是十分巍峨壮丽的建筑，规模巨大，经考古工作者实测，其夯土台基即高3米多，建筑长75.9米，南北宽42.3米。宫城的第三建筑群为兴庆宫，在大明宫和太极宫的东南端，自唐玄宗后成为皇帝起居听政的正式宫殿。兴庆宫内广植花木，唐玄宗和杨贵妃共观牡丹的著名的沉香亭，就在此宫之内。经考古工作者实测，兴庆宫南北长1250米，东西宽1080米。根据三大宫殿建筑群的方位，唐时把太极宫、大明宫、兴庆宫分别叫作西内、东内和南内，合称“三内”。

太极宫之南曰皇城，又名子城，城内有东西七街，南北五街，主要是除中书、门下之外的政府高级机关，包括尚书省、太仆寺、御史台、将作监[1]、鸿胪（lú）寺等百官办公处所。皇城以南和宫城、皇城的东西皆为市民居住区。以朱雀门以南的朱雀大街把全城划分成东、西两部；又以城内南北11条大街，东西14条大街，把全城居民区分成四方形的一个个小坊，坊的四周建有坊墙，共114坊。东、西城又各有一市，称为“东市”，“西市”，专供人民和商贾商业贸易之用。

第二，唐长安城布局异常整齐，街道宽阔平正，城市绿化、美化都很讲究，有严格要求。唐长安城形如棋盘，城内各坊都有统一规格。朱雀门大街东西每坊南北皆长325步，皇城宫城东西各坊每坊宽650步，整齐划一。唐长安城街道十分宽敞，交通布局合理，最宽的朱雀大街达155米，其次的启夏门街宽134米，而东西顺城街则仅有20至25米宽。这是因为，朱雀大街系御道，且行人最多，需要街道

1　将作监，古代官署名，掌管宫室建筑，金玉珠翠犀象宝贝器皿的制作和纱罗缎匹的刺绣以及各种异样器用打造的官署。

图1-5 西安大明宫遗址公园

宽敞；它直通皇城宫城，宛如一条彩带，把全城连成一个整体，使宫城气势更加雄伟。长安城绿化也搞得很好，街道两旁均有水沟，植有一行行的槐树、榆树，白居易诗“迢迢青槐树，相去八九坊”，就生动地反映了当时绿化的美景。与此相映的，是宫城中栽有大批垂杨柳，春季来临，婀娜多姿，唐诗中用“千条弱柳垂青锁”的优美诗句来形容唐朝宫柳的茂盛。

第三，唐长安城东西城设东、西两市，也是一个重要特色。两市各占两坊之地，共有220个行，各行各业应有尽有，是当时长安城商业经济活动的中心。据记载，当时西市有大衣行、秤行、绢行、药材肆，东市有铁行、肉行、金银行等许多行业，店铺很多，市场繁荣。唐武宗会昌三年（843年）东市一夜起火，一次就烧毁四千余家商铺，足见商业之繁华。东、西两市还是国际贸易的场所，西市专设有“波斯邸”和其他外商贸易货栈，唐代小说《续玄怪录》、《南部新书》等皆有有关西市胡商活动的记载。商业活动的频繁，使唐长安城尤为热闹非凡。

第四，唐长安城经过精心规划，注意到城市用水问题，同时还特别注意保持城市市容的清洁，这一点给后代积累了宝贵经验。唐长安城东临浐（chǎn）水，北枕渭水，从隋时就将龙首、永安、清明等渠引入城内，唐玄宗时又引潏（yù）水入城，并引进内苑。唐玄宗还进一步扩大浐水的入水量，增加城东南曲江池的储水量，使曲江池成为唐长安城的著名风景区。据考古工作者测量，唐曲江池面积达到70万平方米，这就使城市面貌大大美化。唐政府对长安城的市容美化十分重视，唐玄宗、代宗都曾规定，在城里不许“穿掘为窟，烧造砖瓦”，“不得于街巷穿坑挖土”等等，如有“浸街打墙，接檐造舍”，有碍市容的，要严加惩罚。

以上各点，形成了唐都长安的城建特点。它的宏伟的规模，整齐的布局，宽敞的街道，以及遍布城区的水渠、池塘，美丽的市容，一方面是对前代都城建筑的总结，同时又是中国城市建筑史上的伟大创举，不仅对我国后代都市的兴建有极大的影响，对东方一些国家也有很大的参考作用。例如，日本八世纪建起的新都京都，其宫室、街道、坊市就全仿长安，也有所谓“朱雀大街”，也有东、西二市，其市容几乎和唐长安城完全一样。

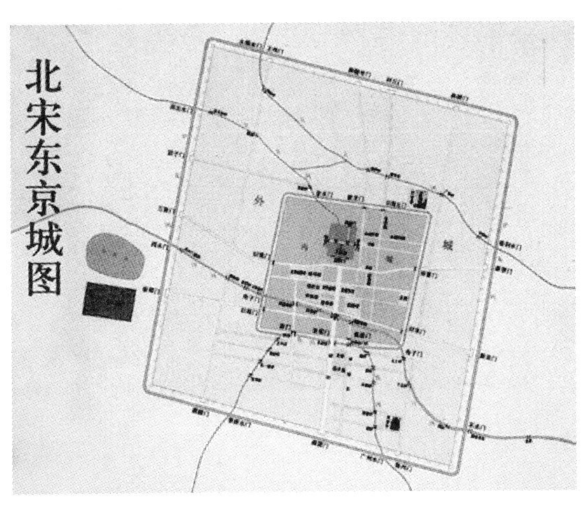

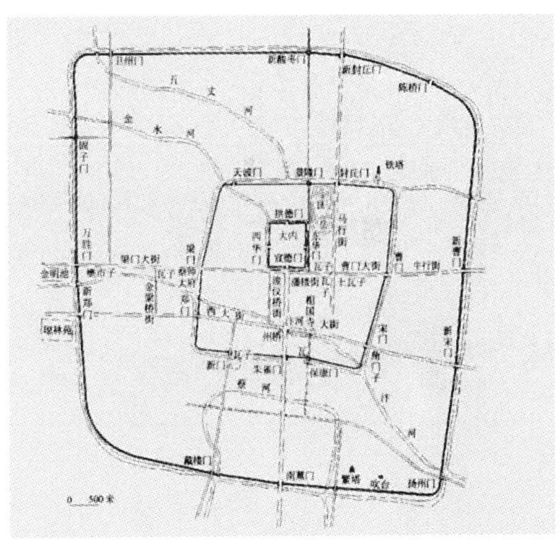

图1-6　宋代汴京（开封）城市建设平面图

④**五代、宋、元时期**。该时期城市规模有了进一步的扩大，人口超过10万的城市达40多座。中国目前的历史名城大多都是在这一时期奠定的。中国古代城市的发展，到北宋时期出现大的转折。北宋以前城市“坊”、“市”分区，即住宅区和商业区严格区分。北宋时，伴随商品经济的发展和人口的增加，“坊”、“市”界限被打破。北宋都城汴梁（今河南开封）是当时最繁华的城市。汴梁位于黄河与大运河

的交汇点。城有三重，由中心向外依次是皇城、里城和外城。城的外形呈不整齐的方形，周长约25公里，面积约为唐长安城的一半，但人口达百万以上，比唐长安城的人口还要多。南宋画家张择端的名画《清明上河图》，描绘的就是北宋末年都城开封的繁荣景观。

宋代的城市建设承前启后，但对后世借鉴意义最大的是江西赣州的福寿沟排水系统。赣州福寿沟建于北宋熙宁年间（公元1068～公元1077年），距今已经900多年的历史，这是赣州古城排水系统。整个排水系统分为福沟和寿沟两大部分，福沟排城东南之水，寿沟排城西北之水。因为两条沟的走向形似篆体的“福”“寿”二字，故名福寿沟。福寿沟排水系统是宋代城市建设中富有创造性的综合工程，也是一项世界城市建设史上的奇迹，对当今治理城市“内涝”具有重要启发。

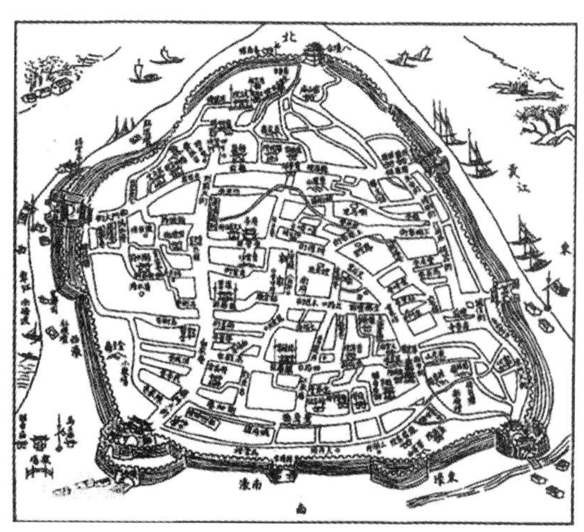

图1-7　赣州福寿沟排水系统平面图及历史遗址

史料记载，在宋朝之前，赣州城也常年饱受水患。北宋熙宁年间，赣州郡守刘彝上任后目睹洪涝灾害给老百姓带来的损失和痛苦，他经过反复思考和实地踏勘，比较科学地提出了根据城市地势西南高，东北低的地形特点，以州前大街（今文清路）为排水分界线，西北部以寿沟、东南部以福沟命名。刘彝从城市环保的角度，从城市地理位置，山形地势上因势利导，把城市排水系统规划设计成集城市污水、雨水排放、城市诸多池塘蓄水调节雨水流量、调节城市环境空气湿度、池塘停积淤泥、减少排水沟的淤积、池塘养鱼、淤泥作为有机肥料用来种菜的生态环保循环链系统；又从城市风水学的角度把福寿二沟线路走向设计成古篆体之形，“纵横纡折，或伏或见”，作为赣州龟形城的龟背纹嵌在龟背上，充分考虑赣州城的永固，广大人民的福祉，寄托了他的美好愿望。

元时的都城元大都（今北京）是当时全国最大的城市。该城呈长方形，南北7.4公里，东西6.6公里，布局继承了宋代都城的规划模式，三套方城、宫城居中、沿中轴对称。

图1-8　《盛世滋生图》局部

⑤明、清（鸦片战争前）时期。明清两代是中国古代城市发展的顶峰时期，也是中国古代城市向近代城市过渡的时期。明代全国共有大中城市100多个，小城镇有2000多个。特别是在元大都的基础上大规模地建设了北京城。成为中外历史上的经典的城建之作。明、清两代出现一批独具特色产业、产业分工专业化的著名城市。如以陶瓷产业为主的景德镇，在明时人口已达10万，清初已扩大到方圆10余里。清代画家徐扬的《盛世滋生图》所描绘的就是乾隆时期苏州城外塘路市面的繁华盛况。

综上，可以看出，中国古代城市的发展主要有以下特点：

一是城市的经济职能由弱变强。在手工业和商业的驱动下，形成了城市的专业化分工。

二是城市体系较为完备，形成了由各级政治中心、商业城市及集镇等不同类型的城市组成的城市体系。

三是城市与乡村之间缺乏平等、互利的贸易往来和经济联系，城市在经济上剥削农村，在政治上统治农村，形成城乡相对分割的二元结构。

四是城市布局继承传统，为四面城墙、棋盘格式路网、中轴对称式的方块城。

五是城市居民的主体是官吏、士兵、地主、士人及其家属和服务人员，工商业者所占比例有所增加，但工商业对于封建政治和经济仍有相当程度依附性。

（二）工业革命与近代城市的发展

发端于1640年的英国资产阶级革命，导致了18世纪的工业革命，欧洲城市的机器大工业生产取代了城市工厂手工业生产的方式。伴随着工业生产技术、交通技术、通信技术和建筑技术的日臻完善，城市发展进入了一个全新的历史时期，形成了数目众多、规模巨大的近代城市，引起了城市结构的深刻变化，对近代城市的发展产生了决定性的影响。作为城市发展历史过程的一个阶段，工业革命对城市发展的影响，必然受到不同的民族和国家政治、经济、文化等多种因素的制约，呈现出不同的模式。

1. 工业革命对近代城市发展的推动

18世纪的工业革命为工业生产提供了新的动力，促使生产力发生了质的飞跃，改变了社会生产的组织形式，极大地促进了近代社会城市的发展进程，把城市的发展推向了一个新的历史阶段。工业革命不仅仅是一场技术革命，也是一场深刻的社会革命、城市革命，为近代城市文明的发展提供了强大的动力，也使世界经济发展爆发了前所未有的历史性突破。

（1）**工业革命是一场深刻的社会革命**。工业革命不仅仅是一场技术革命，也是一场深刻的社会革命，对人类社会的各个领域和层面都产生了极其深刻的影响。马克思、恩格斯在《共产党宣言》中论及工业革命时就曾深刻地指出："资产阶级在它的不到一百年的阶级统治中所创造的生产力，比过去一切时代创造的全部生产力还要大"。

工业革命改善了城市居民的生活。工业革命使城市商品经济迅速发展，大大增强了城市的经济实力，促进了城市基础设施的建设，使公共交通有了全新的发展，为城市居民的生产生活提供了方便的条件，整体上提高了城市居民的生活水平。伦敦于1863年建成了世界上第一条地铁，1890年形成了电气化的地铁网络。到第一次世界大战前夕，世界上已经有12个城市修建了或大或小的地铁，形成了名副其实的城市立体交通体系。

工业革命解放了大批的农业劳动力。工业革命使城市服务农村的能力得到极大的提高，为农村提供了先进的技术和生产工具，提高了农业的生产效率，解放了大批的农业劳动力，为城市的工业化提供了充足的劳动人口，储备了丰富的后备劳动力资源。

工业革命促进了城市科技文化事业的大发展。工业革命对各类人才和技术提出了前所未有的巨大需求，促进了城市的科学技术研究与教育、服务业的蓬勃发展，使城市的创新能力得到了极大的提高，各种新思想、新科学和新技术纷纷问世，极大地强化了城市作为科技文化中心的地位和作用。

（2）**工业革命提升和巩固了城市的中心地位和作用**。工业革命引发了近代城市革命，使城市的数量大幅度增加，规模迅速扩大，也使城市的地位、作用、性质和功能产生了根本性的变化，把城市发展推进到城市化的新阶段。

城市的地位、作用和功能发生了根本性的变化。城市的工业生产功能和商品交换功能日益强化，大大提升和拓展了城市的经济功能，削弱了经济对权力的依附性，增强了对政治、军事、科技、文化、教育的影响和控制力，并拓展了受城市影响的区域范围。城市的性质由农业社会时期的行政性、军事性、消费性和宗教性，变成了工业性、生产性和创造性，使城市的工业生产中心、科技中心、商业中心、金融中心、信息中心、文化中心、教育中心和行政中心的地位和作用得到前所未有的提高与巩固。

工业革命提高了城市对生产要素的吸引力。城市中市场的集中与集聚，进一步把更多的工业企业、人口、资金、物资等生产要素吸引到城市中，使城市的规模和范围急剧扩大，城市化现象成为工业革命以来重要的社会发展特征。“商品依赖于城市的发展，而城市的发展也要以商业为条件。”

工业革命使城市有了完整的产业体系和坚实的经济基础。工业化结束了传统城市工厂手工业和半农业的生产体系，代之以机器大工业的生产体系。使用机械动力的现代化大工厂取代了传统的手工作坊，集约化的生产方式极大地提高了社会劳动生产率，并导致城市人口的急剧膨胀，社会财富和社会消费在城市的高度集中，大大提升和巩固了城市作为经济中心的地位和作用，成为社会进步的发源地。

工业革命推动了近代城市化的进程。工业革命使人口和资本在城市大量地集中，在机器大工业和商业贸易的驱动下，在铁路、轮船、公路、航空等现代化运输体系的支撑下，新兴城市以迅猛之势扩大，迎来了城市发展和建设的高潮，加快了城市的发展步伐和城市化的进程。

总之，工业革命对近代城市的发展以及对于提升城市的地位和作用，具有决定性的影响，其结果就是“使城市主宰了世界”。

2. 近代城市的发展状况及特点

（1）**近代城市的发展状况**。工业革命使整个社会生产方式发生了巨变。随着科技进步和机器体系的推广，自然经济趋于解体，分散的、小规模的手工操作被社会大生产所取代，分工与协作向纵深发展，城市工业主导了社会的产业结构，城乡对立加剧，殖民扩张盛行于世，阶级对抗形成，贫富差距悬殊分化，商品大潮势不可挡在地全世界展开；世界市场逐渐形成。主要表现为城市数量大幅度增加、规模急骤膨胀、分布的区域范围扩展。

城市数量大幅度增加在工业革命的推动下，形成了数目众多、规模巨大、结构复杂的近代城市。经济发达的西欧、北美国家的城市发展十分迅速。例如英国作为工业革命的发源地，在1801年5000人以上的城镇只有106个，半个世纪后的1851年，全国城镇数目达到265个；到1891年，城镇数目增至622个。一大批工业城市迅速成长起来，如格拉斯哥、曼彻斯特、伯明翰、利兹等现代名城，就是工业革命的产物。

工业革命推动了一批新兴城市的产生。城市的分布遵循了新的区位选择法则，即靠近运输线路（铁路、公路以及传统道路）的交叉点，或者是工业生产所需原料产地，以节省单位运输成本。据此，欧洲许多国家的内陆地区、北美西部地区得到开发，使传统的农业地区及荒原区域附近迅速地产生了一大批新兴城市，在原材料产地出现了各种专门化的城市，如煤炭城市、纺织城市等。

城市规模急剧膨胀工业化以前，在西方各国，城市发展是比较缓慢的。17世纪后期的巴黎人口达到54万，是欧洲最大的城市。英国在1600年，城市居民只占总人口的2%，1800年增加到20%；1890年有60%的人住在城市。美国在1800年，城市居民只有3%，1900年为40%，1920年猛增到51%。

1850年，世界城市人口8080万人，占总人口的6.4%；1900年增至2.4亿人，占总人口的13.6%。进入20世纪，城市的规模迅猛扩张，出现了许多100万人以上的特大城市、500万人以上的巨型城市、千万人口以上的超级城市，如墨西哥城、圣保罗、里约热内卢、纽约、东京、上海、北京等，都属于这类城市。

欧美资本主义国家通过工业革命获得的技术优势，为大规模的远洋航运排除了技术障碍，借助于“炮舰政策”向亚非地区实施殖民扩张，开始实施掠夺性的国际市场瓜分行为，并很快控制了世界贸易市场，向殖民地大量倾销商品，迅速地积累了大量饱含血腥的财富。殖民经济的刺激使亚洲、非洲、拉丁美洲也出现了大量殖民地城市，如亚洲的孟买、新加坡、科伦坡、雅加达以及我国的上海、广州等，非

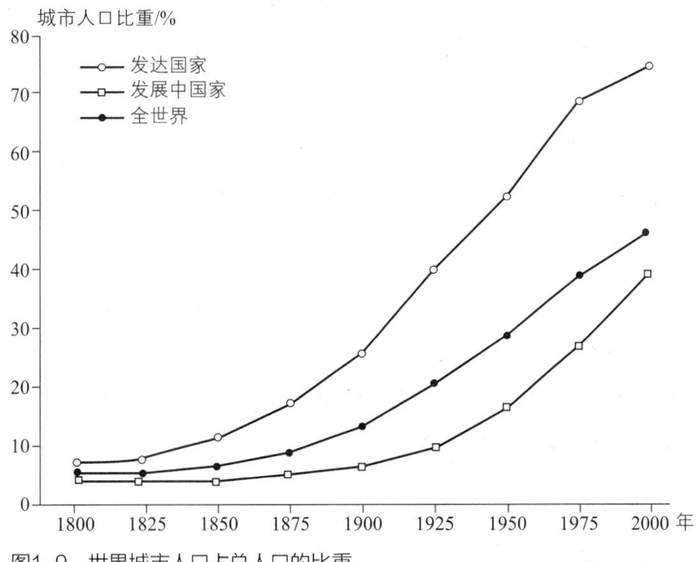

图1-9　世界城市人口占总人口的比重

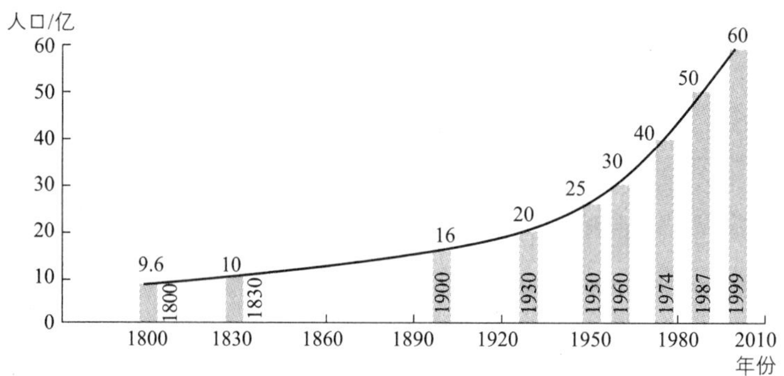

图1-10 世界总人口增长趋势

洲的内罗毕、金沙萨等，并且使殖民城市在这些地区和国家趋向沿海、沿湖、沿江和沿铁路、公路线多向分布发展。

（2）**近代城市发展的特点**。工业革命使整个社会生产方式发生了巨变。科技进步及新技术的普及推广，自然经济趋于解体，社会化大生产逐渐取代了分散的、小规模的手工业，分工与协作向纵深发展，城市工业主导了社会的产业结构，城乡对立加剧，殖民扩张盛行于世，阶级对抗形成，贫富差距悬殊分化，商品大潮势不可挡地在全世界展开；世界市场逐渐形成，构成了近代城市发展的特点。

①**形成了典型的城市发展模式**。率先完成了工业革命的西方资本主义国家，其城市的发展，是建立在农业资本主义化和城市工业化的基础之上的。正是这一典型的城市发展模式，才使这些资本主义国家的城市获得了快速发展的先决条件。农业的资本主义化，使农业的生产规模得到扩大，生产效率大幅度地提高，为城市工业的社会化大生产提供着源源不断的原材料。农业的资本主义化，又使大批的农村劳动力摆脱了土地的束缚，满足了城市工业的社会化大生产对于大批劳动力资源的需求，适应了资本主义市场经济发展的需要。城市的工业化不仅为农业的资本主义化提供着全新的生产技术、设备、化肥、农药等生产资料，拓展了城市的市场空间，还吸纳了农村的剩余劳动力，实现了劳动力资源从农村向城市的转移，促进了城市的进一步发展。因此，这种发展模式基本满足了城市发展的内在需求。

但是，这种发展模式不仅没有从根本上解决自城市诞生以来就存在着的城乡差别问题，而且在客观上加剧了城乡的对立，拉大了城乡之间的差距。城市的迅速发展，导致经济的主导地位从农村转移到城市，城市物质设施不断改善，生活质量和文明程度不断提高，而农村却日益蜕变为城市粮食、资源和工业原料的单纯供应者，长期处于落后状态。

②**城市的物质空间形式发生了巨大变化**。新兴的现代化工厂、高层住宅和行政商务楼宇、各种文化背景的标志性建筑物不断崛起，现代化的交通设施立体布局、纵横交错，构成全新的城市物质空间。整个城市内部空间出现了显著的功能区分，中心商业区、商业及轻工业制造区、居住区自城市中心向外成圆形扩张，并出现了由主城和卫星城组成的复合城市。

③**社会财富在城市高度集中、贫富差距日益扩大**。城市生产力的大幅度提高，经济实力的增强，造成社会财富在城市的高度集中，使城市成为资产阶级经济统治的中心，而农村却日益蜕变为城市粮食、资源和工业原料的单纯供应者，长期处于落后状态，加剧了城乡对立。社会的贫富分化，在城市则表现为无产阶级与资产阶级的阶级对立与冲突。

④**城市问题开始显现**。近代以来伴随着城市的发展，城市问题即“城市病”也开始显化。城市畸形发展和扩张，工业生产在城市的高度集中，城市人口的急剧增长，破坏了城市生态系统的原有平衡，城市问题开始暴露并日趋严重。如交通拥挤、环境污染、布局混乱、用地不足、住房紧张、社会治安不良等一系列的问题，使城市居民的生产生活环境日益恶化。城市中心区逐渐开始衰落，形成所谓腐烂的中心。

⑤**发展中国家城市畸形发展的特点明显**。近代以来，亚洲、非洲和南美洲的发展中国家和地区，城市进入了一个高速发展的过程。但这种发展往往主要是由于西方发达的资本主义国家殖民扩张的原因，是殖民掠夺的产物，而非本国本地区经济社会发展的直接结果。因此，这些国家和地区的城市，既是宗主国掠夺当地资源的基地，又是宗主国倾销商品的市场。由于城市的发展超越了本国本地区的生产力发展水平，城市具有鲜明的政治中心和军事基地性质，经济发展严重滞后，缺乏甚至根本没有现代工业的支撑，人口膨胀与就业之间的矛盾日益

强化，导致比发达的资本主义国家更加严重的一系列的“城市病”。

3. 中国近代城市的发展及其特点

自1840～1949年的109年内，中国社会经济发生了重大的变化，即进入了半殖民地、半封建社会时期。我国城市在职能组合结构、等级规模结构、地域空间结构等方面都发生了巨大的变化，是我国城市发展的一个极其重要的时期。

（1）**中国近代城市的发展状况**。在1840～1949年这一时期，我国的城市发展以沿海、沿江城市发展为轴线，形成了以通商口岸、工业、矿业、交通运输、商业为主的五种类型，具有区域中心职能的中国近代城镇体系的基本框架基本形成。其发展状况、发展特点，也不可避免地打上了半殖民地、半封建社会的时代特征。

①**通商口岸城市**。鸦片战争后，腐败无能的清政府在帝国主义胁迫下，签订了一系列丧权辱国的不平等条约，迫使我国沿海、沿江、陆路边界地区，以及南方珠江流域和东北黑龙江流域开港开埠，从而形成了一系列半殖民地、半封建性的对外通商口岸城市。殖民地半殖民地通商口岸城市的形成，是帝国主义对我国进行经济侵略的据点和桥头堡，形成了以殖民主义宗主国对我国的资源掠夺和产品倾销为特征的国际贸易格局。如香港、青岛、大连、哈尔滨等城市，在30年左右的时间内，城市人口规模均由原来的数百人或数千人，上升为50万人口以上的中等城市。

②**近代工业城市**。我国近代工业是在帝国主义列强入侵中国后开始发展起来的，其性质包括外国资本、官僚资本、买办资本及民族资本。早期的投资重点集中在沿海、沿江地带的城市，其后以上海及其周边地区为重点，上海成为全国最大的工业中心城市。到抗日战争前，近代的民族工业得到了较快的发展，初步形成了行业比较集中的分布格局。1843年上海开埠时人口不足10万，至1949年解放时，上海人口为520万。

③**近代交通运输型城市**。伴随着新型铁路、公路等陆路交通干线的修建，在沿线引发了一批交通型城市的兴起。原有的一些城市发展成为铁路枢纽，扩大了城市的功能和辐射影响力，如北京、济南、徐州、南昌、衡阳、柳州等。催生了一批新城市的迅速发展。如因津浦

铁路的修建，蚌埠市在1908～1926年的18年内，由原来500户人家的渔村，发展到人口规模20万人以上；石家庄在1900年时也是一个仅有800余人的小村庄，自京汉、石太铁路（1904～1911年）建成后，便一跃而成为我国北方重要的铁路枢纽，1933年市区人口达到6.3万，1949年达到28万人，与1900年时相比40多年内人口增长了300余倍。

在东部地区，公路只是在物资集散方面起辅助性的作用。但西部地区由于缺乏水运干线，铁路修建滞后，公路成为主要的交通运输方式，对城市发展具有重要的影响。如宝鸡、双石铺、天水、华家岭、广元、腾冲等城市，最初都是在新建公路的影响下发展起来的。

④**近代矿业城镇**。工业、交通、国际贸易的发展，引起对煤炭和金属矿产品的大量需求。自19世纪70年代中叶，新法采矿业逐步发展起来，催生了一批矿业城镇。如以煤炭开采为主的基隆、开平、广济、兴国、池州、阳泉、焦作、唐山、井陉、滦州、阜新、抚顺、本溪、扎赉（lài）诺尔（今内蒙古呼伦贝尔辖区）、萍乡、淄博、峄县（今山东枣庄市）等城市。新型金属矿产城市，如漠河金矿、大冶铁矿、张家口外科尔沁山铅矿、承德三山银矿、建平金矿、山东淄川铅矿、湖南水口山铅锌矿、铜仁汞矿、招远金矿、观音山金矿、珲春天宝山银矿等，推动了这些地区的农村转化为城镇。

⑤**近代商业城市**。该类城市多位于沿海、沿江及铁路、公路沿线的水陆交通要道。铁路与远洋航运于19世纪晚期以后投入服务，极大地降低了运输费用，为国内、国际贸易提供了方便的运输条件，为处于交通枢纽地带的老城市注入了新的市场机遇和经济增长点，城市获得了快速的发展，如上海、天津由此发展成为商业重镇。上海自1843年辟为商埠，1857年殖民主义宗主国又取得了长江的航运权，大大提高了上海对于内地尤其是长江流域的辐射力和影响力，并拓展了国际贸易业务，拉动了相关工业、商业、金融业和交通运输业的发展，使上海迅速发展成为全国最大的进出口贸易港口城市，东亚地区国际性的经济大都市。总之，商业的发展成为近代城市发展的首要推动力。

（2）中国近代城市发展的特点。我国近代城市的发展具有以下几个方面的特点。

一是城市数量增加和规模扩大。城镇数量的增长、人口增长及城镇人口占总人口的比重等指标的统计分析表明，以1900年为界，前期我国的城镇数量增长比较缓慢，全国2000人以上的城镇数量在50多年时间内只增长了126个。城镇人口由1843年的2070万人，增至1893年的2350万人，由占总人口的5.1%上升为6.6%。后期城市发展较快，全国5万人口以上的城市，由1893年的89个迅速增长到1936年间的160个，几乎增加了1倍。1949年城镇人口增至5766万人，占总人口的比重上升至10.6%。

二是小城镇的普遍发展，商品流通的增大和部分农产品的商品化，是促进我国小城镇普遍发展的重要原因。据1933年的资料统计，当时全国总人口约4.5亿人，城镇人口约1.5亿人，而小城镇人口约达1亿人，可见我国半殖民地半封建时期小城镇所占有的重要地位。

三是城市经济结构上的商强工弱。经济结构一般是由资本投资结构所决定的。殖民资本是以资源掠夺和倾销工业产品为主要目的，工业投资只是殖民主义化的某种工具和手段。官僚资本目的在于为巩固其统治地位而服务，只是注重发展军事工业。民族资本实力弱小，对工业的投资明显不足。传统的城市商业与手工业的联系过于密切，保守守旧，自我封闭，因此不可能在现代化的工业领域有所作为。这必定使民族工业受严重打击，既丧失了产品市场，又得不到必要的原料。

四是城镇分布很不平衡。城镇主要集中分布在东部沿海地带和长江下游地区。该地区的城镇密度，1843年达到6.1～6.4个/万平方公里，约为内地的46倍；1893年沿海地区上升为6.89个/万平方公里，1936年的城市密度高于内地约6.7倍。内陆地区的城市密度呈现停滞和衰落状态。如古城西安自近代开埠至1920年，人口由上百万降至20万；兰州人口由1901年的65万，降至1921年的32万。

五是出现一系列城市问题。城市的畸形发展，城市人口的急剧增长，破坏了城市的生态平衡，造成就业不足、交通拥挤、环境污染、布局混乱、住房紧张、社会治安不良等一系列的问题，使城市居民的生产生活环境日益恶化。

二、产业新城的历史演变

随着城市的发展演变以及世界新型城镇化的深入推进，产业对一个城市的发展起到了举足轻重的作用，很大程度上决定了一座城市的影响力、辐射力和带动力。因此打造以产业为基础的新城，成为近几十年来城市发展的新动向，展现出了强大的活力和生命力。

从全球产业新城的发展演变来看，产业新城早期形态多是以政府主导的开发区的形式体现，政府负责统一规划、投资、建设；后期以政府引导、市场运作为主。历史地看，按照产业新城各类形态出现的先后顺序，产业新城形态先后经历了自由港、出口加工区、科技工业园区、产业新城等发展阶段。

（一）古商业贸易区（公元前10世纪～1950年代）

产业新城的最早历史发端可以追溯到公元前10世纪的腓（féi）尼基（今巴勒斯坦、黎巴嫩地区）的商业贸易区。为了扩大贸易往来，善于航海和经商的腓尼基人，曾将其南部海港提尔及其北非殖民地迦（jiā）太基划为特殊商业贸易地区，并为进出该地区的外国商船提供安全通行的保障（增值服务），使其不受任何干涉和限制，从而实现客流、物流、商流的集聚，催生了商业和居住的集聚与发展，这便是世界上开发区最初的萌芽和雏形。

据史书记载，中国最早的海上丝绸之路商业贸易区始于汉代，四大始发港分别为东冶（今福州）、番禺（今广州）、东瓯（今温州）、明州（今宁波）等。其中，福州作为最早的始发港之一，商业始发港历史最长。据《后汉书》记载：当时东冶是中国与日本海上交通的重要港口。三国时，虽然海岸线不断东移、南移，但福州（东冶）港繁荣依旧，是中国至日本、菲律宾最重要的港口。

唐代福州港非常繁荣，除了沟通中南半岛、马来半岛的传统航线外，还开辟了新罗（朝鲜）航线、日本航线、三佛齐航线（当时的东南亚强国，领土包括苏门答腊岛和马来半岛）、印度航线、大食航线（阿拉伯帝国），福州城呈现“万国之梯航竞集”的盛况，海外贸易成为福州财政的重要支柱。中唐之后的福州港，与广州、扬州并列中国三大贸易港。因为沿着海上丝绸之路来福州的客商非常多，为满足外商需求，唐元和八年（公元813年），刺史裴次元在今鼓屏路冶山建马球场。也因为外商对丝绸的需求量极大，朝廷在今福州鼓楼区织缎巷设文绣局，有织工绣工5000人之多。五代十国之后，福州港呈现多港区发展格局。闽王王审知在福安（当时隶属福州，今属闽东）新修甘棠港，开辟了与高丽（今朝鲜）、日本、东南亚航线。马尾闽安的邢港港区、台江港区等也开始活跃起来。

宋朝，福建转运使驻所设在福州，还在台江港区设立“临河务”，管理水上贸易。宋《三山志》卷七载：“临河务，州东南美化门内（即新港河口），古南锁港，凡百货舟载此入焉，故务於是置。”元朝，泉州上升为世界闻名的大港，但由于江淮、泉州的海外贸易分别为沙不丁、蒲寿庚等地方实力派把持，与朝廷在争夺海外贸易利益上存在矛盾。朝廷为牵制地方实力派，又在上海、福州另立“海船万户府”，掌海运贸易之事以分权，福州港再呈向上之势。故史书称：元代“福州海商甲天下”。宋元时期，福清的海口港、长乐的梅花港、连江的定海港、马尾的松门港都十分繁忙。明朝，福州所辖的长乐太平港成为郑和七下西洋航海活动的基地，福州港成为中国与琉球交流、贸易的重要港口。为此，朝廷在福州台江设立专门接待琉球宾客的柔远驿。随着市舶司从泉州移至福州，福州港再度繁荣。为更好地服务海外客商，朝廷在柏衙（今津泰路鼓楼区科艺宫）设市舶太监府，在乌山西北麓（今乌山小学内）设供海外客商游乐的中使院。长乐的梅花港、太平港，马尾的闽安港、松门港都开通了到北亚、东亚、南亚诸国航线。福州始终是对琉球、日本的重要港口。清朝，福建对外贸易港口发生了重大变化，除了福州作为对日本和琉球主要交通港口，保持相对繁荣外，曾经是对南洋交通港口的泉州港和漳州月港都处于萧条状态。五口通商后，福州港又增设了英国、美国、法国、德国、意大利、西班牙、荷兰与俄国航线，对外贸易再次活跃起来。

此外，扬州作为京杭大运河和长江下游重要的河运商埠，自隋唐以来就是我国重要的交通枢纽，东南地区政治、经济、文化的重要都会，扬州数度繁华，尤以两汉、隋唐、清代康乾年间为盛。

唐代的扬州，农业、商业和手工业相当发达，出现了大量的工场和手工作坊。不仅在江淮之间“富甲天下”，而且是中国东南第一大都会，时有“扬一益二”之称（益州即今成都）。扬州是南北粮、草、盐、钱、铁的运输中心和海内外交通的重要港口，曾为都督府、大都督府、淮南道采访使和淮南节度使治所，领淮南、江北诸州。在以长安为中心的水陆交通体系中，扬州始终起着枢纽和骨干作用。作为对外交通的重要港口，扬州专设司舶使，经管对外贸易和友好往来。唐代扬州，来自新罗、高丽、日本、波斯（伊朗）、大食（阿拉伯）、婆罗门、昆仑等国客商长期居住经商者达数千人。当时的扬州港“帆樯如林、商贾如织”，被誉为“东方四大商港”之一，成为我国海上丝绸之路的著名港埠。日本遣唐使来扬州和高僧鉴真东渡日本，促进了中日两国的政治、经济、科学和文化的交流。新罗文豪崔致远于公元880年来扬州，从职淮南，勤于政务，参与军事，职掌馆驿，辛勤笔耕，撰写了大量的诗赋、公文、表状，884年回到新罗，传播汉文化，被称为“东国儒宗”，成为最杰出的新罗文豪。扬州人李善在前人成果的基础上，重新注释的《文选》，旁征博引，为后人保存了大量已经散失的重要文献资料。其子李邕，不仅文章、诗歌很有影响，也是继虞世南、褚遂良之后的大书法家之一。张若虚为“吴中四杰”之一，仅《春江花月夜》一首诗，就有“孤篇压全唐”之誉。公元684年，徐敬业、骆宾王在扬州起兵反对武则天执政。唐末五代，军阀混战，扬州遭到严重破坏。杨行密在扬州建立政权，史称“杨吴”，有短时间的经济恢复。不久，又陷入战争的破坏之中。

公元960年，北宋建立。扬州农业、手工业迅速发展，商业进一步繁荣，扬州又再度成为中国东南部的经济、文化中心，与都城开封相差无几。商业税收年约8万贯，在全国居第3位。公元1127年，高宗赵构在金人威逼下，迁都过程中，以扬州为“行在”一年，更促进了扬州繁荣。1275~1276年，李庭芝、姜才率军队与扬州人民一起向元军开展了不屈的斗争，不幸殉难，扬州城只剩数千人。100多年间，扬州一直是抗金、抗元的战场。韩世忠、刘琦、岳飞等南宋名将在这一地区进行了艰苦的斗争。战争使经济和社会遭到严重破坏，但在局势相对稳定的情况下，扬州的经济又不断恢复发展。在文化上，欧阳修、苏轼、秦观、姜夔等在扬州留下大量传世名作。元、明两代，扬州经济发展加快。来扬州经商、传教、从政、定居的外籍人日渐增多，其中仍以波斯人和阿拉伯人为最。

明时，随着商品经济的发展，孕育了资本主义生产关系的萌芽。扬州的商业主要是两淮盐业的专卖和南北货贸易，盐税收入几乎与粮赋相等，商业扩大到旧城以外。手工业作坊生产的漆器、玉器、铜器、竹木器具和刺绣品、化妆品都达到了相当高的水平。清代，康熙和乾隆多次“巡幸”，使扬州出现空前的繁华。城市人口超过50万。当时的扬州，居交通要冲，富盐渔之利，盐税与清政府的财政收入关系极大。各地商人增多，纷纷在扬州建起了会馆，各有营业范围和地方特色。在文化上，一些盐商广结文士，爱好藏书，修建府学、县学，恢复名胜古迹，对扬州的文化发展具有一定的贡献。这期间出现了以金农、李鱓（shàn，同“鳝”）、高翔、郑燮（xiè）、罗聘等“扬州八怪”为代表的扬州画派，以阮元、焦循、汪中、任大椿和王念孙、王引之父子为代表的“扬州学派”。扬州戏剧历史悠久，至清代大盛。1790年，为庆祝乾隆皇帝80寿辰，以宝应高朗亭为班主的三庆班进京演出，与其他剧种一起，对京剧的形成和发展产生重要影响。扬州的评话、清曲、扬剧、木偶和棋、琴均在清代形成自己的特色，促进了扬州成为当时中国文化中心的形成。

扬州繁荣昌盛的历史，积淀了深厚的历史文化底蕴，李白、白居易、欧阳修、苏轼、郑燮、朱自清以及马可·波罗、崔致远等大批中外文人雅士在古城扬州留下千古佳作。以“扬州八怪”为代表的扬州画派和扬州学派在中国文化领域独树一帜。扬州戏曲、扬州评话、玉雕漆器、扬派盆景、雕版印刷、淮扬菜系等更是独具特色，源远流长。

（二）自由港

从16世纪开始，随着商品经济在地中海沿岸的不断发展，人类经济史上出现了以自由港为特征的产业新城形态。世界上最早以自由港正式命名的开发区是1547年意大利创建的热那亚湾雷格亨港（Leghoyn），该港的创建标志着近代意义上的开发区在世界上的诞生。

随后，17～18世纪，意大利的威尼斯（1661年）、法国的马赛（1669年）、西班牙的直布罗陀（1705年）等自由港[1]或自由贸易区辟建。

19世纪，丹麦的哥本哈根、葡萄牙的波尔图、德国的不来梅和汉堡等城市先后被宣布为自由港或划出一部分地方为自由贸易区。20世纪初，瑞士、希腊、瑞典等国相继设立自由港或自由贸易区，美国也从1934年开始在沿海地区建立自由贸易区和具有自由港特征的对外贸易区。1948年巴拿马辟建了科隆自由贸易区。随着世界经济和贸易的发展，自由港的数量越来越多，到20世纪末，世界上的自由港已达130多个。

（三）出口加工区（1950年代~1970年代）

随着二战的结束，广大发展中国家为了大力发展本国经济，充分利用廉价劳动力的比较优势，建立了大量的出口加工区，不仅促进了经济发展，同时环绕该区域也形成了一个及商务与居住、生活为一体的新城。世界上第一个出口加工区[2]为1956年建于爱尔兰的香农国际机场，这也是世界上最早的自贸区，世界上第一个免税工业区。习近平主席2013年初访问爱尔兰时，还专程到访香农，他称赞，“香农自贸区作为世界上最早、最成功的经济开发区之一，不但为爱尔兰经济发展作出重要贡献，也为世界上不少国家的开放型经济发展提供了有益借鉴，中国建设深圳经济特区、上海浦东新区、天津滨海新区等就借鉴了不少香农开发区的经验。”

以爱尔兰香农开发区为例，香农镇（Shannon Town）原是爱

1　自由港（free port）是指全部或绝大多数外国商品可以免税进出的港口，划在一国的关税国境（即“关境”）以外。又称自由口岸、自由贸易区、对外贸易关于全球工业地产发展历程区，这种港口划在一国关境之外，外国商品进出港口时除免交关税外，还可在港内自由改装、加工、长期储存或销售，但须遵守所在国的有关政策和法令。自由港依贸易管制情况分为完全自由港和有限自由港。

2　出口加工区狭义上是指某一国家或地区为利用外资，发展出口导向工业，扩大对外贸易，以实现开拓国际市场、发展外向型经济的目标，专为制造、加工、装配出口商品而开辟的特殊区域，其产品的全部或大部分供出口。加工区内，鼓励和准许外商投资于产品具有国际市场竞争能力的加工企业，并提供多种方便和给予关税等优惠待遇，如企业可免税或减税进口加工制造所需的设备、原料辅料、元件、半制品和零配件；生产的产品可免税或减税全部出口；对企业课以较低的国内捐税，并规定投产后在一定年限内完全免征或减征；所获利润可自由汇出国外；向企业提供完善的基础设施，以及收费低廉的水、电及仓库设施等。

尔兰西部的香农河河口湾北岸一个小小村庄，1982年1月1日才正式建镇。在喷气式飞机问世之前，飞机航程受到一定限制，需要地面有燃料补给才可继续飞行。香农正好处于北美和欧洲大陆的中轴线上，地理环境特殊，利于飞机起降。1942年香农机场建成，成为重要的航空中转站，来往于北美－欧洲航线上的飞机均可以在此补充燃料。

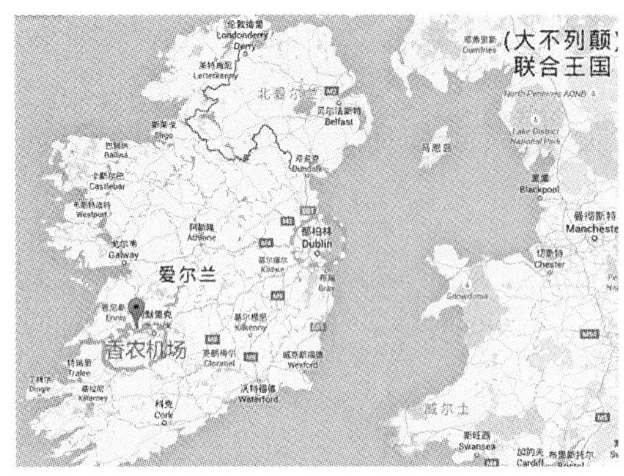

图1-11　香农开发区区位及园区鸟瞰图

1947年，香农机场又以只有2米长的仅卖烟酒的小小柜台开设了世界第一家机场免税商店。香农镇的建立和发展源于香农机场的建立，更得益于香农开发公司、香农自由贸易区的设立和发展。

1959年，为吸引外资、促进经济发展，爱尔兰政府决定成立香农自由空港开发公司（即香农开发公司）负责推进当地航空业的发展，它既是一个由政府控股的机构，受企业和贸易部长直接管辖，但又是自负盈亏的有限责任公司，香农开发公司总部现拥有8000个工作人员。1960年，香农开发公司围绕香农机场进行深层开发，在紧邻香农国际机场的地方建立了世界上最早以从事出口加工为主的自由贸易区，以其免税优惠和低成本优势吸引外国特别是美国企业的投资。起步时，只有10家外资企业，每年的雇员人数约为580人。

香农开发公司职能不断扩大，1968年爱尔兰政府建立香农开发区，并授权香农开发公司统筹负责整个香农地区的工业、旅游业等的全面经济开发。20世纪70年代，政府要求香农开发公司重点发展科技型工业，加大吸引外资力度。利默里克大学建立，使开发区开始享有自己教育和科研服务机构。为推动本土企业科技水平的提高，1980年开发区建立了本土高技术公司的创新中心；1984年，香农开发公司又依托利默里克建立利默里克国家技术园，依靠科技力量的支持，很快实现劳动密集型向技术密集型工业的转变。20世纪90年代，该公司再次调整香农开发区发展方向，逐步使开发区转为以服务业为主。

近年来，公司开始探索发展知识经济型的香农开发区。除了利默里克国家技术园外，还建立了凯里技术园、提珀雷里技术园、恩尼斯信息时代园和博尔技术中心，并在开发区内建立了香农和利默里克2个宽带网络。

经过香农开发公司50多年的实践，爱尔兰中西部从贫穷落后的农业经济走向工业化，又从服务型经济步入知识经济时代，在这个过程中香农开发区始终走在爱尔兰经济发展的前沿。现在的香农开发区已覆盖爱尔兰中西部香农河两岸的5个郡，总面积1万平方公里（占爱尔兰国土面的1/7），人口约43万。区内旅游资源丰富，保证高质量的生活条件。美丽的香农河，大西洋畔黄金海岸，清新宜人的海洋性气候，迷人的田园风光，古色古香的中世纪城堡，众多一流高尔夫球场，民族特色的爱尔兰传统音乐、舞蹈与体育赛事等等。2006年香农开发区内企业销售额达44亿欧元，出口达40多亿欧元，就业人数达2万人，共接待国内外游客达170万人。

在投资方面，香农是整个香农开发区的中心，香农国际机场是连接美国、欧洲及中东的重要交通中转站，地理位置优越，使其得以依托欧美等国际市场迅速发展。过去爱尔兰是落后的农牧业国家，1850年前又发生了大饥荒，致使爱尔兰人大量移居欧美。同时，爱尔兰也是欧盟成员国，与欧美的天然联系使很多欧美公司优先考虑来爱尔兰投资，据统计，香农自由贸易区的外国投资94%来自欧美国家，其中美国投资占57%。

在基础设施方面，香农开发区内的基础设施良好，航空运输发达，陆运与海运交通便利；光纤通信与宽带网络联接欧、美主要大城市；完善的办公场所与生产厂房等设施可供租赁或购买，水、电等能源供应充足。

在科技研发方面，开发区内的利默里克大学、利默里克工学院等高校科研力量雄厚，有着良好的科研与实业相结合的传统。爱尔兰全国的大学也为开发区培养出其所需的科学、工程技术及商业管理等方面的大量优秀人才。另外，爱尔兰熟练技术工人充足，整体劳动力素质较高。

在税收优惠方面，同爱尔兰全国其他地区一样，在开发区投资的公司享受较低的公司税，即12.5%，这较欧盟大部分国家30%～50%不等的公司税要优惠得多，是欧盟内公司税最低的几个地区之一。

2004年，香农开发公司提出“香农开发区2020发展规划”。建立连接格尔威、利默里克和科克的包含技术、旅游和相关领域的“大西洋联盟”，吸引外资流向这些地区。还充分利用当地的自然资源和潜在的增长及竞争因素，引进新的技术和创造性地利用各种信息，进行区内欠发达的农业开发，积极推进实现香农开发区从服务型经济向知识型经济的飞跃。

从全球来看，随着全球经济一体化趋势的日益增强，20世纪60年代以来，出口加工区在亚洲、南美洲的发展中国家迅速兴起，截至20世纪80年代中期，全世界约有40个国家建立170多个出口加工区，绝大部分都取得显著效果。

（四）产业（科技）园区（1970年代）

20世纪70年代，波及全球的石油危机以及随之出现的全球经济危机，迫使许多出口加工区不得不寻求转型，一些条件较好的出口加工区开始从劳动密集型向技术和知识密集型转化，逐渐发展成为科学工业园区。据有关资料统计，目前全球各种类型的科学工业园区约有1500多个，它们强劲地推动着区域经济、国家经济和世界经济的发展。

在政府主导的产业园区、高新技术开发区之外，该时期以盈利为目的的产业地产商开始出现，此时的产业地产商主要是以工业地产项目的开发运营为主。工业地产商在全球选址，投资建设或收购工业厂房、物流仓库、研发楼宇、商业写字楼等资产，或购买带长期租约的工业地产项目，再将其出租以获取收益，其优势在于其稳定的收益率，虽然其利润率低于住宅开发或商业地产开发，但却能够给投资者带来长期稳定的现金流和利润回报。此外，国外产业地产持有比重比较大，销售比重很小，租售比平均4∶1，甚至更高，较高的租售比带来产业地产商“重资产”的运营模式，从而也就蕴含这大量风险。为解决“重资产”的沉重包袱，产业地产企业通常会利用高度发达的资本市场，将持有的大量优质不动产进行打包，实施资产证券化（REITs）。其中，最为典型的案例当属目前全球最大的工业地产商普洛斯，对其融投资模式的分析详见第二章第二节。

（五）产业新城（1980年代至今）

20世纪80年代以来，随着发达国家及东亚新兴工业化国家逐步实现工业化，形成了资源过度向中心城市集中的现象，从而导致交通拥堵、资源紧张、环境污染等“大城市病”问题日益突出。为此，各国纷纷在中心城市半径100公里范围内兴建以产业集聚为核心的新城，较好解决了“大城市病”问题，实现了城市均衡发展。

如伦敦市政府为重建道克兰港，于1981年设立伦敦道克兰发展有限公司（London Docklands Development Corporation，LDDC），作为统筹协调平台，通过引入私人投资者对道克兰22平方公里的土地进行大规模开发。经过20余年的发展，道克兰地区已经继伦敦市区、威斯敏斯特后的第三个商务中心区，拥有包括英国第一高楼——加拿大广场一号在内的众多高层写字楼，聚集了银行，金融机构和法律服务等众多行业，摩根士丹利，瑞士第一波士顿银行、花旗集团等世界知名金融机构是该地区的主导租户。目前，道克兰的开发也是世界上最为著名的产业新城投资开发案例。此外，中国固安产业新城、韩国松岛新城等也都是产业新城的代表性案例。下文将会对伦敦道克兰地区的开发以及固安产业新城的投资发展模式进行详细阐述。

三、产业新城的概念、特征及类型

通过前两节对城市起源与发展以及产业新城的历史演变的分析，对产业新城已经有了初步的认识。在此基础上，本节将进一步阐述产业新城的内涵和外延，使读者对产业新城的理解和认识更进一步。

（一）产业新城的概念

一般地，人们把在特定区域，集聚一部分相同类型的企业，有着相同的发展目标的企业群体，并享受一定的政策优惠的特定地理区域，叫作产业园区。它是指在划定的区域内，通过科学的规划，优惠的政策，完善的管理和配套的服务，形成适宜企业成长的“经济大棚”，筑巢引凤，吸引外来企业，实现项目、资金、人才、技术等要素的聚集，从而构筑一个在地理空间上相对集中的企业群体。

产业新城，作为一种近年来新兴起的一种概念，业内并没有清晰的定义，有的简单地把它看成是新形势下工业园区的升级，有的认为产业新城包含三种业态，即生产厂房、商务园区以及仓储物流配套。

本文对产业地产定义的界定采用中国房地产学会给出了产业地产两种概念上的定义：广义概念上的产业地产是将房地产业与工业、物流、旅游等其他产业双重或多重相结合的一种新兴地产模式；从狭义上讲：产业新城则是依托于某一或多个产业，以地产开发为依托，实现土地整体开发与运营，是工业地产的升级。产业地产主要通过为企业兴建写字楼、办公楼、厂房、研发中心等基础设施，结合园区内拥有的资源，建立集生产、学习、研发、办公、生活、休闲娱乐为一体的产业集群，在改善区域环境、提升所在区域竞争力的同时，也带动区内企业树立企业形象，打造企业品牌，提升企业的综合竞争力。

一般情况下，产业新城包含三种形态，分别是产业新城、科技新城、产业综合体。产业新城是指在城市主城区之外，以产业为先导、以城市为依托，建设产业高度聚集、城市功能完善、生态环境优美的新城区，是推动地方产业转型升级的动力引擎。科技新城是指在城市副中心，以生产性服务业为核心、高科技制造业为基础、城市生活配套为支撑，形成功能复合、高效统一的城市区域；产业综合体是指在一线城市副中心或中小城市核心区，以现代服务业和生产性服务业为核心，具有完善的城市生活功能配套的总部产业商务办公区域。

（二）产业新城的特征

产业新城作为产业地产的一个产品形态，与传统住宅地产、商业地产相比，主要特征突出表现在以下几点。

（1）**实现资源价值最大化**。产业新城将产业与地产相结合，让地产的开发全面为产业发展及运营服务，是一种新时期的产物，产业地产的最终目的是追求区域内资源最大化利用，实现最大价值，而不是简单地追求企业利润最大化，合理利用地产资源及区内自然、经济等资源，以土地的充分开发与利用来带动区域经济的快速增长，地产开发商要以区域产业特点为核心，在规划设计上要充分考虑到区域产业的发展的生产、运营、办公甚至是生活环境条件，以实现经济、社会等资源价值的最大化为根本目的。

（2）**具有广阔的升值潜力和投资价值**。产地新城的开发借助于区域产业经济水平以及开发区域所在城市的生产力水平，充分结合周围可以利用的综合资源，最大化的开发资源价值，服务产业经济，带动区域就业与税收，促进城市的繁荣和提升，更是对土地的深度开发与利用，因此具有更加广阔的升值潜力及投资价值。

（3）**产品设计不同，更注重产业环境营造**。与住宅市场的商品房和商业地产的购物中心、商铺、高档写字楼设计产品不同，产业地产的产品设计主要考虑办公需求、生产需求以及机械需求，并且对不同的企业要提供不同的设计标准和定制化服务，营造符合该企业形象的办公生产环境，因此它的产品类型主要包括独栋写字楼、标准化厂房等。

（4）**基础实施对产业地产发展有至关重要的作用**。基础设施建设是产业地产快速开发启动的基础，只有有过硬便利的基础设施，才能吸引优秀企业或优秀项目入驻。基础设施也是开发商对开发环境进行考察时的重要考察指标，只有在水、电、信息通信、交通、环保、治安等方面提供了有利的基础保障，才能为产业地产如期开工提供必要条件，因此要在开发时注重对基础设施的投入。

（5）**针对客户主要为政府和企业**。产业新城的客户不仅是只有商家，它主要面对的两大客户是政府和企业，因此它一方面的功能是要为政府服务，为当地创造GDP，带来就业的提高及客观的税收，另一方面还要满足不同企业的不同需求，提升企业竞争力。

（6）**对房地产开发商的综合实力要求更高**。因为产业地产的资金运作时间更久，资金回收又较慢，而且不仅前期投入需要大量资金投入，后期运营的资金需求量也很大，在吸引企业入驻以后，产业地产运营商仍要在后期运营服务上加大资金投入，这样才能让企业长期驻扎在此，正因如此，产业地产的项目对投资开发者的资金实力、技术实力等都具有较高的要求。

（三）产业新城的类型

从产业新城所涵盖的产业形态角度划分，产业新城可以分为传统工业园区、新兴产业园区以及产业新城。

表1-2　产业新城类型

	传统工业园区	新兴产业园区	产业新城
产业形态	纺织、煤炭、钢铁、机械、化工等传统工业	高新技术为主导的第三产业和高端制造业	集生活、办公、商业、公共服务于一体，多种产业形态形成的产业集聚区
园区特点	人力密集型、高耗能、高污染	人才、技术、资金密集、生态环保	人才、技术、资金高度密集、生态环保
配套设施	无配套	配套生活休闲娱乐区域	配套完善，集聚产业、居住、办公、商业、休闲娱乐、酒店、医院、学校等为一体的都市综合体
投资模式	政府主导	政府主导或政府引导、企业运作或完全由市场化运作	政府主导或政府引导、企业运作
园区规模	不定	0.5~10平方公里	10~100平方公里
开发周期	不定	5年左右	20~30年
代表性园区	沈阳老工业基地 德国鲁尔工业区	高新技术开发区 张江科技园 联动U谷 天安数码城	北京经济技术开发区 华夏幸福固安产业新城

（四）产业新城的投资方式

按照产业新城的投资主体性质，产业新城可分为政府主导型模式、市场主导型模式以及公私合营型模式。从世界范围来看，亚洲日本、韩国、台湾地区为政府主导型模式；美国、英国产业园区多是市场主导型模式；欧洲、印度为公私合营型模式；中国产业地产最初为政府主导模式，随着市场化改革的推进，市场主导型和公私合营型模式发展迅速。

表1-3　产业地产的投资运作方式

	政府主导型	市场主导型	公私合作型
投资主体	政府及国有投资公司	企业及其他多元化市场投资主体	政府与企业成立合资公司作为投资运作主体
国家及地区分布	日本、韩国、中国台湾地区、中国的经济开发区	美国、英国、中国部分产业园	欧洲、印度、中国部分产业园
代表园区	日本筑波科学城 韩国大德科技园 台湾新竹科技园 北京经济技术开发区	美国硅谷 英国剑桥城 中国联东U谷 碧桂园马来西亚森林城市	韩国松岛新城 英国道克兰商务新城 印度班加罗尔科技园 中国华夏幸福固安产业新城
优势	产业园核心功能、产业运营和产业资源上具有得天独厚的优势，并拥有丰富的园区建设、招商、运营等管理经验	机制灵活、管理效率更高，面对激烈的市场竞争，更能够洞察客户需求，产业园区建设更具特色，更加有效满足入园企业需求	综合了政府主导型与市场主导型的优点
劣势	政府机构、国有化背景往往预示着其市场化运作不足，在产业引导中行政意识影响较强，在创新意识和创新能力上有待提高	产业运营和产业资源上不具有先天优势。企业往往也缺乏产业引导培育能力，很多主导建设单位往往停留在“开发商”和“房东”的角色	政府与企业之间的利益协调机制可能会出现矛盾

1. 政府主导型

从国外产业新城发展历程看，亚洲国家日本及中国台湾地区的产业园区投资开发大多是由政府进行规划、投资开发以及后期管理。如日本的筑波科学城、中国的台湾新竹科技园等，通过园区的建设带动了国家（地区）科技的研发、经济的发展及产业的转型升级。

中国早期开发建设的产业园基本是政府主导并投资的，政府通常成立一个机构、挂两块牌子，一块牌子是园区管委会，另一块是国有性质的开发建设公司。园区管委会负责宏观规划、政策管控、行政管理和园区招商，基建、经营事务则交给开发建设公司负责。伴随园区经营的规模化和规范化，园区管委会的行政管理功能日趋完善，开发建设公司的专业化分工日趋明显，衍生出市政建设、地产开发、物业管理、商业服务、企业孵化、产业投资管理等众多专业公司。此类模式的代表园区有北京中关村、北京经济技术开发区、上海张江高科技园区、天津经济技术开发区、武汉光谷等。

政府主导型模式的优点在于，产业园核心功能、产业运营和产业资源上具有得天独厚的优势，并拥有丰富的园区建设、招商、运营等管理经验。其劣势在于，政府机构、国有化背景往往预示着其市场化运作不足，在产业引导中行政意识影响较强，在创新意识和创新能力上有待提高。

2. 市场主导型

从国外产业地产发展历程看，美国、英国产业园区多是在市场机制作用下形成的，没有政府的干预，前期也没有统一的规划，通过依托大学、科研机构、大型企业的带动作用，逐步形成产业集聚驱动而成的产业园区；到产业园区发展的中期，政府才介入，开始为园区提供公共服务。政府的角色多为“服务”角色，而不是“管理”角色。如依托斯坦福大学形成的硅谷、依托福特公司形成的底特律汽车城。

从中国产业地产发展历程看，伴随工业地产和产业地产的迅猛发展，各地相继出现了由工业地产商或产业地产商开发建设的产业园，这些开发商中既有国资背景的公司，也有外资企业和民营企业。它们开发建设的园区包括物流园、工业园、科技园、文化创意园，以及产业新城等。

中国早期市场主导开发建设的产业园区大多位于大型产业园区内，属于“园中园”、“子园区”，这是因为“子园区”的产业政策、产业运营还需依赖区域政府或园区管委会（母园区）。近期企业投资开发建设的很多产业园区规模较大，独立于城市一隅，自成一国，开发商自行承担园区运营与企业服务。此类模式的代表园区有:（1）专营物流园的外资投资运营商新加坡腾飞集团、美国普洛斯集团;（2）以产业运营见长且拥有多个典型案例的清华科技园、大连软件园;（3）以自建自用为主并兼顾产业链营造的中兴产业基地、海尔产业园;（4）产业地产开发商模式联东U谷（联东集团）、天安数码城等。

市场主导型模式优点在于，机制灵活、管理效率更高，面对激烈的市场竞争，更能够洞察客户需求，产业园区建设更具特色，更加有效满足入园企业需求。其劣势在于，在产业运营和产业资源上不具有先天优势。企业往往也缺乏产业引导培育能力，很多主导建设单位往往停留在“开发商”和“房东”的角色，如何提升产业运营能力和盈利水平是其需要攻克的难关。

3. 公私合作型

随着PPP（公私合作，Public-Private-Partnership）投资建设模式的广泛推广，产业园区的投资开发越来越多地采用政企合营模式。由于产业园区，尤其是产业新城项目开发周期比较长，一般从规划到全部建成竣工需要20～30年的时间，通过公私合作模式可以降低私人投资方的投资运营风险，保障项目的顺利推进。该模式一方面助于充分调动民间资本活力，缓解政府主导模式下巨大的资金压力，实现政府与企业的共赢。采用该模式的代表性项目有英国道克兰（Dockland）商务新城、韩国松岛新城、中国固安产业新城等。

Chapter

02

| 第二章 |

国外产业新城发展成就

国外产业新城开发起步早，模式较为成熟。总体上看，国外产业新城开发多是采用政府引导、市场投资运作的模式，如英国道克兰商务新城、韩国松岛新城等。但在欧美市场化水平较高的国家，也存在完全由市场机制引导下发展起来的产业园区，如美国尔湾产业新城、美国“硅谷”科技园等；而在亚洲政府处于较为强势的地位，也存在完全由政府主导下建立起来的产业园区，如新加坡裕纬壹科技城、日本筑波科学城等。本章将从政府主导型投资模式、市场主导型投资模式以及公私合作型投资模式入手，分别以案例的形式，对三种产业地产的投资模式、盈利模式、现金流循环模式进行分析，归纳出不同模式的优势及劣势、创新点及亮点，以期对未来的产业地产开发实践形成有益引导和借鉴。

一、政府主导型：新加坡裕廊工业园

（一）项目概况

1. 项目背景

新加坡裕廊工业区是亚洲最早成立的开发区之一。20世纪60年代之前，新加坡经济以转口贸易为主，工业基础极为薄弱，更无工业区和工业布局可言。当时，所有行政、金融、商业中心，包括一些小型工业和手工业都集中在仅占全国面积1.2%的约8平方公里的市中心区。这里人口密集，交通拥挤，再无工业发展空间。为此，新加坡政府不得不在市中心区外开辟新的工业区，这就是所谓“卫星镇”的由来。1961年前，新加坡最大的工业区是武吉知马，后来相继开辟了23个工业区，其中最大、最重要、最成功的当属举世闻名的裕廊工业园。

裕廊位于新加坡岛西南部滨海地区，面积约60平方公里。这里原是一片丘陵沼泽，住有2000多户人家。当时，以原财政部长韩瑞生为代表的新加坡工业的奠基者们敏锐地认识到，裕廊具有建设现代工业园区的良好条件：这里有水深近12米的天然良港；临近新加坡至马来西亚的铁路、公路干线；裕廊河流经区内，可提供工业用水；土地大部分国有，征用费用低廉；多山丘砂石，可用于平整沼泽，填海造地。

2. 项目概况

1961年，新加坡政府计划在裕廊镇划定65平方公里土地发展工业园区，并拨出1亿新元（约5亿元人民币）进行基础建设。1967年，园区内的厂房，港口、码头、铁路、公路、电力、供水等各种基础设施建设基本完成，同年6月新加坡政府成立裕廊工业管理局（Jurong Town Cooperation，JTC），专门负责经营管理裕廊工业区的管理运营。

（二）投资开发方式

1. 投资主体

新加坡裕廊工业园区的开发运营主要是由政府主导开发。其投资开发大致可分为三个阶段。

第一阶段（1961～1967年），前期开发：前期裕廊工业园的投资主体为新加坡政府经济发展局。在整个开发过程中，裕廊工业园区的资金筹集、土地运用、招商引资等均由政府统一规划，专业化分工建设、管理和服务协调相配合的发展模式。该时期虽然工业园区已建设完毕，但生活配套欠缺，给入园企业造成了很大困扰。

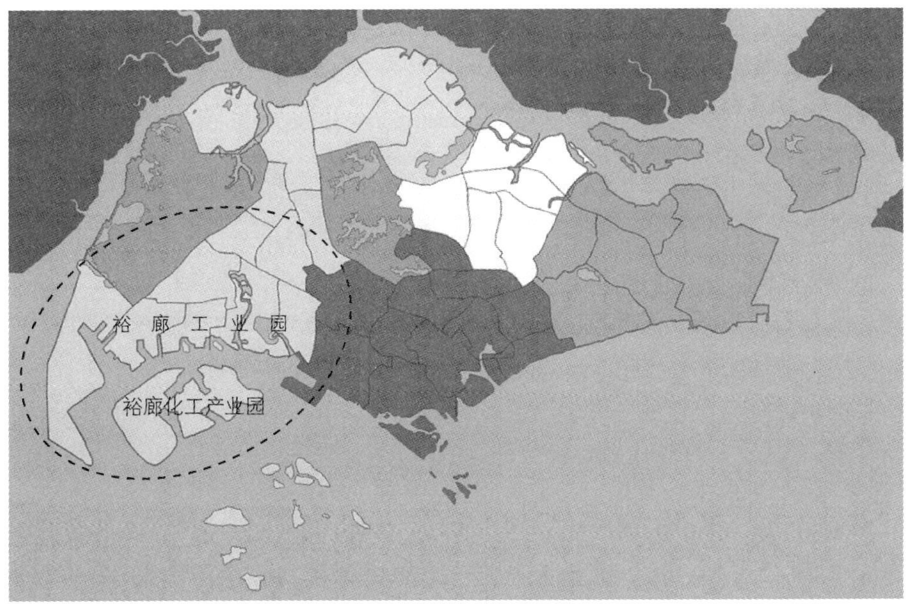

图2-1　裕廊工业园及裕廊化工产业园位置

第二阶段（1967～1972年），完善配套：随着新加坡工业化进程加快以及园区快速发展，由经济管理局全面负责园区的投资开发管理显然已经不能满足实际需要，于是新加坡政府决定将原经济管理局负责园区招商开发职能整体独立出来，成立裕廊工业管理局（以下简称管理局），1998年更名为裕廊集团。裕廊工业管理局就成为该时期裕廊工业园的投资开发管理主体。裕廊工业管理局成立后，就开始对工业园区周边进行建设园区配套住宅、酒店、休闲娱乐等设施，极大方便了园区企业的工作生活，园区逐步步入成熟期。

第三阶段（1972～1989年），园区拓展：为大力发展炼油工业，新加坡政府授权裕廊工业管理局通过填海形成裕廊岛，面积约20平方公里。目前，裕廊岛已发展成为世界级化工重镇，岛上完善的设施与物流设备已吸引了超过90个国家的投资。国际化工巨头纷纷在这里落户建厂，包括荷兰皇家壳牌、埃克森美孚、雪佛龙、杜邦、巴斯夫、住友化学、三井化学等。通过集中投资，形成了化工产业集群，即上下游产业一体化的发展模式。

图2-2　新加坡裕廊石化产业园鸟瞰

目前，裕廊岛炼油能力已达6300万吨，乙烯产能630万吨；工业总产值达590亿新元（约2950亿元人民币），占新加坡制造业总产值的三分之一。裕廊岛是**全球第三大石油炼制中心**，全球十大乙烯生产中心之一，全球最大的石油精炼中心之一，亚洲油产品的报价中心。裕廊岛，一边是环境幽雅、绿地葱郁、天蓝水清、鸟语花香；一边是炼油、乙烯、PX等项目构成的完整石油和化工产业链。

2. 现金流循环模式

要确保园区从开发建设到后期的管理运营的有序推进，现金流能够顺畅周转是关键。新加坡裕廊工业管理局探索出了一条既能够在短时间内实现园区成规模、步入成熟的现金流循环模式。

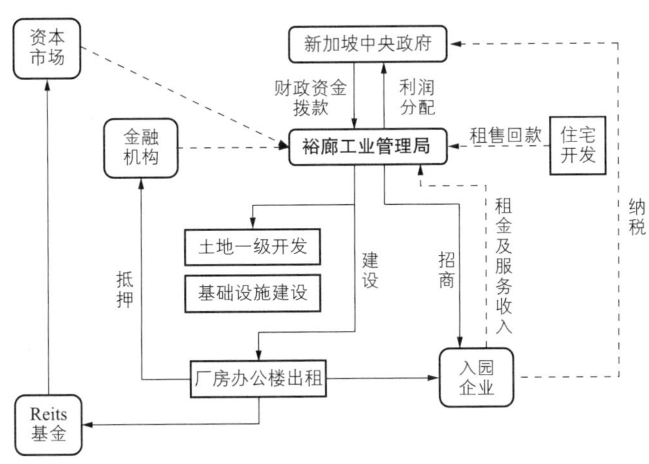

图2-3　裕廊工业区现金流循环模式

要更好地理解裕廊工业区的现金流循环模式，需要重点关注以下几个问题。

一是新加坡政府与裕廊工业管理局的关系。裕廊工业管理局是新加坡中央政府直属的统筹负责裕廊工业园区开发建设运营的经济主体，其职能前期更多的是完成国家任务，所以其前期用于园区土地开发整理的资金主要来源于新加坡中央政府的财政拨款；并且，在裕廊工业区的运营后期，中央政府仍扮演着最后“借款人”角色，这样重复保障了裕廊工业管理局的开发建设资金需求，确保工业园区开发快速推进、快速成规模、出效益。在此需要说明的是，除工业区开发前期资金来源于中央政府的自有资金外，后期中央政府向裕廊工业管理局拨付的资金主要来源于入园企业向政府的缴纳的税款。2015年裕廊工业园区产值达到全国的三分之二，税收贡献约占全国的三分之一，按此比例简单测算，裕廊工业园区每年可为政府贡献900亿元人民币的税收（2015年新加坡财政收入约为人民币2700亿元人民币），远远覆盖前期工业区开发建设收入，获益巨大。

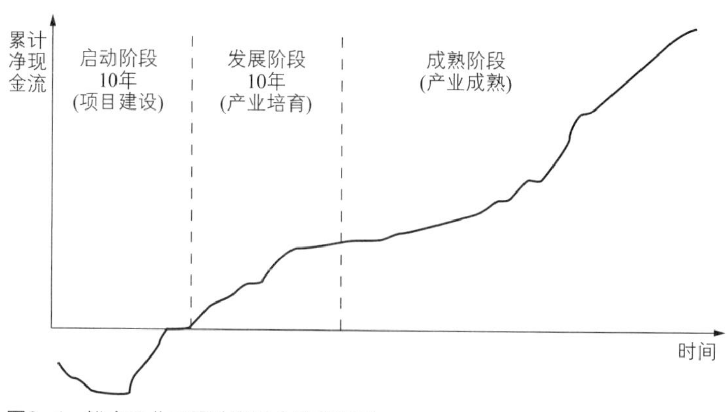

图2-4　裕廊工业区累计净现金流趋势图

二是裕廊工业管理局的开发建设业务资金来源。裕廊工业区的开发业务主要分为土地整理、园区基建、办公楼及厂房建设等三大类。前期土地整理、园区基建资金来源于1亿美元的政府自有资金拨款；办公楼及厂房建设主要来源比较多元，但园区步入成熟期主要还是政府财政资金，辅之以银行贷款、入园企业缴纳的租金及向政府缴纳的税款。园区成熟之后，其后续新建工业园区的开发资金基本已经可以做到自我循环。所以，裕廊工业区从开发建设启动，到能够实现现金流自平衡大约花费了10年左右的时间。在实现现金流自平衡后，园区产业逐步成熟、规模不断扩大、园区经济产值快速增长，那么园区的税收、租金收入也将大幅持续增长。

3. 盈利模式

在政府主导模式下，裕廊工业区的规划、开发、建设、管理集裕廊工业管理局于一身，在中央政府授权下，全权开展园区开发运营。在该模式下，裕廊工业管理局可以视为中央政府的子公司，其盈利模式主要是通过裕廊工业区来收取入园企业的厂房办公楼租金以及政府收取入园企业税收来实现。

表2-1　裕廊工业区盈利模式

	收入	支出
新加坡中央政府	入园企业税收收入	为裕廊工业管理局提供开发资金
裕廊工业管理局	（1）中央政府财政资金收入 （2）厂房、办公楼出租收入 （3）园区住宅开发租售收入 （4）园区服务收入	（1）土地整理支出 （2）基础设施开发支出 （3）厂房建设支出 （4）招商支出 （5）住宅开发建设支出 （6）园区服务支出

需要说明的是，在裕廊工业区的收入中，租金收入占比最高，约占90%。园区配套住宅收入主要为园区开发初期阶段，为满足入园企业住宅需求，而开发的园区配套住宅。该部分收入占比很小，约占5%，难以对园区整体开发形成有力的现金流支撑，但对完善园区功能发挥了重要作用。园区服务收入主要为管理局因向入园企业提供物业服务，而向入园企业收取的服务费，该部分收入约占5%。

（三）主要创新点

（1）裕廊工业园采用政府主导的开发运营模式，其优势在于，保障项目快速启动并尽快达到经济规模；快速并以较低成本获取私人土地；有效吸引跨国公司投资；园区的竞争对象在国外而不在国内，园区之间没有恶性竞争。

（2）由新加坡政府经济发展局在全球范围的集中招商，招商目标客户主要招纳三类客户群体：一是战略性公司，重点吸引其资本和市场；二是科技创新型公司，重点吸引其核心产品和技术研发；三是跨国公司的重要部门，重点吸引其最复杂的生产程序和最先进的生产技术。

（3）裕廊工业区树立强烈的亲商理念。园区以为客商服务为最高宗旨，把亲商思维融合在招商引资、日常管理服务的态度和价值观中，建立无微不至的客户服务体系，帮助客商获得满意回报率，同时使园区获得相应收益从而形成双赢格局。亲商理念贯穿于园区管理的所有活动，它认为政府并非真正的财富创造者，只有当政府成功地提供了一个适于发展的环境，并使这些企业取得比在其他国家和地区更高的投资回报率，才能吸引更多的优质投资，国家经济才能得到快速提高。

（4）创新管理体制和管理职能，提供一站式服务。裕廊工业园的优势在于，与政府相关的交易速度很快，成本很低，包括投资许可、城市规划、营业执照、建设许可、劳动力、税收、进出口报关服务和其他监管活动，特别是在一些特殊工业领域的政府投资、集群政策、人力资本政策、资本合作和劳动力合作等，机构之间的协作变得简易快捷，极大地简化了信息流动。裕廊工业园区不是“政策特区”，而重在为入区企业创造最优越的制度环境和法律环境。

（5）工业区管理机构自主权限较大。裕廊管理局成立后，接管了新加坡所有工业地区的规划、建设、租赁和管理工作，当然也包括裕廊工业区在内，具有很高的自主权，只要符合新加坡政府的工业政策，就有权吸引各种类型的投资者，尽管裕廊管理局从本质上看只是一个房地产开发商，但是园区管理委员会有批准项目，批准城市规划以及园区规划的权力，同时能发放居民暂住证，管理贸易和市场，征税，发放商业许可证等。它不仅是园区的开发者，同时也是工业区招商引资的推广者。园区管理委员会同时还提供警察、税收、海关、社会保障、教育、计划生育、全民体育运动，以及社区发展、劳工等多项公共服务。同时，裕廊管理局还控制着工业用地、科技园区和商业园区设施的供给。裕廊工业区的制度安排保证了较好的规模经济，提供了较好的经济发展空间，带来了租金的下降，缩减了一些公用设施的成本，提供了免费的公共服务、有效率的推广战略和品牌、持续性和注入创新的便利设施，更好的基础设施等良好的供给前景。

（四）实施效果

截止到2015年底，裕廊集团在裕廊工业区成功运作经验基础上，紧跟世界科技发展前沿及产业转型升级要求，先后在新加坡岛内建立了40余个工业园区及高科技园区，共占地80多平方公里，包含了7000多家跨国公司和本地的高技术公司，对新加坡GDP的直接贡献率达到25%，贡献财政收入约占三分之一，雇用了全国三分之一以上的劳动力。

此外，值得一提的是，裕廊化工产业园在一片滩涂和填海陆地上，目前已成为全球第三大石油炼制中心，年产值达到3000亿元人民币以上，成为全球石化产业的风向标。

裕廊集团投资开发的产业园在新加坡本土取得了巨大成功，带动了国家产业和科技的发展，一举使新加坡从传统落后的农业国发展成为新型工业化国家、亚洲“四小龙”之一，成为诸多发展中国家学习效仿的标杆。

（五）裕廊集团的后续发展

1. 市场化运作

为更好地应对新经济，2001年，裕廊工业管理局进行了改组，改组为裕廊集团，下设腾飞公司、裕廊国际、裕廊港三个全资子公司，其中，腾飞公司负责科学园、商业园、工业园等商务空间的开发和管理，裕廊国际负责咨询、规划设计及项目建设和管理，而裕廊港口与全球50多个国家和80多个港口保持贸易运输关系，被评为“亚太区最佳集装箱码头”。改组后，裕廊集团的经营运作更加企业化，对市场的反应更加灵敏，并在吸引、挽留和激励人才方面更具灵活性。

图2-5　裕廊集团在新加坡本土打造的产业园分布图

裕廊集团成立后，更加注重产业综合体的打造。裕廊集团不仅有工业园、科技园，还有商业区、物流园、裕廊港、住宅区、旅游区和高尔夫球场等，这就是典型的“产业综合体”或“产业新城”。

此外，园区建有德国—新加坡学院、法国—新加坡学院和日本—新加坡学院（1991年三所学院合并为新加坡南洋理工大学），还有两个著名园林——中国花园和日本花园，每年接待的观光客多达几十万人。

需要说明的是，新加坡的超前布局和科学规划也很值得学习。在发展工业园区的时候，新加坡政府根据地理环境的不同，将靠近市区的东北部划为新兴工业和无污染工业区，重点发展电子、电器及技术密集型产业；沿海的西南部规划为港口和重工业区，中部地区则为轻工业和一般工业区；沿裕廊河两岸规划住宅区和各种生活设施，并把裕廊工业园规划成工业生产基地和转口贸易基地，有计划地保留10%的用地作为建设公园和风景区。

2. 国际化扩张

图2-6　裕廊集团产业园区在全球的分布

裕廊集团另一个值得称道之处是其“以服务品牌推动公司区外扩张”的战略。由于新加坡国内发展空间狭小，为顺应园区跨国企业全球布局的需要，裕廊集团成立了裕廊国际和腾飞公司专事在全球输出其卓越的园区服务管理品牌（如“一站式”的工业发展咨询服务等）和资本（如集团占印度班加罗尔软件基地40%的股份）。

40多年来，裕廊集团在新加坡开发了45个工业园区，并接着在全球116个城市拓展了750多个项目。其中，印度的班加罗尔国际科技园、菲律宾的卡梅尔第二工业园、越南的新加坡工业园，以及中国的苏州工业园均堪称表率。裕廊集团也成为亚洲首屈一指的“工业园区孵化器”。

3. 战略性重组

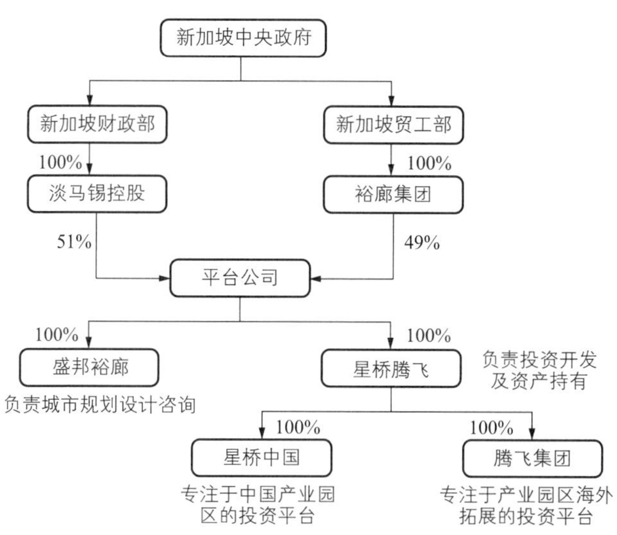

图2-7 裕廊集团组织结构图

2015年2月，裕廊集团与新加坡投资公司淡马锡达成一项战略重组协议，将双方旗下四家子公司合并起来，成立一个综合性产业综合体规划咨询、投资、开发、运营平台，专注于开发可持续城市发展的解决方案。

涉及战略重组的这四家公司分别是腾飞集团、星桥集团（原淡马锡控股子公司）、裕廊国际私人有限公司和盛邦国际咨询控股私人有限公司（原淡马锡控股子公司）。合并后，裕廊集团和淡马锡分别持有平台公司49%和51%的股权，并形成两个独立的业务板块，分别着重于资产投资与控股和建筑与工程专业服务。

腾飞集团和星桥集团合并为资产投资与控股板块，在城市化解决方案的发起、整合和供应方面具有强大的实力。盛邦国际连同裕廊国际合并为一个专注于提供建筑和工程专业服务的业务单位，并利用技术来推动可持续性解决方案。合并后，将带来更大的规模和协同效应，同时确保在争取城市化发展产业价值链的各类工程项目时，享有一定的灵活性和敏捷度。根据个别公司的价值计算，合并后集团总资产约为300亿新元（1375亿元人民币）。

4. 融资模式证券化：腾飞房产投资信托

腾飞房产投资信托（A-REIT）是在新加坡登记注册的首家也是最大的商务空间和产业地产投资信托，由腾飞集团全资子公司——腾飞基金管理（新加坡）有限公司进行管理。腾飞房产投资信托基金（A-REIT）2002年11月19日上市，募集资金约150亿元人民币。截至2015年3月31日，该信托在新加坡拥有105个项目，在中国有2个项目，价值545亿新元（2500亿元人民币）。

A-REIT已经在新加坡建立了一个多元化地产组合，涵盖商务园和科学园、综合开发项目、便利设施及零售物业、高规格产业地产、轻工业地产以及物流和配送中心。A-REIT在中国的地产组合主要由位于一线城市的北京和上海的商务园和物流设施组成。A-REIT为1400多家国内外公司客户提供高品质的商务和产业空间。

A-REIT已被纳入多个指数，包括：新加坡富时海峡时报指数、摩根士丹利资本国际（MSCI）指数、欧洲公共市场房地产协会、全美房地产投资信托协会（EPRA/NAREIT）全球房地产指数以及全球房地产研究院（GPR）亚洲250。穆迪投资者服务公司对A-REIT的发行人评级为“A3”。

除腾飞房地产信托（A-REITs）之外，腾飞集团旗下还设有腾飞印度信托、腾飞酒店信托，目前一共三支上市信托REITs；另外腾飞集团还在东南亚、印度、中国、韩国等国家拥有12只REITs，最大程度实现了持有不动产的流动化，并实现物业的较快增值。

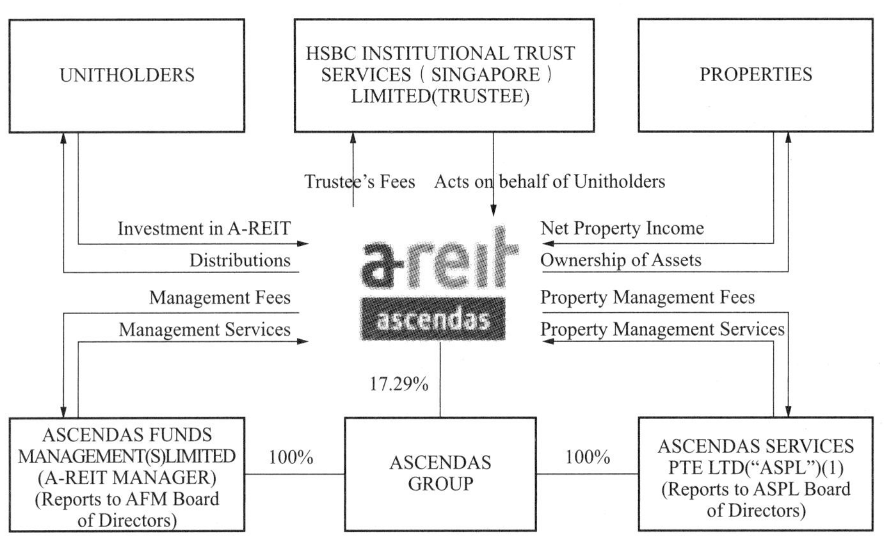

图2-8 腾飞房产投资信托结构

表2-2 腾飞房产投资信托资产组合

资产类型	占A-REIT总价值	资产内容	用途
商业园与科学园	33%	郊区写字楼、公司总部大楼以及研发基地	用于实业跨国公司的区域总部、金融机构的后勤支持办公室、IT公司以及从事各个领域研发的公司，包括生命科学、食品与化工等
高科技产业园	22%	垂直型企业园区，办公室比例较高，结合高规格多用途工业场地	主要面向希望把制造活动与总部运营职能放在同一地点的跨国公司
轻工业园	12%	大楼的办公室比例较小，结合了制造场地，与高科技行业房产相比，制造场地的比例更高	面向本地一些将轻工业制造活动与总部运营放在同一地点的大型公司
多层厂房	6%	多层厂房为叠层制造场地，用于一般性制造活动，底层收取的租金更高因为装货容量更大	主要面向从事各种制造活动的本地中小企业。有些跨国公司也在此类建筑中进行制造活动
物流与配送中心	24%	仓库和配送中心	主要面向第三方物流提供商、制造商、经销商和贸易公司
仓储式零售设施	3%	这些地产前面为零售门店，后面为仓库设施	面向单一租户，其零售、仓库和运营在同一地点

二、市场主导型开发：美国尔湾产业新城

美国尔湾，位于美国西岸的加利福尼亚州，洛杉矶东南75公里。尔湾地区的开发建设完全是由私人公司——尔湾公司投资开发，并慢慢发展起来的产业新城，其高度市场化的投资开发模式具有较强的代表性。

（一）尔湾新城发展演变

1769年西班牙探险家和殖民者开始在这里先后建起了牧场、铁路、居民区和小镇。尔湾的建市历程与其他城市很不一样，从牧场到经过规划迅速建成城市大概花了50年，被誉为“先有大学、后有社区”。1959年，拥有这片土地的尔湾家族公司——尔湾公司，以1美元的价格将大约4平方公里的土地出售给加州大学以修建新的校区，随后又向加州政府出售了大约2平方公里土地。加州大学聘请的建筑师派雷拉（William Pereira）和尔湾公司的规划者们一起在这个新校区的周围规划了一个5万人城市蓝图，这逐渐发展成当今的尔湾市，目前尔湾人口已达到20万人。纵观尔湾市的发展历程可以将其划分为以下几个阶段。

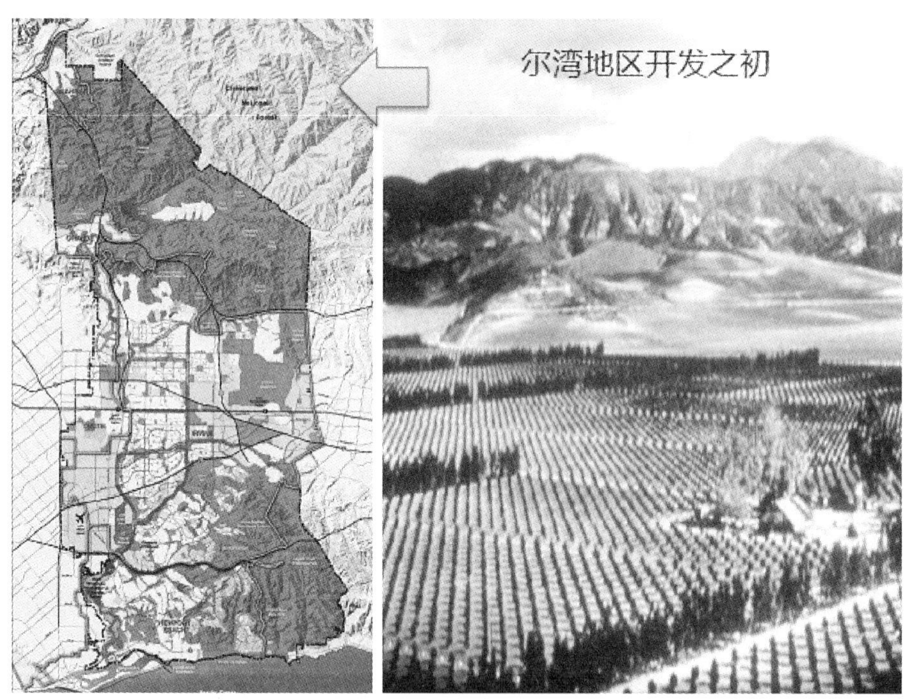

图2-9　尔湾原貌及规划

1. 收购土地、成立公司（1864～1959年）

要对尔湾新城的发展演变史有更深入的了解，这需要追溯到250多年前。早在1864，有位叫杰姆士·尔湾（James Irvine）的人陆续从西班牙和葡萄牙人手中收购了从太平洋沿岸横跨圣塔安娜河跨度37公里的土地，面积约500平方公里。杰姆士·尔湾去世后，他的儿子小杰姆士（James Jr.）于1893年继承了这大片牧场土地，并于1894年成立了尔湾公司（Irvine company），将牧场逐渐转换为农田和种植橄榄、柑橘的果园。1947年，80岁高龄的小杰姆士也去世了，他的儿子麦佛德·尔湾接掌公司直至1959年去世，此后尔湾公司由董事会选举出董事长，负责公司运作。

2. 大学社区时期（1960～1970年）

到20世纪50年代，洛杉矶开始向南部发展，加利福尼亚大学也有在这里建设新校区的意向，这为尔湾创造了一个最重要的发展契机。1959年，尔湾公司应加州大学之邀，以1美元的象征性价格，捐赠加州大学1000英亩地（4平方公里），约占总面积的1%，当时的州政府也额外捐赠了500英亩土（2平方公里）地作为校区，成立加州大学尔湾分校（University of California，Irvine）。

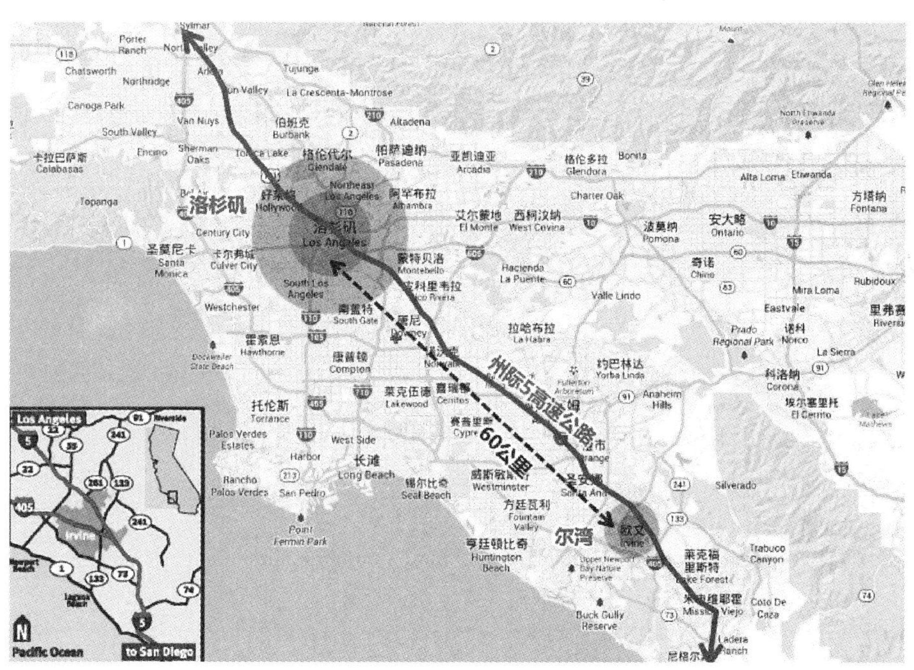

图2-10　尔湾在加州的区位

1960年，加州大学聘请的建筑师威廉·皮瑞拉（William Pereira）和尔湾公司达成共识，认为仅有功能单一的大学是不够的，有必要环绕大学建立一个容纳5万人口的城市，这个新城市必须拥有工业区、商业区、学校、住宅区、公园和休闲区等。1960年威廉·皮瑞拉设计出围绕尔湾加州大学分校规划的新社区，能容纳10万居民，占地面积121.5平方公里。

1964年橙县[1]（Orange County）政府批准了这一规划，1965年加州大学尔湾校区正式启用。1970年，“西尔湾工业区”对外开放，目前该区域已发展成为“尔湾商业区”（Ivrine Business Complex）。此外，根据规划要预留42平方公里作为公园、公共休闲用地，约占总面积的11%，促进城市空间布局平衡发展。随后，尔湾公司又捐赠出1.4平方公里土地来建设威廉·曼森地区公园（William R. Mason Regional Park）。

3. 尔湾市成立和大社区规划（1970～1977年）

1971年，社区居民投票通过了一个远比最初的“皮瑞拉开发计划书”范围大得多的城市发展规划，并以老尔湾家的姓氏命名这座新城，同年12月28日，尔湾市正式登记注册成立，成为美国经全面规划设计建设的最大城市社区。1977年，尔湾公司又邀请美国费城著名的华莱士、麦克哈戈、罗伯特和托蒂等4家规划设计事务所对尔湾进行了城市设计研究。这次规划的特点是，运用园林开发理念为各地块和地区赋予了不同的尺度特征及露天场地的保护。从1970年开始，尔湾地区对外开放，龟岩、大学公园、牧场、核桃及克尔佛多（Culverdale）等住宅区陆续在校区周围建成。

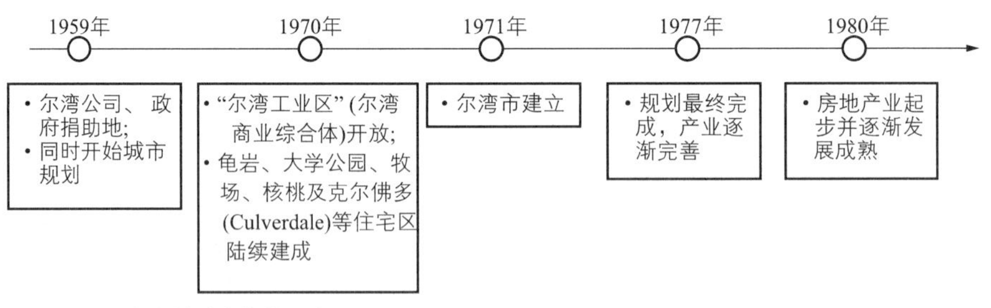

图2-11 尔湾产城融合的发展阶段

1 橙县（Orange County，California），是位于美国加利福尼亚州南部、相对富裕的一个县，西濒太平洋，位处洛杉矶县的东南方，河滨县（Riverside County）的西南方，面积2455平方公里，属于“大洛杉矶地区”的一部分。县内许多小城市多为新兴规划之市郊型住宅区，因此吸引不少中上阶层家庭定居于此。根据2010年全美人口普查结果，该县共有3 010 232人，是加州人口第三多的县，仅次于北邻的洛杉矶县与南邻的圣迭戈县。橙县亦是美国人口第六多的县。县政府位于圣塔安娜市（Santa Ana）。

4. 公司易主、转变发展思路（1977~2000年）

1977年，鉴于尔湾公司发展的良好前景，美国房地产大亨唐纳德·布伦（Donald Bren）收购了尔湾公司超过50%的股权，并成为尔湾公司主要股东，从此尔湾开启了实施雄心勃勃城市发展规划的新征程。这一交易导致了尔湾地区开发规模的缩小，而且尔湾的规划和设计功能也从公司里分离出来。

20世纪80年代晚期，尔湾的开发接受环保主义的理念，保存了超过农场一半以上的开放空间，大约178.2平方公里的农场土地被规划为自然栖息保护地，24.3平方公里的土地用于公园和开放空间。城市发展主要围绕这些自然栖息保护地、公园及开放空间进行布局。1979年，尔湾公司又向加州大学捐赠了11.3平方公里土地，专门用于生态公园的建设以及沿海湿地物种保护。

然而，唐纳德·布伦的动作也激起了其他股东的非议和不满，直到1980年他全资收购尔湾公司，并完全掌握董事会控制权后，非议才最终结束，这使他进一步坚定了发展尔湾的信心和决心。他曾经说，“我的梦想就是，有朝一日尔湾不仅仅是因为它的原始生态而闻名，而更是因为其杰出的城市规划和无与伦比的生活品质而闻名”。令人欣慰的是，他的梦想目前已经实现。

5. 生态之城、产业之城（2001年至今）

唐纳德·布伦担任董事长后，就开始大规模开发城市公园与生态保护区，努力把尔湾建成人与自然和谐相处的生态之城、产业之城。随着环境的迅速改善，加上位于西海岸中心城市洛杉矶约64公里，有充足的资源支撑，尔湾人口也由最初的10万人增长至20万，其中亚裔，尤其是华裔人口迅速蹿升，已经成为仅次于白人的当地第二大族裔。

进入21世纪后，尔湾市不断提升城市的发展竞争力，不断完善和提升安全的生活环境、方便快捷的运输系统、良性竞争的商业氛围、正规完善的教育机构与和睦相处的生活方式，使人们不约而同地选择了尔湾。经过40年的发展，尔湾从一个刚刚起步的小城发展成为公众向往的“共同目的地”，被誉为“加州的科技海岸”，吸引了众

图2-12 尔湾新城鸟瞰图

多高科技公司的加入，包括医学设备制造公司、生物医学公司、电脑软件和硬件公司和汽车设计公司。尔湾的产业结构丰富，除了高科技产业之外，制造业、第三产业也一样生机勃勃。

（二）投资运作方式

尔湾新城的投资开发是完全市场主导下完成的，其规划理念以及开发运营模式具有较强的代表性。下面将重点从尔湾公司组织架构、现金流循环模式、盈利模式、业务模式等方面进行分析。

1. 尔湾新城现金流循环模式

总体上看，尔湾公司对尔湾新城的开发，主要涉及四大类现金流：一是土地租售的现金流入；二是商业住宅开发的现金流出及租售回款现金流入；三是商业不动产的开发现金流出以及租金收入；四是以不动产为抵押物向金融机构进行贷款。

由于尔湾公司的土地为1864年获取的农场用地，20世纪70年代

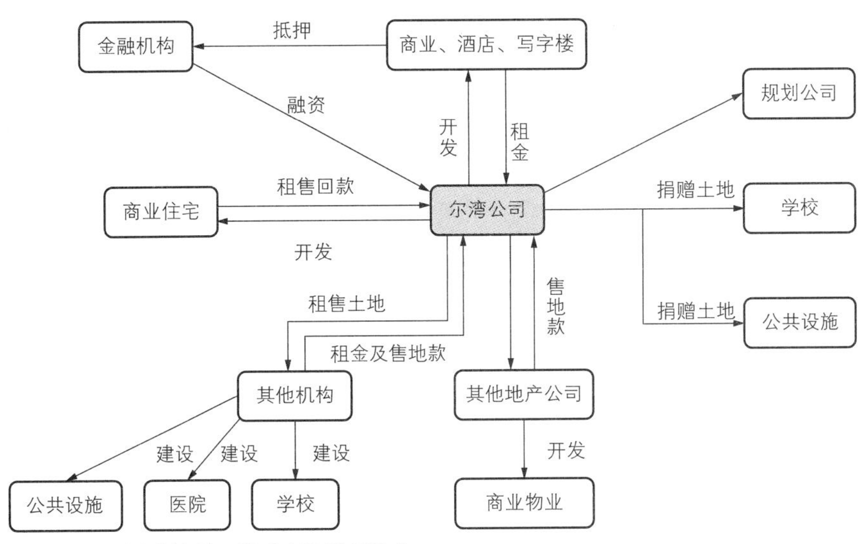

图2-13　尔湾新城投资开发现金流循环模式

才开始大规模开发，相距100多年，所以在开发过程中，地价因素可以忽略不计。因此，尔湾公司在对尔湾新城开发过程中，就不存在购地支出，新城的开发资金需求就相对较低，开发难度也相应降低。

图2-14　Lennar公司在尔湾开发的帕维利亚花园独栋别墅

尔湾新城开发的现金流循环模式：一是以向公益机构捐赠土地的形式来实现学校、医院、公园、自然保护区的建设，实现城市的功能配套。二是通过房地产开发的现金回款以及土地出售款来实现对不动产（零售物业、酒店、度假村、商业广场等）的分期开发，以售养租。需要说明的是，尔湾新城的房地产开发一部分是由尔湾公司自主开发销售，另一部分是将土地卖给其他房地产公司，挣取土地销售款后，由其他房地产公司进行开发，如美国莱纳房产[1]（Lennar Corporation）就是其中的一家。Lennar公司在尔湾开发了大量的别墅，如帕维利亚花园独栋别墅，目前售价在83万~93万美元（折合人民币545万~612万元）。

2. 尔湾新城盈利模式

从尔湾产业新城的盈利模式来看，这是一个长线投资的典型案例，首先进行前瞻性地土地储备，当然这是在价格十分低廉的情况下进行。待时机成熟，对土地进行整体规划、综合开发，由于尔湾公司的土地购置与土地开发之间相差100余年，故20世纪70年代进行土地开发时，其土地价格几乎可以忽略不计。那么，在此基础上进行房地产开发利润率相对市场同类房地产企业而言将是极高的。

表2-3 尔湾新城盈利模式

	业务类别	收入	支出
1	城市规划	—	规划业务外包支出
2	土地整理	—	土地整理外包支出
3	公共配套（学校、公园等）	—	土地捐赠（土地成本可以忽略不计）
4	房地产开发	销售回款	工程开发成本（土地成本可以忽略不计）
5	土地出售	出售土地收入	土地（土地成本可以忽略不计）
6	不动产开发（商业、酒店、写字楼等）	租金收入	工程开发成本（土地成本可以忽略不计）

从尔湾新城盈利模式中，可以得出，要维持尔湾城市整体持续开发，需要房地产开发和土地出售取得利润来支付不动产及其他开发成本支出。该模式与政府主导的新加坡裕廊工业园的盈利模式有着显著的差别，即裕廊工业园区的盈利来源主要是入园企业的税收、不动产租金。

3. 尔湾公司组织架构

随着尔湾新城的逐步成熟，尔湾公司现已演变成高端不动产的投

---

1 美国莱纳房产公司是美国四大房地产公司（普尔特房屋（Pulte Homes）、桑达克斯（Centex）、霍顿（D.R. Horton））其中之一。Lennar公司，创建于1954年，位于美国佛罗里达州迈阿密的Lennar公司，是美国四大顶级住房建筑开发商。公司于1971年在纽约上市，目前总资产逾67亿美元，年营收逾89亿美元，年销售房屋3.2万套，雇员超过一万人，在东部、中部、西部的24个州开展业务。

资、管理运营商。目前，尔湾公司旗下有房地产开发、服务式公寓、零售物业、写字楼、度假酒店，其中除房地产开发进行销售外，其余均为长期持有，通过收取租金来收回投资。

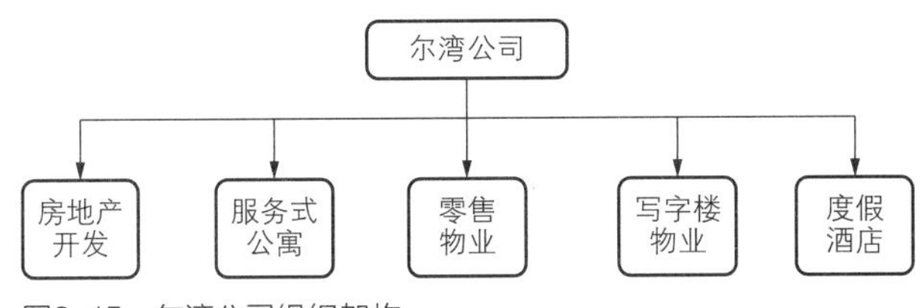

图2-15　尔湾公司组织架构

其中，尔湾公司开发的服务式公寓提供一系列度假酒店式服务，从游泳池到精装厨房。此外，服务公寓户型既有带车库和私家花园的公寓，同时也有LOFT。并且，公寓周边专门配有学校、购物中心、就业中心等，这些齐备的服务设施重新确定了房地产租赁市场的服务模式。

图2-16　尔湾公司服务式公寓

在业务扩张的同时，尔湾公司的市场也在扩展，但其总体仍专注于南加州沿海城市物业的长期投资与运营管理。目前，尔湾公司物业资产不要分布在洛杉矶、橙县、尔湾、圣迭戈等四个城市，形成了优良的资产组合并获得了丰厚的投资回报。由于公司优异的业绩，2015年尔湾公司董事长唐纳德·布伦以152亿美元净资产（1000亿元人民币）位列全球福布斯富豪榜第64名。

（三）主要创新点及实施效果

尔湾市从一个开发区到全美极具吸引力的中型城市，成立时作了完整的城市规划，环境优美、街道宽广、市容整齐、社区内绿树成

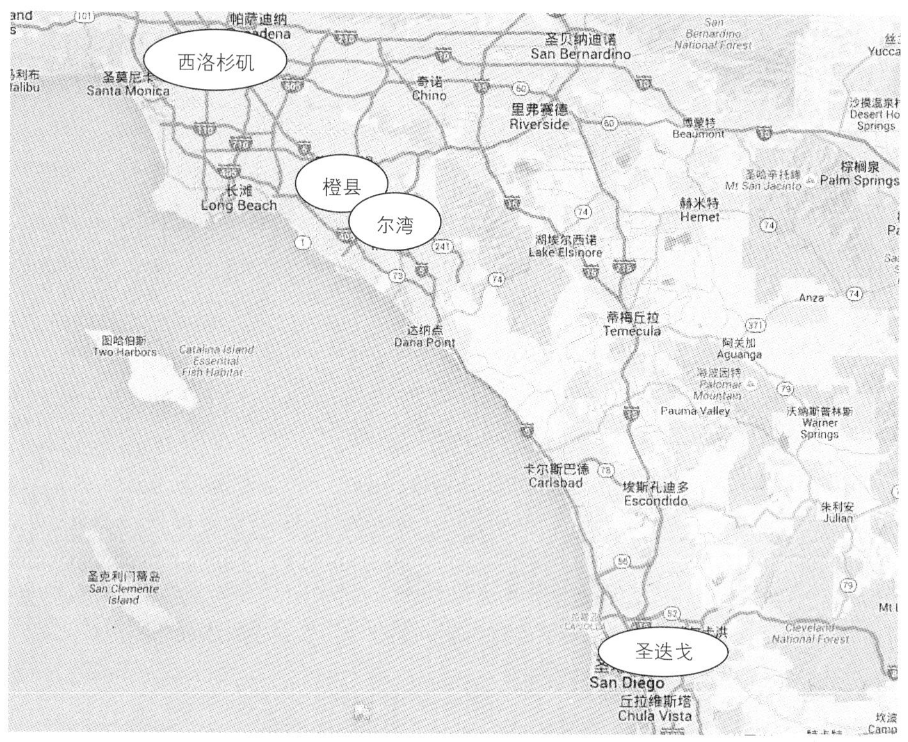

图2-17 尔湾公司组织架构

荫，是由建筑师精心规划出来的梦想城市。其成功之处在于完美地实现了产城融合发展，主要成功经验包括：政府政策支持与市场化的运作机制；均衡发展使城市发展和环境、居住舒适度等各个方面保有良好的均衡关系；以高科技为主导、多元化的产业结构；营造良好的人居环境，吸引大量的企业和居住人口。

（1）**政府的支持与市场化的运作机制，保持了城市以市场为导向的发展原则**。尔湾是在市场主导下规划形成的新兴城市。没有政府指令，没有行政干预，一切由市场来检验，人们遵守法律，维护市场规则。尔湾是在市场经济环境中由私人企业投资发展起来的。政府在建市后正式成立，市场导向是城市发展的政策起点，政府的所有决策都来自于市场并回归于市场。市场化的运作使整个城市的规划建设一直朝着市场接受的方向发展，尔湾完全靠优美的自然环境、便捷的交通、安全的居住氛围、良性竞争的商业机制不断吸引着来自各方面的淘金者。以市场为导向的投资机制使开发商意识到基础设施建设的重要性。朝着利益最大化、可持续发展的方向发展，公司酒店、餐厅、商场和娱乐设施的完善不但吸引了人口，其自身也实现了较高的利润，实现了双赢。

表2-4　尔湾产融结合发展的经验

	美国尔湾市	日本筑波科学城
政府作用	作为筑波的姐妹城市，却与筑波相反，尔湾是在市场经济环境中由私人企业投资发展起来的。政府在建市后正式成立，市场导向是城市发展的政策起点，政府的所有决策都来自于市场并回归于市场	政府在城市发展的初期发挥了积极作用，但是政府导向的弊端在城市发展后期日趋明显。整个科学城缺乏自我生存机制和造血功能，最终导致筑波远离了规划中的美好景象
产业结构	形成了以高科技为主导、多元化的产业结构。制造、服务、物流和服装等诸多产业均有发展	支柱产业为高科技，产业结构单一。抗风险能力较差，宏观经济波动时对城市经济造成致命打击
城市配套	投资主体是私人公司，以市场为导向的投资机制使开发商意识到基础设施建设的重要性。酒店、餐厅、商场和娱乐设施的完善不但吸引了人口，其自身也实现了较高的利润，实现了双赢	城市建设发展的主体是政府，政府的最初想法是将筑波建设成一个高科技产业新城，所以投资重点在高科技产业，城市配套投入相对不足，降低了城市对居住人口的吸引力

尔湾市的成功一定程度上得益于政府的支持与市场化的运作机制，得益于多元的产业结构，得益于环境友好的城市配套建设，这对我国城市开发区或新城建设具有一定的启示意义。

（2）规划保障城市发展与环境、居住舒适度等各个方面保持良好的平衡关系人口的增加要求城市准备更多的物质条件。

图2-18　尔湾自然保护区、城市公园、社区绿地三级生态体系

尔湾市每年都需要根据设施的使用及需要，在遵循规划的基础上对规划不断地调整，确保城市发展与环境、居住舒适度等各个方面保持良好的平衡关系。同2010年前相比，2015年尔湾的街道总长度增

长了29%，公园总面积增长了36%，街道绿化总面积增长了43%。根据发展规划，从2010年到2015年尔湾在三个关键领域保持了持续增长：人口计划增长16%，逾21万居民；公园和公共空间面积计划增长56%；道路绿化和街道总长度都计划增长18%。

尔湾市80%以上的社区规划良好，大多数拥有网球场、游泳池、小公园等，有的有木桥区，甚至有人工湖，让居民在湖上泛舟和进行其他水上活动。尔湾市有超过100个公园和公共游泳池，拥有最美丽的高尔夫球场。尔湾市提供自行车道系统，以鼓励使用自行车作为安全和方便的交通和娱乐工具。现在这个系统已有32英里长的、独立的自行车专用道和126英里长的、同汽车道"并肩"设置的自行车道。有"加州阳光"之称的海滩——拉克那海滨和长滩海滨。

（3）**以高科技为主导、实施多元化的产业结构战略，并提供有足够竞争力的就业机会**。尔湾现有公司17000家，以高科技为主导、多元化的产业结构。一些著名的公司总部在尔湾，如福特汽车集团、爱德华生命科学等，其中仅汽车类企业总部就有7家。此外，还有在国际上盛名的批发销售公司、制造业、服务业、物流、服装业等大规模的公司进驻。以高科技为主导、多元化的产业结构抗风险性大，在市场经济的风浪中更加稳定。在20世纪90年代末高科技产业破灭时，硅谷受到了极大的冲击，而尔湾的产业结构在遇到市场风险的时候则相对稳定，没有受到太大的影响。

同时，橙县与得克萨斯的奥斯汀、加州的圣迭戈、新泽西的瑞雷—多翰墨相比较，各个行业的总体工资水平都处于上等。而尔湾是橙县重要的经济城市，其收入水平在橙县处于上等，工资水平相对而言较具竞争力。尔湾现有就业岗位数20余万个，其中2/3的岗位是由当地居民消化，其余1/3的岗位吸引了很多外来人口。

（4）**营造良好的人居环境，吸引大量的企业和居住人口入驻**。

一是大力提升治安水平。2011年商业周刊杂志将尔湾市列为美国最佳城市排行榜第5位。尔湾市也在2010年的美国FBI年度犯罪率报告上成为全美10万人以上的城市中犯罪率最低的城市，比国家平均犯罪率低83%，比加州的平均犯罪率低85%。城市治安能达到如此令人满意的状况，是在整体规划思想指导下社区治安管理和安全标准监督强化建设的结果。尔湾市1亿美元的城市预算中，有三分之一花在公共安全方面，这不仅包括了160多名警员，还包括在打击犯罪方面的基础建设和规划。

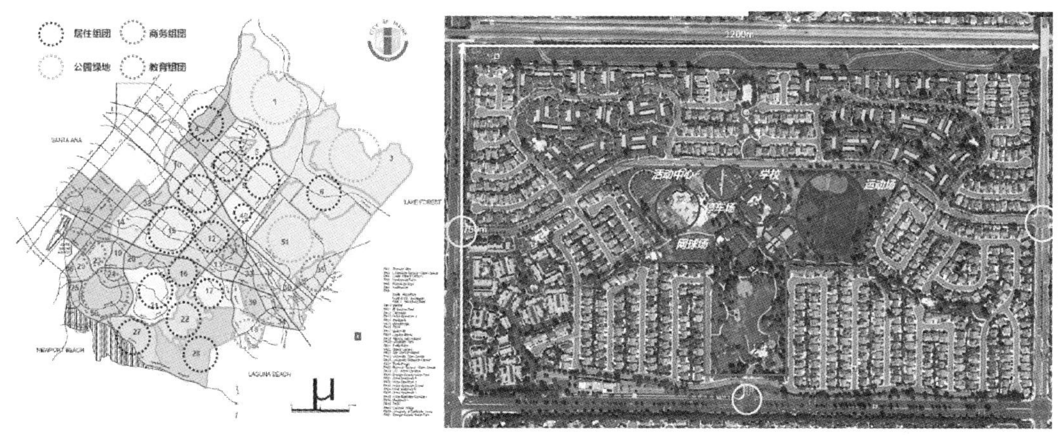

图2-19　尔湾宜居式组团发展

城市环境设计也起到了重要的作用。具备良好照明的停车场和宽阔的街道等城市基础设施建设，必须通过警察局的审查，以确保达到基本的安全标准。同时，尔湾的警察在工作中根据社区的居民情况使用6种语言，包括汉语、朝语、西班牙语、波斯语等，这就消除了沟通障碍，在防止和降低犯罪率方面效果显著。

二是齐备的商业和教育等公共配套。尔湾全市任何一个角落只用十几分钟车程便能抵达一个商业中心。商业中心一般配有大型超市、餐饮、洗衣店、服装百货等商店，生活非常便利。尔湾的统一学区一贯被评为美国最佳教育系统之一，学区拥有22个小学、5个初中、4个全面高中和1个继续教育高中，学生总计超过24000人。学区有全国闻名的学校，学生在学术、艺术和体育等学科的成绩远超过州和国家的平均水平。

三是政府对低收入首次置业者、残疾人和老年人都有不同程度的扶持政策。尔湾现有人口24万人，房屋数量6.5万套，包括商品房、廉租房、临时住房等，基本可以满足各个阶层居民的居住需求。实行“租金补助”政策，橙县住宅委员会可每月提供租金补助。委员会执行部分“授权”和“居住优惠”计划的职责，对符合条件的居民按月补贴按照市场租金租赁的住宅。“临时住房”，“前进家庭”（Families Forward）是一家本地非营利中介代理，它们提供临时和过渡住房服务，并且为没有住房的家庭提供帮助。对低收入首次置业者实施部分扶持政策。该政策包含三个独立的子计划：一是预付定金资助计划。预付定金资助计划提供低利息贷款，使低收入和超低收入的首次购房者能够买房。二是抵押贷款证明计划。三是分期购买计划。橘郡地区的住宅和金融代理处（OCHFA）帮助中等收入的个人和家庭利用分期购买计划得到属于自己的住宅。

四是便捷的交通支撑尔湾的健康发展。距离尔湾很近的约翰韦恩机场是地区性的商业机场，提供通向22个美国城市的直达航班。此外，很多本地公司的私人飞机和公司喷气机也都以此为基地。尔湾市提供自行车道系统，以鼓励使用自行车作为安全和方便的交通和娱乐工具。

（四）案例：普洛斯融投资模式

普洛斯是美国最大的工业地产商，在1993年凭着3600万美元的启动基金起步，普洛斯的全球版图逐步从北美，欧洲拓展到亚洲，呈几何基数地完成了资产增值，并保持着每年近40倍的资产膨胀节奏，其所营销的物流地产理念也迅速成为一种炙手可热的资产管理潮流。

简言之，普洛斯的盈利模式是通过收取不动产资产的租金获得利润，其现金流循环模式首先要归功于其背后强大的金融杠杆支撑。借助美国20世纪90年代初的REITs热潮，普洛斯成功在纽交所挂牌上市，成为一家工业地产投资信托公司。除了资本市场的融资，普洛斯旗下还管理着14只总规模达80亿美元的基金，加之银行信贷方面的支持，这些都保证了普洛斯能够在全球范围内攻城略地。从以上阐述可得，普洛斯的快速扩张与其高超的产业基金运作密不可分，下面将重点对普洛斯的产业基金运作进行讲解分析。

截至2014年，普洛斯旗下实际控制资产达350亿美元，拥有15只物流地产基金，直接持有1222处物业、通过旗下基金间接控制1369处物业，总建筑面积达到4600万平方米。以下便是普洛斯快速发展壮大的“秘籍”所在。

（1）**以基金模式实现轻资产扩张**。普洛斯以不足20亿美元的资本金投入撬动了200亿美元的基金资产，使实际控制资产规模达到350亿美元，同时表内资产的年均增速仅为14%，显著低于实际控制资产的增长，从而实现了轻资产的扩张。

作为全球最大的物流地产企业，普洛斯构筑了两项核心竞争力，一是遍布全球的规模化物流网络吸引了DHL（敦豪）、联邦快递等第三方物流公司的合作，二是其定制开发和供应链整合服务吸引了许多大型企业集团，并由此开拓了新市场。2002年普洛斯应最大客户DHL的要求，为其在日本定制开发物流园区，并由此进入了亚洲市场；2005年又为联合利华定制开发在中国的物流园区，由此拓展了中国区业务，目前公司约一半项目是定制开发的。定制开发要求物流地产企业集投资、开发、运营于一体，而规模化的物流网络则要求公司在激烈的竞争环境中实现快速扩张，这两项竞争力都要求庞大的金融资源支持，因此，与中国的地产企业一样，普洛斯也多次面临资金链问题。1999年，其启动基金管理模式。

1999年，普洛斯成立了第一只私募基金—Prologis European Fund（普洛斯欧洲基金），从19位机构投资人处募集了10亿欧元，主要用于收购普洛斯手中的成熟物业。收购后，普洛斯不再直接控股这些物业，但通过与基金公司签订管理协议，仍负责物业的长期运营并收取适当管理费用，同时作为基金的发起人和一般合伙人，获取业绩提成。

2000年，普洛斯又发起了3只私募基金，到2008年时，旗下基金总数达17只，目前仍保有15只基金，其中美国本土基金12只（总投资规模102亿美元，普洛斯投入资本10亿美元），欧洲基金2只（总投资规模97亿美元，普洛斯投入资本8.5亿美元），亚洲基金1只（总投资规模1.5亿美元，普洛斯投入0.2亿美元）。这15只基金的总投资规模超过200亿美元，而普洛斯自身投入资金仅为18.7亿美元，平均占有20%～30%权益，其余资金来自42位机构投资人，再加上50%的负债率杠杆，普洛斯以不足20亿美元的资本金投入撬动了200亿美元的基金资产，使实际控制资产规模达到350亿美元，是其1998年奉行基金管理模式前的10倍。

在实际控制资产快速增长的同时，普洛斯表内资产的年均增速仅为14%，显著低于实际控制资产的增长，从而实现了轻资产的扩张。

根据测算，如果完全采用传统的物业自持模式，要想达到350亿美元的管理资产规模，普洛斯的负债率将从当前的50%上升到75%，周转率将下降0.3至0.16倍水平。

在基金模式的推动下，普洛斯的规模迅速做大，1998年其管理的成熟物业及在建物业总数为1145处，而2004年时达到1994处，增长了74%，可出租面积则从1.13亿平方英尺增长到2.98亿平方英尺，增长了164%，管理资产规模从36亿美元增长到156亿美元，增长了3.35倍，年均增长率28%。2004年，普洛斯进一步提出未来5年每年要使基金管理资产规模增加20亿～25亿美元的目标，到2009年底，尽管经历金融海啸的冲击，公司管理物业数量仍从1998年的1145处增长到2509处，可出租面积从1.13亿平方英尺增长到4.8亿平方英尺，实际控制资产的投资规模从36亿美元增长到320亿美元（另有约30亿美元的土地储备），年均增长22%。

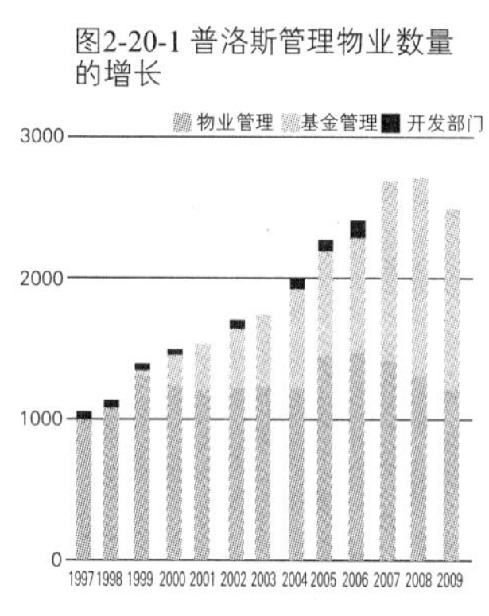

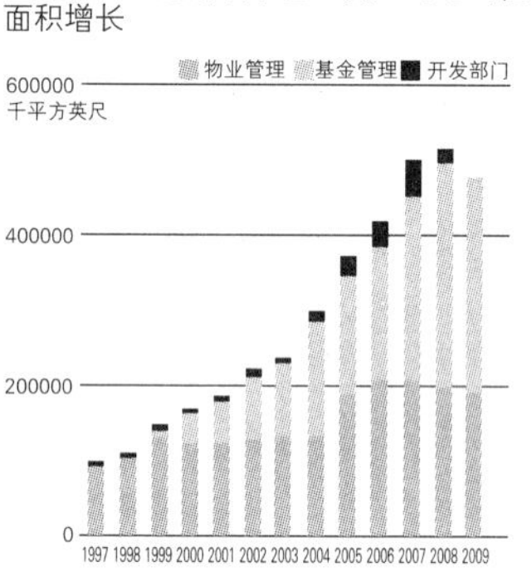

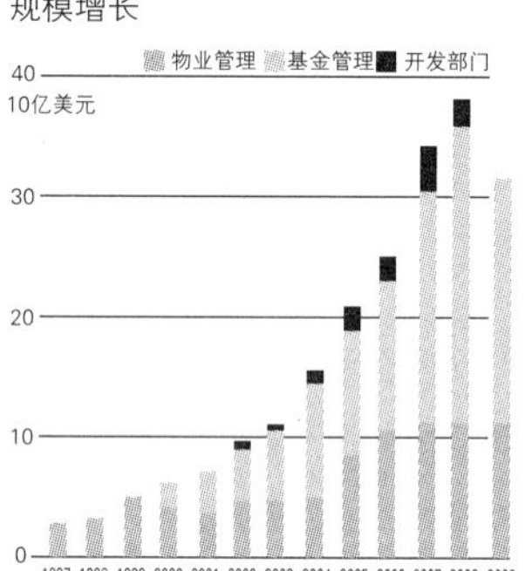

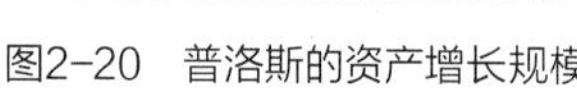
图2-20　普洛斯的资产增长规模

（2）**围绕基金重整业务架构**。基金管理部门的加入，使得普洛斯的物业开发、物业管理和基金管理构成了一个物业与资金的闭合循环。上述数字只是体现了普洛斯实施基金模式之后的扩张成果，而其能够实现轻资产扩张的秘密，在于围绕基金模式重组了业务架构。

为了配合基金模式，普洛斯对业务结构进行了重大调整，核心部门除了原来的物业开发部门和物业管理部门外，新增了基金管理部门，在新模式下，物业开发、物业管理和基金管理构成了一个物业与资金的闭合循环。

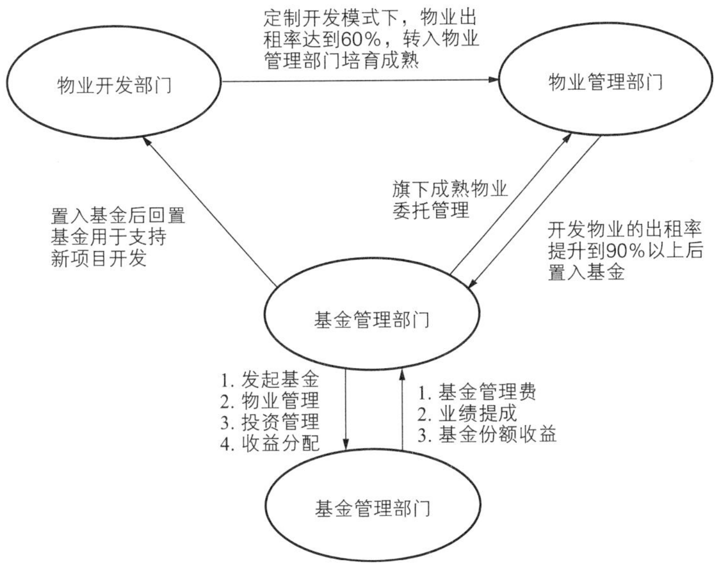

图2-21　普洛斯物流地产的基金运作模式示意图

其中，物业开发部门在机场、港口等交通枢纽处持有一定量的土地储备，然后以“定制开发+标准化开发”两种模式逐步完成工业园区的建设；项目封顶后，开发部门将其移交给管理部门（此时出租率通常已达60%水平），物业管理部门通过进一步的招租和服务完善使出租率达到90%以上、租金回报率达到7%以上的稳定运营状态；此后，再由基金管理部门负责将达到稳定运营状态的成熟物业置入旗下物流地产基金。

由于公司在旗下基金中的持股比例一般不到50%，所以置入过程相当于完成一次销售，使其物流地产部门提前兑现了开发收入和开发利润，并回笼了大部分资金，普洛斯又将这些资金用于开发新项目。资产置入基金后，物业管理部门继续负责项目的日常运营管理，并收取一定服务费，而基金管理部门除负责发起基金（募集资金）外，还协同物业管理部门提供物业管理、投资管理（资产的收购和剥离），资本管理（负债率控制）以及收益分配的服务，相应获取日常的基金管理费收益和业绩提成收益，由此实现基金模式的闭合循环。而在基金到期后（一般期限为7～14年），将通过资产的上市，或发起更大规模的新基金来吸收合并旧基金，以推动基金模式的可持续发展。

（3）**撬动10倍资金杠杆**。通过基金模式撬动3～5倍的股权资金杠杆，再通过50%的负债率撬动两倍的债务杠杆，普洛斯将总的资本杠杆率放大到6~10倍。1999年引入基金模式后，普洛斯的实际控制资产以年均22%的速度增长，但表内资产的增长幅度并不大，年均增速为14%，这就大大提高了表内资本的使用效率。1998年，普洛斯以22.6亿美元的净资产，控制投资规模35.8亿美元的物业资产，资金杠杆效率仅为1.6倍；但2009年时，普洛斯以80亿美元的净资产，控制了投资规模达320亿美元的物业资产（另有近30亿美元的土地储备），资金杠杆效率达到4倍，而负债率却仅从48%微升到53%，杠杆的提升完全依靠基金模式的贡献。

普洛斯在每只基金中的持有份额在10%~50%之间，平均持有份额在20%~30%水平，即普洛斯首先通过基金模式撬动了一个3~5倍的股权资金杠杆。同时，普洛斯旗下基金的负债率一般维持在50%水平，即在3~5倍股权杠杆的基础上再加上一个2倍的债务杠杆，杠杆率放大到6~10倍。实际中，考虑物业置入时的升值溢价和投入资本的分步到位，基金模式的杠杆率维持在10倍左右。2009年，公司实际控制资产总额350亿美元，其中基金模式下管理资产199亿美元，而普洛斯在基金中的投入资本总额仅为18.8亿美元，仅相当于基金规模的9.4%，相当于实际控制资产总额的5.4%。

图2-22-1 普洛斯实际控制资产与表内资产的增长比较

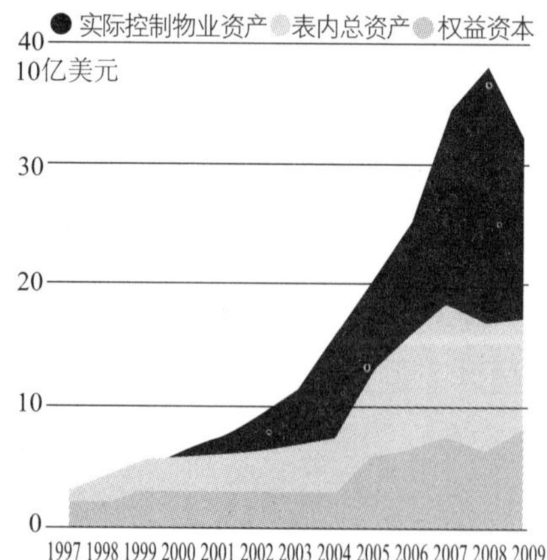

图2-22-2 普洛斯的基金杠杆

基金控制资产 基金投入资本
250
10亿美元
200
150
100
50
0
1999 2000 2001 2002 2003 2004 2005 2006 2007 2008 2009

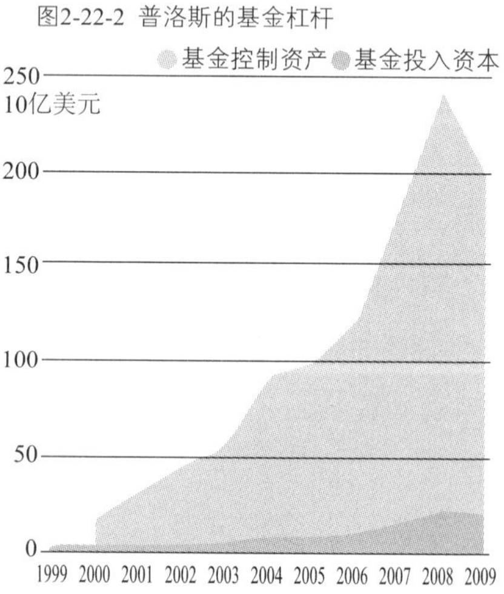

图2-22 普洛斯的基金模式效益

综上，在轻资产战略下，普洛斯50%以上的实际控制资产通过基金方式持有，由于基金模式下的资金杠杆率最高可达10倍水平，所以普洛斯在基金中的投入资本额仅相当于基金控制资产总额的10%，实际控制资产总额的5%，从而使公司整体的杠杆率从1.6倍提升到4倍水平。

（4）收益来源多样化，回报率提升。推行基金模式后，普洛斯5年平均的总资产回报率在5%～6%水平，净资产回报率则上升到7%～10%水平，较之前的4%均有大幅提升。推行基金模式前，租金收益是普洛斯最主要的收益来源，占到总收入的80%，开发部门的销售收入和代开发服务费贡献总收入的20%；利润方面，净租金收益贡献了净经营利润（NOI）的95%，而开发部门仅贡献净经营利润的5%。

推行基金模式后，不仅开发部门的销售收益扩大，还增加了基金收益。由于旗下基金提供日常的物业管理服务，并负责旗下基金的资产收购、转让、融资和收益分配等投融资活动，因此普洛斯每年可提取固定比例的管理费用，并在业绩达到目标收益门槛后，又获取20%左右的超额收益提成。过去4年普洛斯每年都可获得1亿美元以上的管理费和业绩提成收益，过去5年平均管理费和业绩提成收益为1.22亿美元，平均份额收益为4200万美元，基金业务合计每年直接贡献1.6亿美元收益，占了公司净经营利润的12%～13%。

目前，普洛斯开发业务的收入贡献平均已占到总收入的70%，物业管理部门的收入贡献下降到25%，基金管理收入占比为5%；利润方面，开发业务平均贡献了净经营利润的35%，物业管理部门的净租金收益平均贡献了50%的利润，基金管理部门则贡献了12%～13%的利润。其中，物业管理部门的回报率相对稳定，平均投资回报率（平均投资回报率=净经营利润/总资产）在6%～7%水平，基金管理模式下的平均投资回报率在10.5%水平，开发部门的投资回报率波动较大，最高时达17%以上，低谷中仅有5%，平均来说，开发部门的利润率在15%，投资回报率在12%左右。

由于开发部门和基金管理部门的投资回报率更高，所以基金模式下公司的总体回报率有所提升：在推行基金管理模式前，5年平均的总资产回报率（总资产回报率=息税前利润/平均总资产）和净资产回报率（净资产回报率=净利润/股东权益）均在4%左右；而推行基金模式后，金融海啸前，5年平均的总资产回报率在5%～6%水平，净资产回报率则上升到7%～10%水平。剔除金融海啸的影响，轻重资产分离的基金模式确实在长期中提高了回报率。

（5）**提前兑现开发收益与回笼资金**。基金收益并非基金模式的最主要意义，关键是在这一模式下，公司提前兑现了开发部门的收益，加速了资金的回笼。

推行基金管理模式前，普洛斯开发部门的新建物业主要由物业管理部门自持，不断攀升的物业规模占压了大量资金，融资压力持续上升，传统模式下，物流地产企业的周转速度仅为0.1倍，靠租金收回投资至少需要10年时间；而物流地产开发部门每年仅能兑现少数代其他公司开发项目的销售收入，每年销售面积约20万平方米，销售金额仅为8000万美元。

但推行基金管理模式后，普洛斯开发部门的新建物业主要转给旗下基金，从而使开发部门的资产周转速度提升到0.7倍，再加上物业管理部门的1年培育期（新落成物业先从开发部门转入物业管理部门，培育1年左右，待出租率达到90%以上、租金回报率达到7%以上后，再置入旗下基金），投资回收期从10年以上缩短到2～3年。快速回笼的资金被用于新项目开发，成熟后再置入基金，资产和现金的加速循环推动了以自我开发为主的内生规模扩张。

1999～2009年，普洛斯旗下基金每年都从开发部门和物业管理部门收购数十处物业，2007年高峰时，一年就收购了300多处物业，收购资产规模从最初的2.3亿美元上升到2007年的50多亿美元，过去5年平均每年收购20多亿美元资产，已累积回笼100多亿美元资金。开发部门每年的物业销售面积也从20万平方米上升到2007年高峰时的200多万平方米，销售收入从8000万美元上升到高峰时的50多亿美元，过去5年年均销售收入27亿美元，即使在2009和2010年的行业低谷中，公司仍有13亿～15亿美元的物业销售收入。平均来说，开发部门的销售收入贡献了公司总收入的70%，贡献了净经营利润的35%。

销售回笼的资金推动了新项目的规模化开发。在推行基金模式前，普洛斯开发部门每年新启动的项目不到50万平方米，投资规模不到5亿美元；但到2007年高峰时，1年内新启动的项目已接近200个，面积达到470万平方米，预计投资规模达到38亿美元。尽管

2008～2009年，普洛斯压缩了新项目启动，但过去5年，其每年仍有上百个项目可供置入基金，从而保持基金模式的滚动壮大。

除了内生增长，基金管理资产中约有20%～30%是购自第三方，有些基金则完全是以对外收购为目标成立的。如2004年时，普洛斯通过发起私募基金、借助外部资本，实现了对Keystone Property（一家公开上市的REITs）总成本达17亿美元的收购。具体操作上，普洛斯与Eaton Vance Management合作发起了5只基金，即北美基金6～10号，合计投入2.8亿美元资金，在每只基金中持有20%份额，而Eaton则投入11.2 亿美元，剩下的3亿美元由普洛斯物业管理部门单独出资。以17亿美元代价完成私有化后，Keystone被清算分拆，普洛斯物业管理部门获得其中9处物业（20万平方米）作为自持部分，其余物业资产被分别置入5只基金。

2006年普洛斯又收购了Catellus（也是一家公开上市的REITs），收购总价高达53亿美元，公司以13亿美元的现金、23亿美元的股票和17亿美元的承债支付。作为公司历史上最大规模的收购案，Catellus为公司带来了205处工业物业（360万平方米）、29处零售物业（10万平方米）和2500英亩土地储备（规划建筑面积370万平方米），使公司自持物业数量增长了30%，土地储备增长了45%，并为公司带来了75名新员工，增强了在废弃机场和军事基地改造方面的能力。收购当年，普洛斯就向旗下基金置入了总值14亿美元的94处物业，2007年进一步置入了总值53亿美元的339处物业，化解了收购所形成的资金压力。

（6）轻资产、高周转运营。基金模式下，普洛斯开发部门资金周转大大加快，促使其投资回收期从10年缩短到2～3年。

普洛斯通过将半数物业置入基金，提高了资金的杠杆效率，与传统物业自持模式下两倍的财务杠杆相比，普洛斯又增加了一个5倍的股权资金杠杆，从而使基金模式的总杠杆率达到10倍，使公司整体的杠杆率由1.6倍提升至4倍水平，在完全基金模式下可进一步提升至6倍。借助基金杠杆，从1998～2009年，公司实际控制资产以年均22%的速度增长，其中70%的增长来自于基金模式的贡献。

基金模式不仅放大了资金杠杆，还加速了开发部门的资金周转。在传统物业自持模式下，开发部门只能通过租金的逐步提升来收回投资，投资回收期通常都在10年以上；但在基金模式下，开发部门90%以上的资产置入基金，从而提前兑现了物业销售收入和开发利润，投资回收期相应缩短到2～3年。

更值得关注的是，基金模式不仅能够提高扩张速度和周转速度，还贡献了基金管理费和业绩提成收益，过去5年，普洛斯基金管理部门的投资回报率平均在10.5%水平，开发部门为12%，均高于物业管理部门6%～7%的投资回报率。

普洛斯基金模式的核心就是物业开发、物业管理与基金管理部门间的闭合循环，由此创造了10倍的基金杠杆，并提前兑现了开发收益，实现了轻资产、高周转运营。

三、公私合作型开发：伦敦道克兰商务新城

伦敦道克兰商务新城是公私合作的典型开发模式，虽然开发过程中私人开发商短暂出现资金问题，但这并不妨碍其成为目前世界上最为成功的产业新城项目之一。

（一）道克兰商务新城概况

1. 新城概况

伦敦道克兰位于伦敦市区向东5公里，占地面积8.5平方公里，其内部的道格岛拥有该地区绝大部分的商业性建筑，金丝雀码头是道克兰商务区事实上的核心区，占地面积34.4公顷（34万平方米），建筑面积110余万平方米。伦敦在国际经济中占有重要地位，与纽约和东京一样担当着世界金融中心的角色。目前，道克兰地区负责全世界大约三分之一的外汇交易，管理着全球涉外资本交易的60%以及超过5000亿英镑的外国投资。

金丝雀码头是伦敦道克兰地区改造中最为引人注目的工程。它位于狗岛区内一个半岛形地块，距伦敦市区4公里，它三面被泰晤士河环绕，面积0.35平方公里。伦敦码头区规划区域面积2平方公里，分为瓦平与波普拉（Wapping and Poplar）、色雷码头（Surrey

Docks)、狗岛(the Isle of Dogs)、皇家码头(the Royal Docks)4个区。

图2-23　道克兰地区的区位

2. 新城开发的驱动因素

伦敦道克兰地区(Dockland)位于泰晤士河下游东面，曾经是世界上最繁忙的港口之一，20世纪中后期，制造业开始由英美等国向爱尔兰、以色列和东亚转移，船舶大型化和集装箱化等物流革命兴起，加之英国工业体系本身的衰退，整个国家陷入了痛苦的衰退期，首都伦敦首当其冲。

20世纪70年代末，以伦敦为首的英国大城市都出现了一种新现象：以废弃的工业或仓库废墟为特征的大块空白或半空白土地等待着再开发。大多数这类土地都是公有或半公有的，当地市政部门计划将其用于住房或修路，但由于受制于财政削减或公众反对而无法施行。

紧邻着伦敦内城的繁华，是几百英亩荒凉的港口、码头和仓库等的空虚和无助。其河边是杂乱的土地及110幢破旧建筑物，约60%的工业用地和水域被荒废，那些不愿意也无资金再开发的公共部门占用了大部分土地，私人部门仅占有相对极少的土地。1971～1981年间，该地区人口数量下降了18.15%，失业率比伦敦城内高113%，83%的居民住在出租房里。有政府各种委员会、报告、讨论，但郁闷的是，没人负责，没有收效。

20世纪60年代因海运和港口工业外迁逐渐衰退。20世纪80年代初，英国政府逐渐发现这一滨水区的独特潜力，倾向于对私人资本开放市场的保守党政府在与倾向于保护公共利益的工党的政治角力中占据上风，将之划为自由经济区（Enterprise Zone），区内的固定资产投资享有10年的地方税免税并免除所有土地建设税，同时实施相当宽松灵活的规划控制政策。

（二）规划与开发建设

1987年，奥林匹亚与约克公司委托美国SOM建筑设计公司[1]编制了金丝雀码头的规划方案，其内容涵盖了详细的设计准则、市政设计和各个地块的建设规范。规划方案在整体上沿用了欧洲19世纪的传统街区式布局，同时加入了明显的轴线、宽阔的绿地，以及轴线上的摩天楼等元素，金丝雀码头更类似于华盛顿的轴线绿地，它的建筑与开放空间的比例也使它与美国的城市形态更为相似。

金丝雀码头为英国的城市设计发展带来了一些观念性的变化：它整齐的街道和广场空间体现了欧洲传统的城市形态；而其建筑体量，特别是以超高层建筑作为整个群体的中心和城市象征的做法则渗透了美国城市的精神。欧洲的传统城市空间和曼哈顿式的摩天楼的融合产生是一种属于以当代实力雄厚的跨国公司所乐于接受的城市文化。在细节上，设计师与业主一同引进了更多的零售、商业服务、居住与娱乐设施，改变了以往单一的办公楼区的形式，带来了现代城市的生命力；摩天楼则丰富了城市的天际线，产生了地标效果。

奥林匹亚与约克公司高效地利用了政府给予的免税政策，以及宽松的规划和项目审批制度，在2年内建成了8座高楼共60万平方米的办公面积。但外部问题使项目令人意外地陷入困境，1992年5月，在工程进行到第4年，奥林匹亚与约克公司正式向加拿大和美国政府寻

1 SOM建筑设计事务所（Skidmore，Owings and Merrill）成立于1936年，是世界顶级设计事务所之一，工作领域涉及建筑设计、结构及土木工程、机械及电气工程、工程设计、城市设计和规划、室内设计、环境美术、战略研究、项目管理和古迹维护等方面。SOM在建筑技术与设计品质方面的贡献是20世纪世界建筑领域中最重要的成就之一。公司一直站在世界建筑设计和建筑工程业的最前沿，1961年和1996年两次获得美国建筑协会颁发的建筑公司最高荣誉奖。自成立以来，它已经在50多个国家完成了1万多个设计项目，包括办公大楼、银行和金融机构、政府建筑、医疗机构、宗教建筑、机场等。

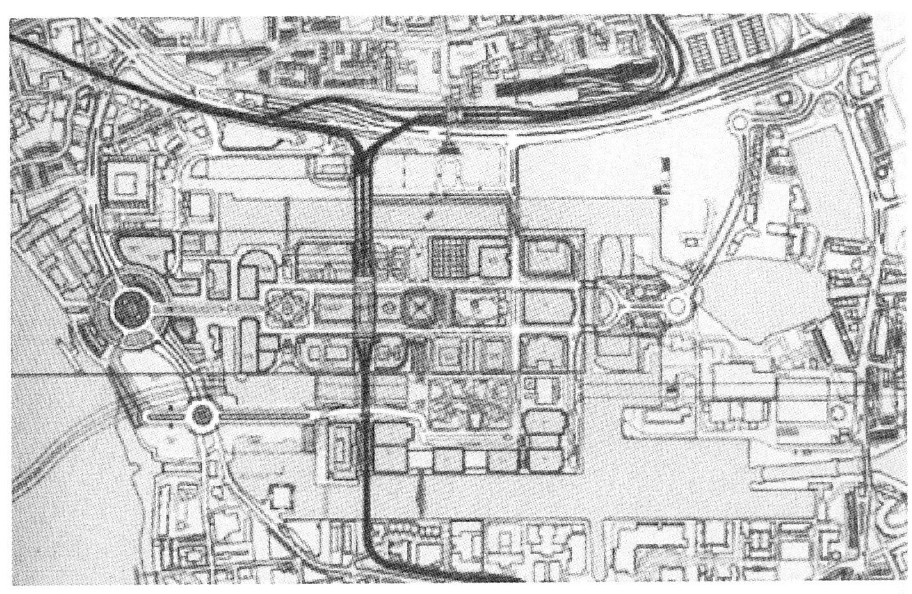

图2-24　金丝雀码头规划平面图

求破产保护。1993年奥林匹亚与约克公司重组为金丝雀码头发展公司（Canary Wharf Ltd.）。

问题出现在两个方面：一方面是项目被市场接受非常缓慢，虽然开发公司提供了最大的优惠条件吸引有影响力的客户迁入，但是说服大银行和金融机构放弃熟悉的市中心，远离它的客户群而迁入一个陌生的环境，并不是短时间能够实现的，第1期60%的出租率远低于公司的预计，再加上前一阶段对客户让利过大（如免掉新租户头一年的租金，出资买下愿意搬来的客户原先的物业等），导致资金链出现问题；另一方面的问题在于政府，政府负责建设的公共交通配套设施严重滞后，伦敦码头发展公司（相当于地方政府）承诺的1条轻轨、1条地铁延伸线、1个水上客运码头和1个新国际机场，最后只按计划建成了轻轨。

项目成败涉及政府形象，伦敦市政府终于着手解决交通问题。1993年底承诺多年的地铁延伸线正式动工，交通条件改善的预期利好刺激了市场需求，政府的支持则恢复了投资者的信心，金丝雀码头的出租率开始稳步上升，当1999年地铁站建成之后，办公楼出租率已经达到99.5%。

面对爆发的需求，市场迅速反应，第2和第3栋超高层办公楼相继动工，到2004年，金丝雀码头的办公楼面积已经超过100万平方米，工作人口已经达到6.3万人。金丝雀码头项目成功复苏，带动了伦敦城市建设的发展并强化了它作为金融中心的地位。

（三）投资运作方式

1. 成立开发公司，创新公私合作开发模式

1981年，伦敦码头开发有限公司（London Dockland Development Corporation，LDDC）作为政府管理码头区开发的机构正式成立。1980年，英国经济跌入半个多世纪以来的最低谷，城市衰败、工厂倒闭，失业人数自1930年以来首次超过300万。1985年，美国开发商瓦尔·查沃尔思德（G. Ware Travelstead）在两家大金融机构的支持下向伦敦码头开发公司（以下简称开发公司）提交了金丝雀码头的第1个开发计划，包括3栋超高层建筑。需要注意的是，区别于国内由政府组织制定开发计划，伦敦码头区的开发是投资商编制开发计划（包括策划、规划、计划、资金、权益、建设、营销等），作为双方建立合作机制的基础，也就是前面提到的“相当宽松灵活的规划控制政策”。

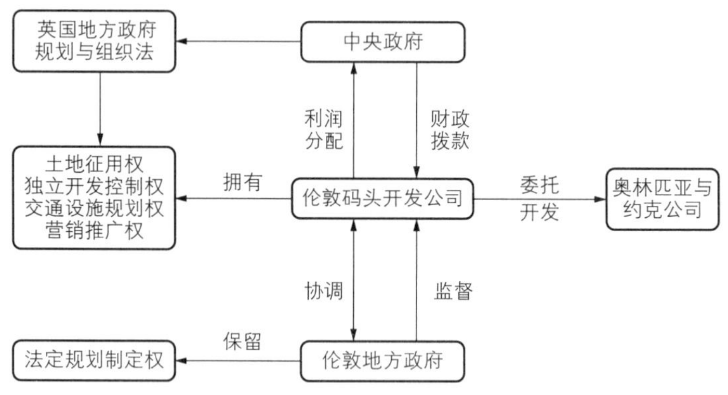

图2-25 伦敦码头开发公司与地方政府间的关系

撒切尔夫人执政后，为刺激经济，政府转向执行自由市场政策，实质就是“国退民进”，政府将原本垄断的城市开发、公共基础设施投资、航空、甚至邮政电信等向私人市场开放，以减轻政府负担。为此，伦敦市政府引入并委托私人开发公司奥林匹亚与约克公司进行规划开发。在第一个10年内，伦敦码头区的公共投资是10亿英镑，吸

引的私人投资则达到100亿英镑。

1987年7月，奥林匹亚与约克公司（Olympia & York Company）[1]与伦敦码头区开发公司（LDDC）签下了金丝雀码头的开发协议，开发项目正式开始相对独立的启动。奥林匹亚与约克公司作为一个商业化运作的私人公司，为追求更大的利润空间，它制订了一个空前宏伟的计划，即建设一个足以取代伦敦金融城的金融中心。奥林匹亚与约克公司是一家加拿大私人性质的不动产投资和经营公司，1987年该公司成功完成了在纽约巴特利公园城市开发之中的世界金融中心项目。在美国纽约的成功，使公司决策层敢于投资国际性质的超大型开发项目，但也忽视了巨大收益背后隐藏的风险。

奥林匹亚与约克公司提出的建设规模是英国多年来罕见的，它包含了110万平方米的办公楼、7万平方米的商业和服务空间，将使伦敦的办公楼总面积增加20%。道克兰码头的定位不仅仅是一个中心商务区，而且是一个整体的环境和高质量的城市社区，以此吸引那些在欧洲寻找总部的国际性大公司。

2. 现金流循环模式

总体上看，奥林匹亚与约克公司对道克兰的开发，主要涉及五大类现金流：一是土地购置的现金流出，二是商业住宅开发的现金流出及租售回款现金流入，三是商业不动产的开发现金流出以及租金收入，四是市政配套的投资开发支出及运营收入，五是以不动产为抵押物向金融机构进行贷款。

道克兰商务新城开发的现金流循环涉及三个主体，即政府、道克兰开发公司、奥林匹亚与约克公司，以上三个主体的现金流循环模式如图2-26所示。

---

1 奥林匹亚与约克公司（Olympia & York Company）属于加拿大的亿万富翁保罗•里切曼（Paul Reichmann）家族所有，它在美国、英国和加拿大本土拥有众多的物业开发项目，曾经是全球最大的私人房地产开发公司之一。但由于伦敦道克兰项目所需开发资金巨大，加之政府承诺的轨道交通项目没能如期履行承诺，导致开发商业物业处租赁率低下，资金周转困难，1991年公司破产重组为奥林匹亚与约克物业开发公司（Olympia & York property Company），目前该公司已经发展演变为布鲁克菲尔德商业物业公司（Brookfield Office Properties Corporation），并且目前在美国纽约、澳大利亚悉尼、加拿大多伦多都设有管理总部。

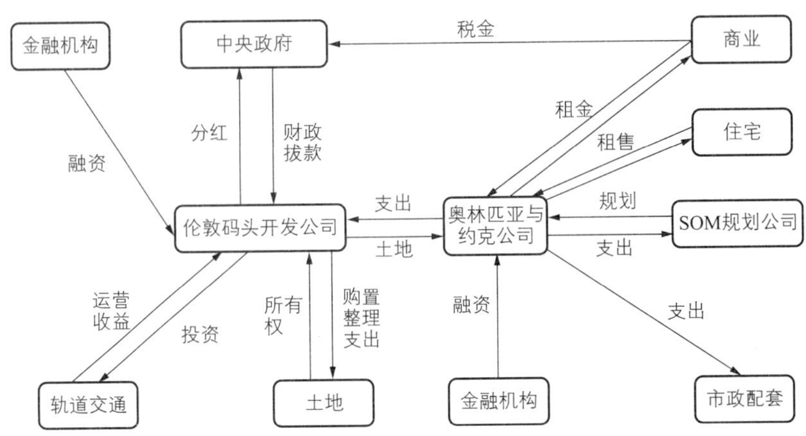

图2-26 伦敦道克兰开发项目现金流循环模式

一是政府的现金流循环模式。政府作为经济的宏观管理机构，其主要任务是发展经济、创造就业。为复兴道克兰地区乃至整个伦敦的全球商业金融中心地位，政府首先出资设立投资开发公司，全权授权其对该区域的土地整理以及整体开发。对于政府而言，其现金流流出为对投资公司的注册资本金，其现金收入则为入驻该地区的商业金融企业等经济主体缴纳的各类税金，以及道克兰公司对政府的利润分配。所以，从这个意义上讲，政府前期现金流为负，但项目中后期净现金流将大幅增长。从1981年政府设立投资公司到1992年道克兰商务新城初步建成，政府现金流由负转正大约需要10年的时间。综上，政府的现金流循环模式可以简化为“分红+税金=拨款投入”。

二是伦敦码头开发公司的现金流循环模式。开发公司的现金收入主要为政府财政拨款以及向金融机构进行融资，主要用于土地整理与收购，需要说明的是，在道克兰地区的土地一部分属于政府性用地，这部分属于国家无偿划拨给开发公司的，另一部分为荒地，政府通过立法的方式将这部分土地划拨给开发公司，剩余的土地为私有用地，这部分土地需要开发公司向土地所有人支付土地价款，进行征地补偿。所以，对开发公司而言，征地的难度大大降低，为后续快速推进项目奠定了较好的基础。此外，根据开发公司的职能，道克兰地区的基础设施建设由开发公司负责。

土地整理完毕后，开发公司再将土地卖给负责道克兰地区综合开发的房地产企业奥林匹亚与约克公司（以下简称奥林匹亚公司），奥林匹亚公司将向开发公司支付购地款，构成开发公司的主要收入来源之一。综上，开发公司的现金流循环模式可以简化为“拨款+融资=卖地收入”。所以，开发公司现金流可以实现自我循环。

三是奥林匹亚公司的现金流循环。奥林匹亚公司作为全球著名的私人不动产开发商，其专长在于不动产的开发运营。所以，奥林匹亚公司在道克兰地区开发的物业多为商用不动产物业以及酒店式公寓，80%用于出租，20%用于出售。因此，奥林匹亚公司现金流的主要来源主要为写字楼以及商场的租金。由于不动产变现慢，回收周期长，所以不动产证券化是其主要的融资手段，用于平衡前期资金的大幅支出。综上，奥林匹亚公司的现金流循环模式可以简化为“租金+融资=开发投资”。根据上述模型，不动产物业的出租率直接决定了租金收入以及不动产物业抵押融资能力。

3. 盈利模式

从道克兰商务新城的盈利模式来看，这是公私合营项目的典型案例。首先，政府成立开发公司，全权委托其统筹协调开发事宜，具体项目开发由其遴选出来的具有丰富经验的房地产开发商负责。道克兰项目之所以取得了很好成效，主要是实现了政府和企业的双赢。

表2-5　奥林匹亚公司的盈利模式

	业务类别	收入	支出
1	城市规划	–	规划业务外包支出
2	购买土地	–	购地支出
3	公共配套	–	开发支出
4	不动产开发（商业、酒店、写字楼等）	租金回款	工程开发成本
5	住宅开发（公寓）	80%租金+20%销售回款	工程开发成本
6	融资	–	融资成本支出

从奥林匹亚公司盈利模式中，可以得出，要维持道克兰地区的整体持续开发，需要房地产开发租金利润来支付不动产及其他开发成本支出。该模式与政府主导的新加坡裕廊工业园、市场化主体主导的尔湾新城开发的盈利模式有着显著的差别，即裕廊工业园区的盈利来源主要是入园企业的税收、不动产租金；尔湾公司主要靠卖地、房地产销售。综合以上三种模式，道克兰模式的回款和盈利周期长于裕廊工业园和尔湾新城。所以，在开发过程中，奥林匹亚公司的持续开发风

险也比较大，因为这要取决于道克兰地区的交通状况以及政府的政府对该地区的营销推广力度。

（四）主要创新点和经验教训

1. 主要创新点

一是以市场为主导，鼓励私有资本参与城市开发。建立以市场为主导的城市更新模式，政府适当参与，调动私人企业积极性，鼓励私有资本介入城市开发建设，发展个体、集体经营的市政公用设施，特别是在基础设施方面，如在公交、给排水等方面吸引私人投资，不能完全由国家垄断经营，政府应只作宏观调控，其他具体问题不予过多地控制。此外，政府在城市更新过程中所起的作用不是集中在直接干涉和依靠提供补助金来吸引企业，而是要为企业创建一个舒适的环境（如改进公共教学体制，训练员工，改善基础设施，提高规章制度的效率等），即城市政府是通过经营城市，创造独特的城市环境和吸引力来促进企业家更好地经营企业，从而提高城市的竞争力和城市价值。

二是建立城市开发公司。建立城市开发公司，由国家政府直接控制且由国家派官员担任，与地方政府分离，不受其管制。开发公司具有区域性特点，它的建立是为了确保本区域内城市更新，使土地和建筑发挥使用效益，为企业营造良好的环境，以吸引私人部门投资建设。因此，政府应赋予开发公司发展控制权，使其对交通和道路基础设施管理负责，但本身并不参与城市更新，只提供相应设施设备。商业、工业及建筑业的发展则由私人部门来完成，也就是说城市开发公司在城市更新过程中应起抛砖引玉的作用，用少量的投资吸引私人部门对城市的大量投资，繁荣地方经济。地方经济得以发展之时，开发公司即完成其使命，退出城市更新。

三是建立企业区。企业区的设立是政府和城市开发公司鼓励私人投资，创造就业机会的重要举措。其建立的目的就是把投资从富裕地区引进本地区的开发与建设中来。如狗岛企业区于1982年4月创建，存续了1年。企业区内部设有规划控制部门，开发公司可以继承企业区内空置土地并利用其土地所有权鼓励、指引发展，与企业区一起制定区域发展方针。

2. 经验教训

英国政府对道克兰地区的开发可以说是最早引入私人公司进行大规模城市开发的典型案例之一。由于在政府与企业合作中欠缺经验，在项目前期推进过程中也遇到了诸多困难。尤其是在1990年，始于美国席卷全球的经济萧条来临，之后三年里，伦敦的金融和商业服务业工作岗位减少了9万个，伦敦及其周边的办公区面积空置了六分之一，许多美国银行从伦敦撤离。

到1992年4月，伦敦中心区和道克兰办公楼的空置率已经达到18%，在道克兰空置率更达到50%，金丝雀码头超过40%，许多正在开发的码头和广场项目停止，多家开发商破产，其中最为轰动的悲剧者就是奥林匹亚公司，由于道克兰金丝雀的地产项目滞销，负债累累的奥林匹亚公司被银行拒绝贷款，最终资金断裂，于1992年申请破产。

而金丝雀码头庞大的供给一度也被激烈批评为鬼城，这与前几年中国各地新区被普遍质疑为空城鬼城的情况颇为相似。但这毕竟还是历史长河中的一道波澜。道克兰的复兴虽然命运多舛，在目前来看仍然一个螺旋式的上升结构。如今，这里是伦敦最具活力的一处新城，俨然具有了替代中央商务区的趋势，其在世界金融界的地位与纽约曼哈顿岛相差无几。同时，它还带动了整个伦敦向高科技、创意产业和高端服务业的全面跃迁，如今的道克兰金丝雀码头，已经重新成为繁华的代名词。

（五）实施效果

伦敦道克兰项目的经验与教训均集中在将一个区域的开发建设完整的赋予一家专业开发建设公司承担，其结果是在不足15年的时间内使一个滨水的荒废码头区建成与伦敦金融城媲美的、生机勃勃的金融新城，该新城无论在建筑、功能、配套还是公共空间方面，均达到了当今世界的一流水平。如今，道克兰已经成功转型为世界级金融中心，这里聚集了银行、金融机构和法律服务等众多行业，摩根士丹利、瑞信、花旗等世界知名金融机构总部或区域总部是该地区的主导租户。随着高端金融业和商业企业的迅速集聚，也提供了大量的高端就业岗位，带来了人口的快速增长。仅2000～2010年十年的时间，道克兰地区就创造了6.5万个就业岗位。

伦敦道克兰城市更新是城市更新运动的一个典范，对我国城市更新具有进一步的指导和借鉴意义。但由于各国国情不同，我们应该具体问题具体分析，借鉴道克兰城市更新中的优势，结合我国实际情况，指导我国的城市更新实践。城市更新不仅仅是解决“衰退”问题，更重要的是如何协调好经济效益、社会效益和环境效益三者之间的关系，以促进城市更新与城市的可持续发展。

作为一个仿效者与追随者，固安工业园的开发经营过程也确实有不少道克兰复兴的影子。当然，华夏幸福这个强有力的民营性质的组织者与统筹者的角色，与道克兰那个具有强烈政府背景的LDDC形成了比较鲜明的差异性，这应该也是一个很有趣和很有研究价值的对比研究样板。

Chapter

03

| 第三章 |

中国产业新城发展成就

我国真正意义上产业新城肇始于改革开放后由政府主导的经济开发区，对于快速推进新型城镇和产业升级起到了巨大推动作用。但产业新城市场化开发运营起步较晚，目前我国公认的市场化开发的产业新城当属始于1998年由华夏幸福投资开发的固安产业新城。总体上看，我国产业新城开发早期多是由政府主导，如苏州工业园、北京经济技术开发区、浦东新区、郑东新区、重庆两江新区等。进入21世纪，随着产业新城投资开发模式的创新发展一级民营经济的崛起，政府引导、市场化投资运作的PPP模式应用得越来越多，如华夏幸福固安产业新城、富美兴嘉兴城乡统筹项目等，并拥有着广阔前景。本章将从政府主导型投资模式、市场主导型投资模式以及公私合作型投资模式入手，分别以案例的形式，对三种产业新城的投资模式、盈利模式、现金流循环模式进行分析，归纳出不同模式的优势及劣势、创新点及亮点，以期对未来的我国产业新城开发实践提供借鉴。

一、中国产业新城发展阶段

（一）试验探索阶段

我国对于产业新城建设的探索最早可以追溯至清末民初。状元实业家张謇（jiǎn）[1]，以“实业救国”“教育救国”为宗旨，从1895始创大生纱厂至1926年走完人生之路的30年间，在家乡南通“经营乡里”，进行城市建设。他的实践活动是从当时国情出发的，而且形成了整体性的社会系统。如以大生纱厂为核心，建立了以棉纺织为主体的包括工业、手工业、交通运输业和金融贸易等企业；以通海垦牧公司为起点，建立了以黄海垦殖为主体的几十个垦殖公司和棉业试验场、保坍会、水利会等农、牧、渔、盐与水利事业；以通州师范为起点，建立了包括师范教育、基础教育、实业教育、特种教育以及图书馆、博物苑等社会教育体系；以地方社会公益事业为内容的医院、公

1　张謇[jiǎn]（1853年7月1日~1926年8月24日），字季直，号啬庵，汉族，祖籍江苏常熟，生于江苏省海门市长乐镇（今海门市常乐镇）。清末状元，中国近代实业家、政治家、教育家，主张“实业救国”。中国棉纺织领域早期的开拓者，上海海洋大学创始人。张謇创办中国第一所纺织专业学校，开中国纺织高等教育之先河；首次建立棉纺织原料供应基地，进行棉花改良和推广种植工作；以家乡为基地，努力进行发展近代纺织工业的实践，为中国民族纺织业的发展壮大作出了重要贡献。他一生创办了20多个企业，370多所学校，为中国近代民族工业的兴起，教育事业的发展作出了宝贵贡献，被称为“状元实业家”。

园、气象台、养老院、育婴堂、更俗剧场等。张謇创办的各项事业，对南通地区的城市建设起到了重要影响。他的实业活动再加上他所举办的文化、教育、社会福利事业以及基础设施建设，对南通地区的经济结构、空间格局、人文素质以及整个社会面貌的改变作出了重大贡献，使南通由一个落后的地区一跃而成为经济、文化发展很快的地区，并在张謇的规划下，形成了“一城三镇”的城市格局，使之成为当时全国闻名的“模范县”，南通也被后人成为“近代第一城”。

图3-1 张謇与其所建造的南通码头

张謇的事业主要在南通，但他的影响遍及国内外。他以南通为基础，通过在南通进行“地方自治”的实践，探索一条适合中国国情的近代化之路，并为之奋斗了一生。尽管张謇的许多实践并不都是成功的，南通的城市建设也存在着许多局限性，许多事也不一定适用于今天，如张謇进行南通城市建设所需资金几乎全部都是由自己创办实业挣来的钱进行投资建设，尤其是教育设施、文化设施等市政配套设施投资额大、回报率低，长期以来没有金融支持和高水平的融资能力是难以持续的，大量城市投资建设导致张謇所创办的实业负债累累，最终走向了破产。但在当时特定的历史条件下，在张謇影响下的南通城市建设所取得的重大成就，无论对于今后南通的发展，还是现今中国城市走出一条符合自身条件的城市发展之路，都具有重要的借鉴意义。可以说，张謇是近代以来中国产业新城建设的“鼻祖”。

（二）企业自建园区阶段

自民国初年张謇在南通进行产业新城试验以来，中国先后经历抗日战争、内战，政局动荡不安，直到1949年新中国成立后，国家建设才趋于稳定。在新中国成立后到改革开放前，我国一直实行高度集权的计划经济，国家对城市建设主要是以政治指令的形式推进展开，在该时期即使产生了以石油产业为基础的大庆市，以铁路交通发展起来的郑州市等，但它们还算不上本书所讲的“产业新城”。

所以，我国真正意义上的产业新城的实践发端于改革开放以后。1979年，香港招商局在蛇口自建了第一个工业生产园区，从此为工业园区在我国的迅速发展拉开了序幕。当时，各大型的企业在政府政策的支持和引导下，自己投入资金兴建生产所需的厂房、研发楼，以其在行业内的影响力，促进产业相关的产业链上下游企业加入。这种自建园区更多的是企业为自己产业链升级做配套，并没有与区域的发展相结合。

2015年12月30日招商蛇口吸收合并招商地产，实现综合开发运营板块的整体上市。公司聚合原招商地产、蛇口工业区两大旗舰企业，打造智慧城市、智慧商圈、智慧园区、智慧社区，以“产、网、融、城一体化”推动城市升级发展。截至2015年，布局全国33个城市，开发精品项目近200个。总资产1959亿元，拥有土地储备近2000万平方米。

（三）工业地产阶段

1984年，我国第一个国家级大型经济技术开发区在大连开始建设后，以管委会为主导的工业地产开始成为开发区土地开发的主要模式，全国各地也开始大力兴建这种工业厂房。1988年，虹桥开发区在上海首次实行出租土地政策，开始实行市场化，这标志着工业与地产开始联姻，随后，工业地产的概念开始兴起。很长一段时间里，工业地产主要是一种政府主导开发行为，由政府出面规划这些开发区以及工业园区的建设与批复，这些园区带动了区域经济的发展，也因此受到政府的大力扶持。但逐渐的，其不利之处也开始显现出来。从政府角度来看，工业地产用地面积较大，而且利用率不高，急切的需要兴建一种更高效的平台，既能带动区域经济的快速发展，又能充分利用有限的土地资源；从企业角度来看，随着经济的发展，对企业形象开始有了更高的要求，企业渴望一种更加优越的成长环境，提高市场运作效率。因此，在这种背景下，更具综合性的产业地产便应运而生，传统的工业开发区逐步配合着政府进行产业转型和升级。

（四）产业地产（新城）阶段

2003年，一批工业地产开发企业家们开始考虑政府与企业双向的需求，并努力探索一条崭新的地产开发模式，于是就在总结工业地产发展的几十年经验的基础上创新发展，提出了产业地产的概念，实现了经济发展与土地资源的高效利用，把对企业提供的专业咨询服务与企业的长期发展紧密结合，带动了工业地产的升级，由最开始单一的土地开发与物业服务，渐渐发展到了配合增值服务与综合服务这一全新领域。2010年以来，随着我国政府对经济结构转型的迫切要求，鼓励向制造业、战略性新兴产业等实体经济发展，同时对我国房地产市场开始深度调控，对住宅市场进行严厉的“限购”、“限贷”政策，资金的紧缩政策也让商业地产的发展受到限制，在这种情况下，房企纷纷开始寻求转型的方向，而避开了国家的调控政策，为经济转型、产业结构调整提供载体的产业地产变成为众人眼中的香饽饽，迎来了空前的发展机遇。

二、政府主导型

（一）项目概况

1. 项目简介

苏州工业园区是中国和新加坡两国政府间的重要合作项目，成立于1994年。面积288平方公里，户籍人口30万人，常住人口78.1万人，辖中新合作开发区和4个街道。苏州工业园区地处苏州古城区东面，中新合作区面积为70平方公里（2006年8月经温家宝总理亲自批准，扩展为80平方公里），是迄今为止中国和新加坡两国政府间最大的合作项目，由于其突出的经济业绩和良好的政府服务而引起了国内外的广泛关注。

园区大力发展高新技术产业和以纳米技术为引领的新兴产业，在电子信息、精密机械等领域形成了具有一定竞争力的高新技术产业集群，高新技术企业产值占规模以上工业总产值比重达68.4%；拥有高新技术企业632家、国家级研发机构51家、各类科技载体360万平方米。超过110人入选国家“千人计划”，是全国首批国家生态工业示范园区、国家纳米高新技术产业化基地，全国首个国家商务旅游示范区、数字城市示范区，全国海外高层次人才创新创业基地。

图3-2　苏州工业园区规划图（左）及实景图（右）

2. 项目背景

1992年，邓小平同志南巡讲话时特别强调，“新加坡的社会秩序算是好的，他们管得严，我们应当借鉴他们的经验，而且比他们管得更好”。这直接推动了中新合作项目的诞生。经过中新双方多次互访和磋商，1994年2月26日，国务院副总理李岚清和新加坡内阁资政李光耀分别代表中新两国政府在北京签署了《关于合作开发建设苏州工业园区的协议》，李鹏总理和新加坡吴作栋总理出席了签字仪式。5月12日，苏州工业园开工。1994～2001年是苏州工业园奠定基础的时期，在这一阶段，确立了管理框架如市长挂帅、配套体制、科学的规划体系、市场化的开发主体、专业的招商网络、形成良好的创业氛围等；而2001年之后，园区则迈入了加速发展期。

苏州工业园的诞生从根本上来自中新双方共同的需求。新加坡国土面积狭小，仅为580多平方公里，其发展战略中就希望把“有限的新加坡”发展为“无限的新加坡”，在中国建立工业园区可以扩大新加坡自身的发展。当时我国的改革开放也正处于往深度和广度发展的关键点，中央领导想借鉴新加坡一套成熟的管理经验加快我国经济的发展。共同的利益和需求使苏州工业园自始至终都受到了中新两国最高领导层的关注与支持，同时也使得苏州工业园区的定位不仅仅是专注于经济发展，而且是引进新加坡先进管理经验的窗口。

（二）投资运作方式

苏州工业园区12年来超常规的发展，有其内在的合理性和必然性，因为它有着较为独特的组织架构和运营管理模式，有着秉持“亲商”理念进行“全过程、全天候、全方位”服务的政府机构，还有从新加坡借鉴、创新的开发管理经验。

苏州工业园的投资管理结构主要体现在三个方面，一是管理架构层次非常高，直接体现了中国和新加坡两国政府间的合作，因而给其发展带来了很多特殊优惠政策及资源；二是从建园伊始，苏州工业园的管理主体管委会就与开发主体开发公司CSSD相分离，理顺了相应的管理结构；三是园区管委会的设置非常精干，体现了“精简高效”的特点。

1. 三个层面的领导和工作机构

为了推进园区的顺利发展，中新双方建立了三个层面的领导和工作机构。第一层面是中新两国政府联合协调理事会，负责协调苏州工业园区开发建设和借鉴新加坡经验工作中的重大问题。由两国副总理担任理事会共同主席，1994年至2003年中方主席由李岚清副总理担任，2004年起由吴仪副总理担任，新方主席由李显龙副总理（时任新加坡副总理，2006年改为黄根成副总理）担任，我国有关部委和新加坡内阁有关部门及江苏省政府和苏州市政府的负责人为理事会成员。第二层面是中新双边工作委员会，由苏州市市长和新加坡裕廊镇管理局主席共同主持，苏州市政府和园区管委会及新加坡有关部门和机构负责人组成。双方定期召开会议，就开发建设中的重要问题和借鉴新加坡经验工作进行协商，向理事会双方主席报告工作。第三层面是联络机构，由新加坡贸工部软件项目办公室和苏州工业园区借鉴新加坡经验办公室负责日常联络工作。这三个层次可见图3-3。

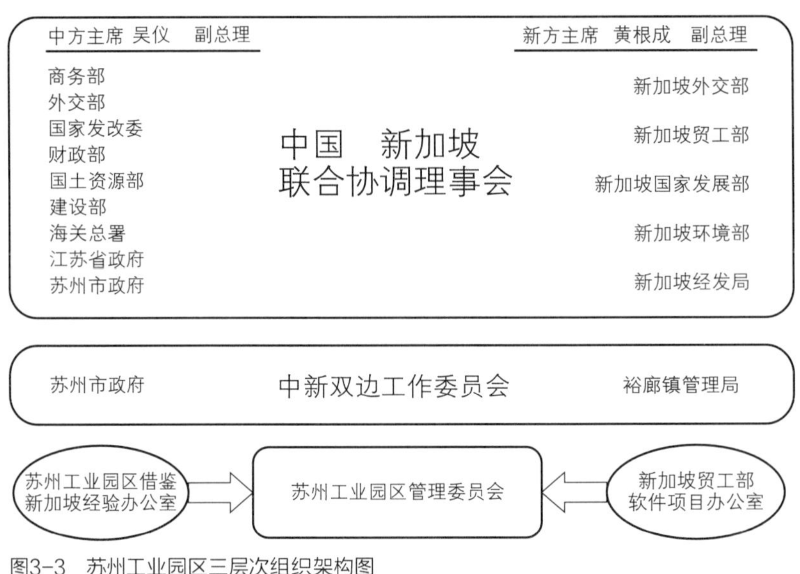

图3-3 苏州工业园区三层次组织架构图

2. 园区政企分开的管理模式

在开发区的具体管理上，国内很多开发区在建设初期管理主体和开发主体合二为一，以后再逐步政企分开，存在一些问题。而苏州工业园区从一开始就将行政管理主体和园区开发主体相分离。

行政管理主体是园区管委会，它作为苏州市政府的派出机构在行政辖区内全面行使主权和行政管理职能。园区管委会为客商提供从企业设立、工厂建设、员工招聘到企业运行各个阶段的行政管理和服务。同时，园区某种程度上承担了一级政府的社会管理职能。

中新苏州工业园区开发有限公司（CSSD）是园区的开发主体，由中新双方财团组成，中方财团由中粮、中远、中化、华能等14家国内大型企业集团出资组建，新方财团由新加坡政府控股公司、有实力的私人公司和一些著名跨国公司联合组成。1994年成立时中方占35%，新方65%；2001年股比进行了调整，中方占65%，新方

表3-1　苏州工业园区管委会与CSSD的功能比较

<table>
<tr><th colspan="2"></th><th>苏州工业园管委会</th><th>中新开发有限公司CSSD</th></tr>
<tr><td colspan="2">功能定位</td><td>行政管理主体</td><td>园区开发主体</td></tr>
<tr><td colspan="2">类别属性</td><td>政府派出机构，承担很多社会管理职能</td><td>中新合资企业，初期新方控股。2001年后中方控股。企业化运作，以利润为导向</td></tr>
<tr><td rowspan="3">园区开发活动</td><td>规划</td><td>主导规划，编制完善总体规划和300多项专业规划</td><td>参与总体规划，初期新方专家起了重要作用</td></tr>
<tr><td>建设</td><td>对基建投入资金，兴建各类生产服务设施、商业载体，设立科发、教投、创投等国资开发主体</td><td>土地开发，房产开发，早期是唯一的开发主体，后期是多个开发主体中的一员</td></tr>
<tr><td>推广招商</td><td>早期没有招商部门，现在有专门的招商部门</td><td>早期是唯一的招商部门，目前通过招商从管委会获取佣金</td></tr>
<tr><td rowspan="4">对入园企业的服务</td><td>投资阶段</td><td>提供投资指导、咨询和建议，热情接待，主动出击。懂专业的招商员，赋予招商员充分的权限</td><td>招商推介，吸引投资以获取佣金</td></tr>
<tr><td>注册阶段</td><td>帮助完成注册，一站式服务中心简化手续，给客户良好的建议</td><td>可帮助办理</td></tr>
<tr><td>工程建设阶段</td><td>协助工程建设，解决困难</td><td>出售工业地产或代建厂房</td></tr>
<tr><td>公司运作阶段</td><td>建立配套功能平台；积极引入商业、物流、银行及其他专业服务机构；便捷通关；兴建房地产，打造优美生活工作环境；兴办学校，协助培养、引进人才；定期拜访企业，了解解决问题</td><td>提供公用事业服务，物业管理，出售商品房地产，为园区国际儿童提供国际教育</td></tr>
</table>

35%。CSSD的主要职责是园区70平方公里的成片土地开发与经营、物业管理、项目管理、咨询服务、产业与基础设施开发，以及在园区内投资举办企业等。

在园区开发的各个阶段，如规划、建设、招商引资等，以及对入园企业进行服务方面，管委会和开发公司CSSD各自发挥不同的功能，两者相辅相成，共同促进了苏州工业园的繁荣，并给入园企业提供了相当优质的服务。

3. 精简高效的政府机构

园区管委会按照“精简、统一、效能”原则和扁平化模式，整合政府职能，减少管理层次，凡可设可不设的机构一律不设，部门职能尽可能综合化，相近职能实行合并；坚持因事设岗、因岗选人，一人多职、一专多能，适度分权、交叉兼职，这样一个部门就承担原来多个部门的职能，并将传统体制下政府职能中较低层次和部门中间层次的职能分离出去，改由非政府性质的公务机构和中介机构来承担。目前，园区管委会除办公室外，只下设16个管理机构，在编机关人员仅200人，其中留学生与研究生以上学历人员占比超过30%，并且对公务人员实行全员招聘、技能考核、末位淘汰、动态管理，在效率型政府建设方面走在了前列。

（三）盈利模式

苏州工业园区的盈利模式主要以出售、出租、投资、收取管理费用四种手段为主。园区内的土地分两部分用途，一部分用来自行建设，另一部分以用地的形式经营。自行建设的部分建成了厂房、商用房及住宅，按一定的比例分三种方式进行盈利：一部分直接出售给入园企业，以便快速回收投资，加快资金周转；一部分用来出租，为园区提供稳定的长期现金流；一部分自己投资，提供园区配套的服务业，如酒店、学校、休闲娱乐场所等。用地部分主要以两种模式进行盈利：一种是直接出售，目的同样是快速回收投资；另一种是用来出租，获得稳定的现金流。而用地的出租与出售也分为两种，一种是直接出租出售用地，由入园企业自行建设，另一种方式是按入园企业的要求为其量身定制厂房，而后再进行出租或出售。园区负责整体的物业管理及物流等园区配套服务业的管理，以收取管理费用和服务费用的形式获利。政府税收也是园区的重要收入来源之一。

（四）实施效果

自1994年正式开发建设以来，苏州工业园22年间飞速发展。2015年苏州工业园区实现地区生产总值2060亿元，比1994年增长210倍；财政收入257亿元；入驻世界500强企业92家，累计投资项目154个；园区创造就业岗位100万个，城镇职工年收入达到5.7万元，比开发初期增长了15倍。目前，苏州工业园区已经成为中国发展速度最快、协调发展最好、经济效应最佳、科技含量最高的开发区之一。如今的苏州工业园，以仅占苏州4%的土地和人口，却创造了苏州约20%的地方生产总值、地方一般预算收入和固定资产投资，约30%的注册外资和到账外资，以及约30%的进出口总额，已经成为江苏乃至长三角地区经济发展的重要亮点和增长极。

（五）西部大开发的国家级实验区：重庆两江新区

重庆两江新区于2010年6月18日，也就是重庆直辖13周年之际挂牌成立，是我国内陆地区唯一的国家级开发开放新区，也是继上海浦东新区、天津滨海新区后，由国务院直接批复的第三个国家级开发开放新区。国家批准重庆设立两江新区，推动中西部的大开发大开放，标志着中国大开放进程从东到西的战略大转移，致力于成为改革创新的“试验田”、国家发展战略转型的“新载体”。

1. 新区概况

两江新区位于重庆主城区长江以北、嘉陵江以东，规划面积1200平方公里，其中可开发建设面积550平方公里，涵盖江北区、渝北区、北碚区三个行政区部分区域及北部新区，拥有内陆唯一的保税港区——两路寸滩保税港区。两江新区辐射西部地区680多万平方公里，辐射面相当于深圳的30多倍、浦东的30多倍、滨海的20倍，辐射人口分别相当于深圳、浦东、滨海的4～5倍。广阔的中西部大市场催生了两江新区，两江新区的开发开放必将有力拉动中西部的发展。两江新区管委会所属的重庆两江新区开发投资集团有限公司负责两江工业园区的开发建设工作。

2. 战略定位

根据国务院批复，中央赋予重庆两江新区五大功能定位：一是统筹城乡综合配套改革试验的先行区；二是内陆重要的先进制造业和现代服务业基地；三是长江上游地区的金融中心和创新中心；四是内陆地区对外开放的重要门户；五是科学发展的示范窗口。

3. 总体规划

两江新区着眼长远发展，综合考虑区位交通、资源环境、战略定位和发展基础，与城市功能分区相衔接，在南部区域重点发展现代服务业，中西部区域重点突出城市综合功能，东北部区域重点发展先进制造业，逐步推进形成“1心4带”的空间总体战略格局。

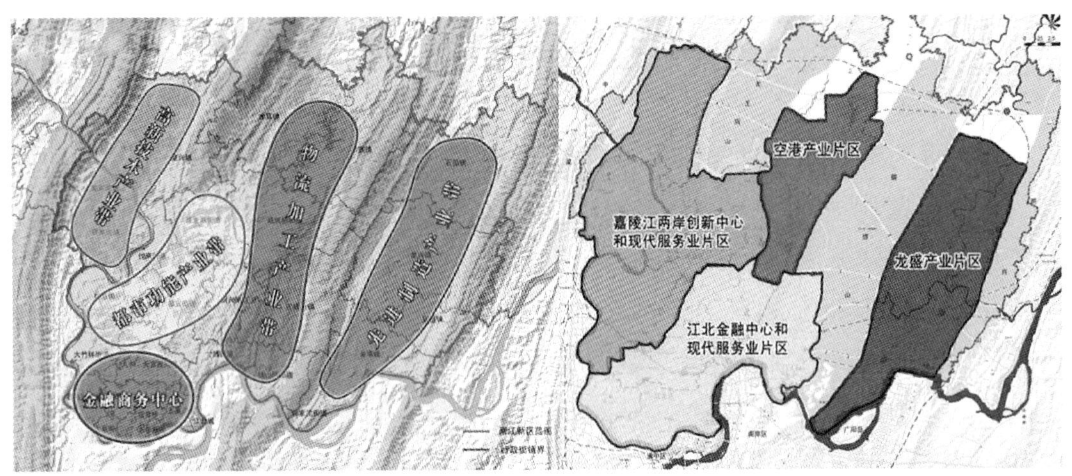

图3-4 两江新区总体规划

（1）“1心”

金融商务中心。包括石马河、大石坝、观音桥、华新街、五里店、江北城、龙溪、龙山、龙塔、天宫殿、人和等街镇。突出提升中央商务功能、国家级研发创新基地功能，重点发展创新金融、资讯研发、商贸商务3大核心产业，大力发展设计、创意、总部经济、产业楼宇等产业，重点打造江北嘴金融核心区、观音桥商贸核心区、人和总部基地、五里店研发设计中心，加快科技研发机构、科技服务平台、高端科技人才集聚，建成内陆地区现代服务业基地的主要载体、西部一流的总部产业基地、长江上游地区的研发创新中心和金融中心。

（2）“4带”

都市功能产业带。包括大竹林、礼嘉、鸳鸯、翠云、悦来、双龙湖、回兴等街镇。培育发展国际商务功能、新兴都市功能，重点发展商务会展、汽车、电子信息、仪器仪表、生物医药等5大核心产业，重点打造悦来会展城、双龙湖国际商务新城、金山商务中心、大竹林高尚居住区，建设和谐宜居之城和现代都市新区。

高新技术产业带。包括蔡家、施家梁、水土、复兴等街镇。突出研发创新、绿色低碳、清洁制造功能，重点发展新材料、生物医药、电子信息、仪器仪表、研发设计等5大核心产业，重点打造同兴工业园区、水土高新技术产业园，适当发展高品质生态居住及休闲等产业。

物流加工产业带。包括保税港区、铁山坪、玉峰山、两路、双凤桥、王家、木耳、古路等街镇。突出和完善保税物流、出口加工、临港临空功能，重点发展电子信息、仓储物流、保税加工等3大核心产业，大力发展电气机械等出口加工业，国际采购、转口贸易等服务业，加快江北机场、寸滩港、果园港、重庆北站以及物流基础设施建设，重点打造寸滩港物流园区、石坪轻加工出口基地、江北机场物流园区、临空机电出口基地，建成内陆地区最具规模和实力的保税物流及出口加工产业集聚区。

先进制造产业带。包括郭家沱、鱼嘴、复盛、龙兴、石船等街镇。突出战略性新兴产业和国家级先进制造业平台功能，重点发展汽车、高端装备、新材料、节能环保、新一代信息产品等5大核心产业，以鱼复现代物流功能区、龙石先进制造功能区为载体，打造万亿工业基地，建成国内最具影响和实力的先进制造业集聚区之一，国家重要的战略性新兴产业基地。

4. 管理体制

两江新区采取“1+3”的管理体制，所谓“1”是指两江新区党工委、管委会具体负责两江新区的“统一协调、统一政策、统一规划、统一宣传、统一口径”等工作。而“3”则是指在开发任务上，两江新区党工委、管委会会同江北、渝北、北碚三个行政区，实施“1+3”的开发模式，平行推进。

在开发平台上，采取“三拖一”模式。北部新区、两路寸滩保税港区管委会是该市政府直属派出机构，市委、市政府将委托两江新区管委会在业务上进行统一管理，再加上两江新区管委会下即将成立的一个工业开发区，三个平台拉动两江新区发展。两江新区的社会管理事务，依然由江北、渝北、北碚三个行政区管理。

在园区开发实施方面，重庆两江新区开发投资集团有限公司（简称“两江集团”）负责两江工业园区的开发建设工作。两江集团成立于2010年6月20日，注册资金100亿元，是目前重庆市注册资金最多的市属国有企业集团。两江集团是重庆市委、市政府为加快两江新区工业开发区重大基础设施建设、重要区域开发和现代产业体系构建而设立的国有大型投资集团，与重庆两江新区工业开发区管理委员会合署办公，实行“两块牌子，一套人马”管理模式。集团于2010年7月18日正式挂牌运行，按照现代企业制度，建立健全了法人治理结构，实行董事会领导下的总裁负责制。按照两江新区经济和社会发展规划，对两江新区工业开发区范围内的重大基础设施建设、区域土地一级开发、房地产开发和现代产业体系构建进行投资、建设和资本运作。为加强两江集团开发能力，市政府不仅赋予了集团土地储备权，还在建设用地指标、财政税收返还、征地税费减免等方面给予了两江集团极大的政策倾斜。

5. 实施效果

两江新区成立五年来，两江新区工业开发区累计完成自有投资1105亿元，融资1457亿元，实现征地26万亩，供地5.32万亩，安置4.5万人，建成道路192公里，楼宇650万平方米，实现招商引资2622亿元。2014年，两江新区地区生产总值达到1861亿元，同比增长15%；工业总产值4179亿元，增长20.1%；固定资产投资完成1707亿元，增长25%；进出口总额3165亿元，增长68.8%；实际利用外资达到44.67亿美元，增长40.9%；各项主要经济指标顺利完成年度目标任务。

（1）**牵手世界知名企业，规划园区未来**。成立五年来，为加快两江工业开发区开发建设，按照国际一流标准，超前谋划、规划、策划、设计，有效保障了区域开发品质。委托世界排名前三的咨询公司罗兰贝格开展集团发展战略研究，为科学决策提供了有力支撑；与国内排名第一的咨询公司世联地产联合开展工业开发区建设投资与土地平衡研究，完成了可持续发展十年期盈亏平衡报告；自主完成了集团三年投融资平衡压力测试报告和集团2015～2020年投融资平衡测算，为开发建设提供了科学决策支撑。

按照“一百年不落后”的标准，配合两江新区规划办完成了238平方公里城市总体规划、150平方公里控制性详细规划、90平方公里修建性详细规划与城市设计及20多个专项规划编制工作，为开发区的科学有序开发奠定了基础。先后联手市交通研究所、重咨集团等研究单位，完成了绿色智能交通研究、垃圾转运系统研究、龙兴北公租房片区路网研究等基础设施专项策划，为建设高效完善的基础设施奠定了基础；完成了产业楼宇开发策划、现代物流发展战略策划等产业专项策划，为相关产业发展提供了支撑；开展了复盛高铁枢纽站、两江总部基地、两江国际学院、两江国际影视城等7个重点项目策划，为实施以点带面出形象策略创造了条件。与世界知名工业园区规划公司新加坡裕廊集团合作，完成了龙盛、水土片区工业区总体城市设计。与国内排名第一的色彩研究机构中国美术学院色彩研究所合作，在全市率先开展城市色彩概念性规划设计，定位工业开发区为巴文化精神传承的城市总体色彩控制方向，为新区城市风貌建设提供了指南，提高了建筑总体品质。

（2）**基础设施基本完善，承载能力显著增强**。成立五年来，围绕招商项目建设需求，强力推进基础设施建设，为落地企业创造了良好的生产生活环境。累计开建道路311公里，建成道路198公里，一横线、盛唐大道、两江大道、云汉大道、悦复大道等主干道竣工通车，鱼复开发区“五纵五横”、水土开发区“六纵四横”、龙兴开发区“三纵两横”骨架路网基本建成，三大开发区实现互联互通，与主城路网无缝高速对接。累计建设供水厂5座、建成4座，建设污水处理厂3座、建成2座，建设变电站10座、建成9座，建设配气站3座、建成3座，建设通信基站74 座、建成74座，迁建市政管网789公里，形成了完备的生产要素配套，基本满足了落地企业的生产需求。城市功能逐步完善。建设鱼嘴消防特勤站、飞马小学、水土中心敬老院、育仁中学等20个公益项目。完成绿化景观项目108个，绿化面积400万平方米。云顶山公园和龙湾中央森林公园一期建成开园。推进竹溪河、御临河沿岸景观整治，开建御临河生态调节坝，完成御临河沿岸3公里整治。

（3）**产城融合基础夯实，城市形象初步展现**。成立五年来，两江集团按照产城并举、融合发展的要求，产业招商与城市建设同步推进，不断提升新城发展形象。按照“基地化布局、集群化招商、垂直化整合”思路，累计引进工业项目211个，签约金额2622亿元，预计产值4933亿元。成功引进霍尼韦尔、现代汽车、长安汽车等一大批国际国内知名企业，中联重科、鞍钢新轧等40个签约项目开工建设，上汽通用五菱、京东方、奥特斯等57个项目竣工投产，初步形成了汽车及零部件、电子信息、生物医药、高端装备、云计算5大产业集群。

同时，累计建设住宅和商业楼宇1400万平方米，建成650万平方米，其中开建安置房项目12个，总建筑面积510万平方米，建成174万平方米；开建公租房项目13个，总建筑面积720万平方米，基本建成约320万平方米；建成标准厂房73万平方米。2.5万平方米的国际汽车城研发营运中心全面建成，39万平方米的国际云计算服务中心竣工投用，中航国际体育公园基本建成核心区公共服务设施8.3万平方米和洞丘水库周边高尔夫球场，具有民国老重庆风格的两江国际影视城一期工程1.5万平方米建成开街，成为都市休闲旅游新目的地。

（4）**城乡统筹成效明显，幸福指数不断攀升**。成立五年来，集团坚持以民为本，全力抓好民生工作，让开发成果惠及更多新区群众，赢得“两江为民，民拥两江”的高度赞誉。累计竣工分房192万平方米，和谐安置被征地群众4.5万人，占已征地群众的31%。在建451.7万平方米，建成后可安置11万人，全面满足已征地群众的安置需求。

累计配租公租房约2万套，入住7105套、约2.8万人，其中拆迁过渡安置户710套、个人820套、企业5575套，有效改善了拆迁过渡群众和产业工人的居住环境。就业培训全覆盖。将开发区“人力资源服务中心”打造成农转城人员就业服务综合平台，完善农转城人员就业服务动态监测系统，有针对性开展就业帮扶，重点帮助“4050”农转城人员，开设保安、保洁等技能培训，结合园区企业用工需求，开设叉车、牵引车等培训，帮助农转城人员在“家门口”就业。累计开展免费培训16438人（其中素质培训9760人，技能培训6678人），推荐就业8359人，基本消除“零就业”家庭。

（六）京津冀一体化的改革创新区：北京经济技术开发区

1. 新区概况

北京经济技术开发区位于中国北京东南亦庄地区，是北京市唯一同时享受国家级经济技术开发区和国家高新技术产业园区双重优惠政策的国家级经济技术开发区。北京经济技术开发区于1992年开始建设。1994年8月25日，被国务院批准为北京唯一的国家级经济技术开发区。1999年6月，经国务院批准，北京经济技术开发区范围内的7平方公里被确定为中关村科技园区亦庄科技园。2007年1月5日，北京市人民政府批复《亦庄新城规划（2005-2020年）》，明确指出以北京经济技术开发区为核心功能区的亦庄新城是北京东部发展带的重要节点和重点发展的新城之一。

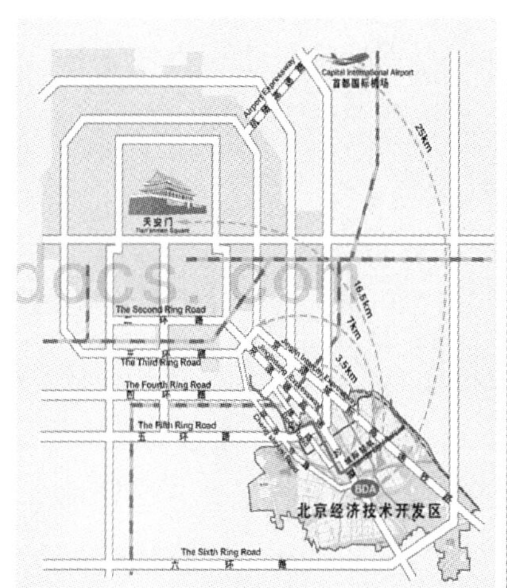

图3-5　北京经济技术开发区区位图

北京经济技术开发区总体规划面积为212.7平方公里，建设面积100平方公里，由科学规划的产业区、高配置的商务区及高品质的生活区构成，是北京重点发展的三个新城之一，定位为京津城际发展走廊上的高新技术产业和先进制造业基地，并承担“疏解中心城人口的功能、聚集新的产业、带动区域发展”的重任。

2. 战略定位

北京市“十二五”规划确定了开发区“两城两带、六高四新”的产业发展空间格局，南部高技术制造业和战略性新兴产业聚集区占据其中“一带一高”，是全市重点发展的南北两个产业带之一，致力于成为“北京创造”品牌的主力军。

基于北京市“十二五”规划，开发区确定了“战略产业开发区、区域发展支点、创新驱动前沿、低碳绿色家园”的总体定位，提出“一体化、高端化、国际化”的发展目标，努力打造国际高端产业新城。

一体化，就是要加大统筹发展力度，坚持一体化规划、建设和管理，形成城市与农村经济社会发展一体化新格局，实现行政区与功能区、新城与新市、经济社会与人口资源环境一体化协调发展。

高端化，就是要加快转变经济发展方式，大力发展高端、高效、高辐射产业，增强自主创新能力，打造一批“北京创造”品牌，提高资源能源利用水平，实现产业集约、集聚、循环发展，全面提升产业竞争力，高水平建设南部高技术制造业和战略性新兴产业聚集区。

国际化，就是要紧跟北京向中国特色世界城市迈进的步伐，扩大对外开放，加强国际合作，集聚国际优质要素，提高国际服务能力，努力建设具有国际水平和国际影响力的开发区。

3. 总体规划

按照总体思路，开发区提出了“三城、三带、一轴、多点、网络化”的规划设想，构建“新城－新市镇－农村社区”的新型城市体系。

“三城”指亦庄新城、大兴新城和规划中的新航城。三座新城定位明确，亦庄新城是南部高端制造业发展的主体平台、首都生产性服务业重要组成部分；大兴新城是地区行政和文化中心、区域消费性服务业中心、南部开发区的部分重要产业集聚区；新航城定位于世界城市的门户枢纽，带动高端临空产业集聚，推动南部基础设施建设、提升城市产业化国际水平和辐射带动能力，加快城乡一体、区域统筹发展步伐。

“三带”包括京津塘高速公路发展带、京开高速公路发展带和南六环路发展带。

“一轴”指南中轴延长线，围绕“生态绿轴、文化中轴”的定位，对南中轴实施保护性开发，打造以生态涵养和历史文化为特色的功能轴线。规划发展文化创意产业和临空经济，建设首都中部生态涵养和文化创意发展区。

“多点”是指庞各庄镇、魏善庄镇、安定镇、采育镇四个重点镇。庞各庄镇重点发展旅游、会议、休闲及专项体育产业；魏善庄镇集中优势力量发展文化创意和军民结合产业；安定镇重点发展生态旅游和都市产业；采育镇主要发展新能源汽车产业。

通过基础设施、产业设施等合理布局，实现区域内的城、带、轴、点“网络化”有机衔接和紧密配合。

4. 管理体制

北京经济技术开发区管理体制，自成立以来经历了很多变革和整合。1992年7月10日，北京市政府决定将北京市亦庄工业开发区管理委员会更名为“北京经济技术开发区管理委员会”。同年北京市政府成立了“北京经济技术投资开发总公司”，从职能上主要负责基础建设的工作，即土地一级开发。1994年月25日开发区被国务院批准为北京唯一的国家级经济技术开发区。1999年6月经国务院批准，开发区范围内7平方公里被确定为中关村科技园区亦庄科技园，享受中关村科技园区的优惠政策，成为北京市唯一一个同时享受国家级开发区和国家级科技园区双重优惠政策的区域。

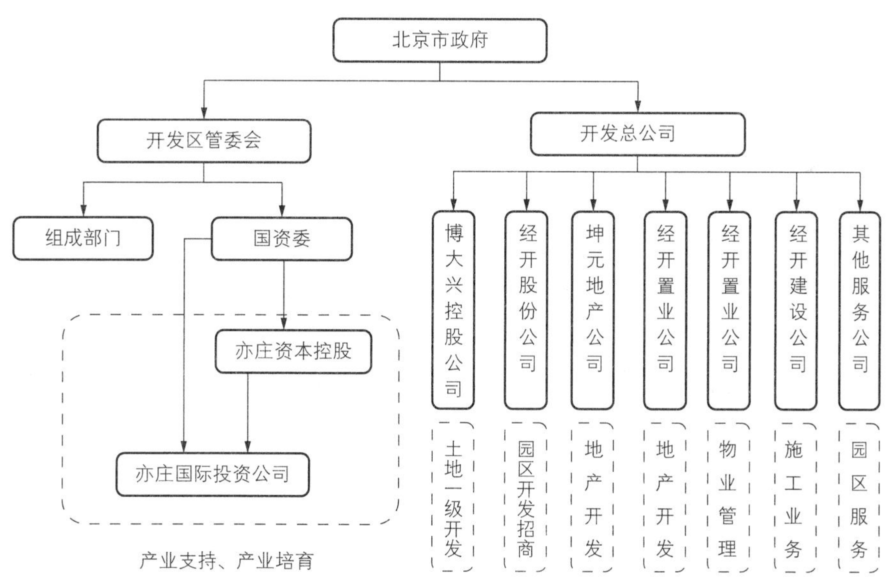

图3-6　北京经济技术开发区的开发管理模式

为满足开发区开发建设功能，2000年9月，北京经开投资开发股份有限公司经北京市人民政府批准在开发区设立，以高端产业园区开发和运营为主业，为开发区园区运营等提供服务。这些开发公司的下属机构在不断增长中，各种服务的提供都由它们包揽。以这种方式，政府在开发区设立的机构呈现越来越多的趋势。为满足经济服务功能，2009年2月，北京亦庄国际投资发展有限公司（以下简称“亦庄国投”）由开发区工委、管委会领导下成立，主要是为园区内的企业提供各种金融手投融资服务。

亦庄国投是北京市5家市级统筹资金的受托投资管理机构之一。亦庄国投践行长周期战略投资，同时搭建全方位、全流程的亦庄母基金体系，参与耐世特汽车、ISSI等海外并购，投资中芯国际B2项目、京东方、北汽股份等项目，促进集成电路、装备制造、航天科技等高端产业集聚。截至2015年，累计投资项目93个，投资额达220亿元，母基金体系涉及基金超40支，参与管理基金规模超2700亿元。逐步完善融资担保、融资租赁、小额贷款、信用建设等金融服务业务，创新产品体系，服务中小企业创新发展。建设“移动硅谷”、“创投汇”等特色园区，打造产业集聚和创新孵化基地。

5. 实施效果

（1）**经济发展**。开发区成立20多年来，开发区实现地区生产总值、工业总产值、财政收入年均增速均超过40%的快速发展。2015年，开发区生产总值达到1080亿元，同比增长9.3%。开发区高新技术企业产值占工业总产值的比重达到96%，连续11年保持90%以上，企业研发支出占其工业增加值的比重达7%，单位土地税收收入超过1200万元/公顷。万元GDP能耗、水耗均为北京市的三分之一，达到发达国家水平。

（2）**产业集聚**。自1992年招商至今，亦庄开发区成效颇为明显。高端项目引领上下游企业入驻，产业链条带动园区集群化发展，这里形成了以诺基亚为龙头的移动通信产业集群，以拜耳、同仁堂为龙头的生物医药产业集群。100多个世界500强项目在此安家，5000余家优质企业在此汇聚。

为建设首都高技术制造业和战略性新兴聚集区，着力打造一区六园，亦庄按照超常规、高水平、跨越式的发展要求，通过巩固、提高四大主导产业，加快培育三大新兴产业，配套发展三大支撑产业，形成433产业格局。其中，433分别指：四大主导产业：电子信息产业、生物医药产业、汽车产业、装备制造产业；三大新兴产业：新能源与新材料产业、航空航天产业、文化创意产业；三大支撑产业：生产性服务业、科技创新服务业、都市产业。显而易见，亦庄的全方位、一体化的发展模式及成果，是绝大多数开发区所不能企及的。

图3-7　北京经济技术开发区新貌

由于避开了重工业的引进，再辅之以先进的科学技术，亦庄开发区的发展成功实现了低碳绿色。高端高效、绿色发展水平全国领先，万元GDP能耗仅为0.157吨标煤，相当于欧美国家水平。投资密度每公顷达到1452.45万美元，单位面积工业产值1.85亿元，单位税收每公顷1113.33万元，荣膺全国首届国土资源节约集约模范县（市）。污水处理率达到100%，工业自来水实现零增长，两座再生水厂每天产水近3万吨，是全国首家“国家工业节水示范园区”和首批国家太阳能光伏发电集中应用示范区。

2014年当年新入开发区企业2736家，累计入区企业将近9000余家。截至2014年，开发区投资总额超过500亿美元，其中80家世界500强企业投资项目114个。2014年，工业增加值达到2800亿元，对北京市工业贡献率达21.8%；新批企业投资总额同比增长1.4倍；电子信息、生物医药产值均占全市近二分之一，装备制造、汽车制造产值均占全市近五分之一；万元GDP能耗同比下降1.06%，为首都实体经济发展作出重要贡献。

（3）**科技创新**。亦庄经济开发区不仅是企业的落户地，还是科技创新的沃土和人才创业的高地，高新技术产业产值占工业总产值的比重达96%以上，在国家级开发区中名列第一。为了这一成果的实现，开发区付出了不懈的努力。实施科技创新“八大工程”，建设了一批“产学研技术联盟”、公共技术服务平台、孵化器、成果转化和产业化基地，汇聚100余家国家、北京市级研发机构，以及300余家高新技术企业，科技成果转化率达到80%以上，远高于全市25%和全国5%的平均水平。

（4）**人才汇聚**。开发区通过实施人才强区“十大工程”，出台了一系列鼓励和吸引高层次人才来新区创业工作的政策措施，在全市率先设立海外学人中心、博士后工作站、留学人员创业园和院士专家工作站，设立博大贡献奖和每年度1亿元高层次人才发展专项资金，已汇聚几十名两院院士和几千名海外学人。

（5）**模式复制**。随着京津冀一体化的深入推进，北京经济技术开发区2015年在河北永清县（亦庄以南50公里）设立北京亦庄·永清高新区，通过利用开发区资源优势和优势经验，拓展亦庄发展腹地，带动永清提升产业层次。截至2015年末，已有至少40家入驻北京亦庄的世界500强企业落户永清。

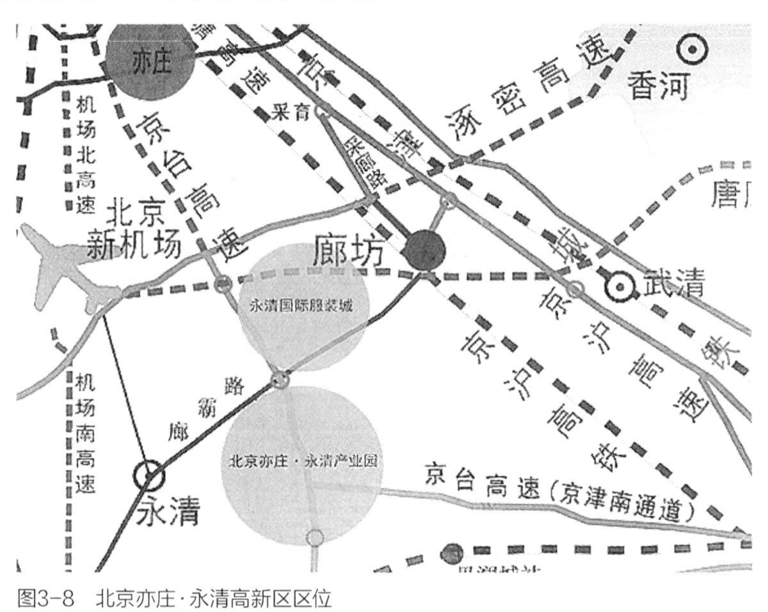

图3-8　北京亦庄·永清高新区区位

（七）中原崛起的产业引擎：郑东新区

1. 新区概况

郑东新区是中国河南省郑州市规划建设中的一个城市新区。2000年6月，时任河南省省长李克强（现任国务院总理）提出加快开发郑东新区。2001年8月，郑东新区开始对外征集方案。2002年

12月，在国际建筑师协会年会上，郑东新区概念规划荣获中国首个“城市规划设计杰出奖”。2003年破土动工，短短12年的时间，河南省郑州市郑东新区从一片芦苇丛生的鱼塘洼地，变身为建成区面积达到115平方公里，入住人口达到115万人、入驻企业3万余家的生态都市，成为21世纪造城浪潮中的典范。

2. 战略目标

按照开放创新双驱动的战略部署，郑东新区将坚持“一个理念”（绿色发展理念），着力“两个国际化”（国际化的区域金融中心和国际化中央商务区），决战“三大主战场”（龙湖、龙子湖和白沙公共文化服务区），推进“四个加快”（加快国际化的区域金融中心、中央商务区建设，加快打造国际化的特色城市形态、具有国际水平的生态宜居先行区），实现“四个率先”（率先在推进创新创业综合体上、依托高校联合办学方面、以三个国家级平台为载体的科技服务业集聚区建设上、绿色低碳智慧示范区建设上取得新突破），实现新一轮大跨越、大发展。

3. 总体规划

（1）**规划背景**。开发建设郑东新区是河南省更好应对中国加入WTO所带来的机遇和挑战，尽快适应经济全球化的发展潮流，稳步推进城市化进程，提升城市品位，为把郑州建设成为国家区域性中心城市而采取的重要举措。

按照1998年国务院批复的《郑州城市总体规划（1995年至2010年）》的要求，郑州市区人口发展长远目标为500万～600万，城市化水平达70%～80%。目前，郑州中心城区规模偏小，而且受陇海、京广铁路交叉分割，拓展空间受到制约，与近亿人口大省省会城市的地位和建设全国区域性中心城市的目标远不相适应，因而必须寻求新的发展空间，按照21世纪国际现代化城市的功能要求对省会郑州总体规划进行完善、修编，这是规划郑东新区的主要背景。

在这个前提下，为了保证郑东新区规划体现新世纪、新郑州、高起点、高品位的要求，于2001年9月对郑东新区远景总体概念规划采取国际招标的方法进行。经过多方考察和商务谈判，选定日本黑川纪章事务所、法国夏氏事务所、美国SASAKI公司、中国城市规划设计研究院等11家单位参与规划设计竞争。经以中国建筑学会理事长（原建设部副部长）宋春华和建设部总规划师陈晓丽为评审组长的30多位国内外专家反复评审，日本黑川纪章方案以其先进的理念和独具魅力的设计获得专家们的一致好评，最终脱颖而出。

随之，将规划方案向社会公开展示并进行了问卷调查，90%以上市民赞同黑川方案。在此基础上，2002年3月郑州市人大常委会通过决议，以地方法规形式对规划方案予以确认。将方案及时向河南省委、省政府领导作了汇报，并按照有关法定程序，经过逐级审批，报国务院备案。2002年7月在国际建筑师协会年会上，黑川纪章先生因设计郑东新区规划等方案而获得首届“城市规划设计杰出奖”。

（2）**规划内容**。郑东新区远景概念规划范围115平方公里（其中起步区33平方公里），东起京港澳高速，西至中州大道，北临连霍高速，南接郑州经济开发区。共分五个功能区：

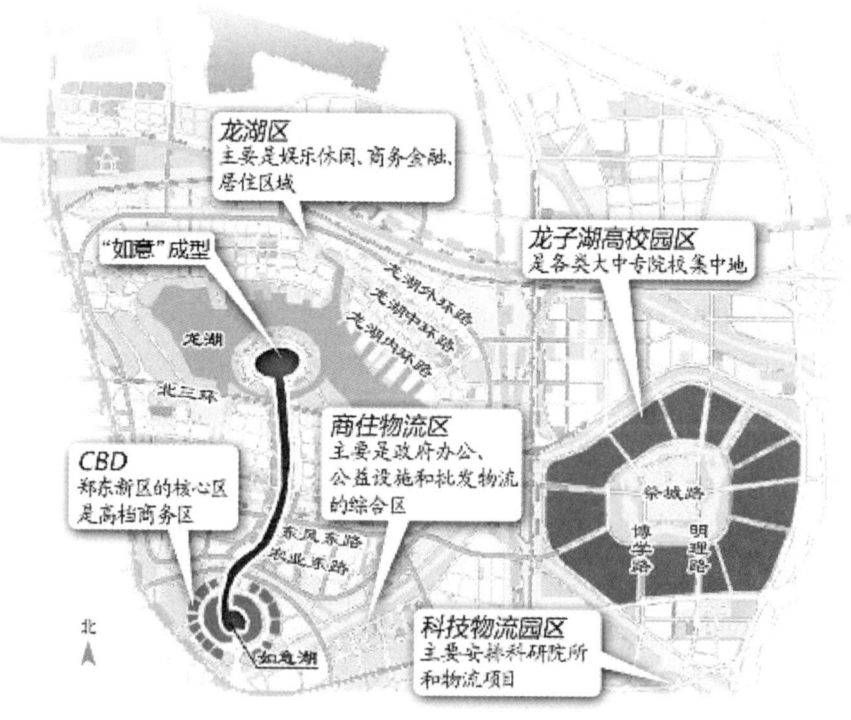

图3-9 郑东新区规划示意图

①CBD，是郑州市的中央商务区，也是郑东新区的核心区，规划面积约3.45平方公里，是由两环60栋高层建筑组成的环形城市，内环建筑高80米，外环建筑高120米，两环之间是繁华、舒适的商业步行街和24小时不夜城。环形建筑群中间布置有国际会展中心、河南省艺术中心和高达280米的会展宾馆等标志性建筑。

②商住物流区，是CBD的功能支撑区，规划面积约23平方公里，是以机关单位、公益设施、现代服务业及批发、物流、居住等功能为主体的综合区。

③龙湖区，规划面积约40平方公里，其中龙湖规划面积约6.08平方公里左右，是郑东新区规划的点睛之笔，与流经市区的几条河流、郑州国家森林公园等构成城市生态区。伸入龙湖的半岛为CBD副中心，规划面积约0.48平方公里；CBD副中心是由高度为100米的写字楼、宾馆和特色住宅等组成的另一个环形城市，其间有湖中湖，是商务、居住、旅游、娱乐和休闲的胜地。CBD中心和CBD副中心通过3.7公里长的运河相连，形成一个“如意”型，运河两岸是45米高的建筑。

④龙子湖高校园区，规划面积约22平方公里，主要由高等院校组成。高校园区内规划有龙子湖，取“望子成龙”之意。湖面伸入各大学校区，湖中有近两千亩的湖心岛，岛上规划有图书馆、体育场等公共设施。龙子湖通过运河与龙湖及其他河渠相连，是郑东新区生态水系的重要组成部分，也为高校园区的莘莘学子创造了优美独特的学习和生活环境。

⑤科技物流园区，规划面积约18平方公里，主要用于安排科研院所和公路物流港等物流产业项目。五个功能区相辅相成，相得益彰，使郑东新区成为既有优美的生态景观、人居环境和良好的城市形象，又兼具强劲产业支撑和雄厚发展实力的新城区。

（3）**规划特色**。郑东新区规划引入先进的城市发展理念，风格独特，亮点突出。主要表现在五个方面：一是生态城市。通过道路、河渠、湖泊的绿化建设构建生态回廊，并将龙湖生物圈与嵩山生物圈、黄河生物圈有机相连，形成生态城市。二是环形城市。通过规划科学、布局合理的环形道路及CBD中心和CBD副中心的环形建筑群形成了一个独具魅力的环形城市。三是共生城市。新区规划重视城市发展与自然生态保护相协调和保持历史、现实与未来的延续性，体现了新区与老城、传统与现代、城市与自然、人与其他生物的和谐共生。四是新陈代谢城市。借用生物学的概念，通过组团式发展、营造良好的生态系统，促进城市的可持续发展，体现了新陈代谢的理念。五是地域文化城市。规划体现了东方文化特别是中原文化特色，根据龙的传说及湖的形态，把规划中的人工湖取名为龙湖；CBD中心和CBD副中心两个环形建筑群，通过运河联结，构成象征吉祥和谐的巨型“如意”；六棱塔形的会展宾馆及引入我国传统的“四合院”、“九宫格”式建筑理念的商住建设等，彰显出浓厚的传统文化内涵、鲜明的城市个性和独特的城市空间形象。

4. 管理体制

郑东新区的开发采取郑东新区管委会（以下简称管委会）和郑州市郑东新区建设开发投资总公司（以下简称开发总公司）相结合方式进行。管委会负责开发区的规划设计和招商，开发总公司负责开发区内拆迁腾退、土地一级开发、市政交通、土地二级开发等项目的融投资管理。开发总公司是郑东新区管委会直属的事业单位，成立于2009年11月，注册资本20亿元，实行企业化管理，公司化运营，负责郑东新区整体开发建设。

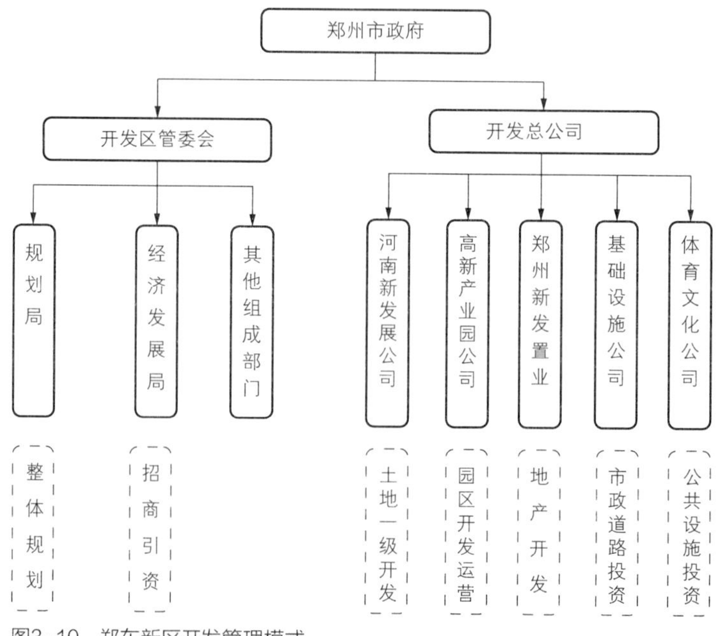

图3-10 郑东新区开发管理模式

开发总公司作为郑东新区重大基础设施建设、重要区域开发、现代产业体系构建的投资主体和对外投资法人，主要承担五大职能：第一，承担东区区域内重大基础设施及市政公用项目的投资、融资、经营；第二，从事授权范围内的国有资产经营和资本运作、盘活国有存量资产及有助于实现国有资产保值增值目标的相关业务；第三，从事区域内土地整理、土地开发利用、委托融资代建等业务；第四，从事区域内重大产业项目的投资和运营；第五，对已建成设施项目进行运营管理。

公司目前下设5家全资子公司：河南新发展投资有限公司、郑州新发展高新产业园开发有限公司、郑州新发展置业有限公司、郑州新发展基础设施建设有限公司、河南新发展体育文化产业有限公司，其业务主要涵盖新区区域内土地整理、保障性住房、工业地产、商业地产、市政道路工程、交通设施工程、基础设施工程的建设及投资、园区开发服务、项目投资管理咨询服务、物业管理服务、厂房及设备租赁等业务。

5. 实施效果

经过十余年建设，郑东新区已成为一座在国内外具有较强影响力、辐射力，功能完善、管理一流、经济繁荣、宜居宜业的现代化新城。依托多元产业的稳健发展，郑东新区已成为拉动中原经济区和郑州都市区经济发展的重要力量。

（1）**金融集聚核心功能区建设卓有成效**。截至2014年年底，累计入驻金融机构226家，金融业增加值完成114亿元，占三产增加值的56%，驻区金融机构各项存款余额占全省的四分之三，各项贷款余额占全省的三分之二，保险机构保费收入约占全省的二分之一。郑东新区已经成为全省乃至中部地区金融机构最集中、金融业态最丰富的地区之一。

（2）**商贸服务业发展势头迅猛**。结合东区定位，提升商贸业发展层次，重点打造CBD商圈、商都路商圈和高铁商圈，丹尼斯七天地、红星美凯龙等商家相继开业，万豪、洲际等国际一线酒店品牌先后入驻，JW万豪和美盛喜来登开业纳客，已开业四星级以上酒店14家，客房总数3200余间。

（3）**大型企业总部日益聚集**。金融机构的聚集，良好的商务环境，吸引了大批企业总部入驻东区，包括苹果、惠普、通用、三星等知名企业在内，入区国内外500强企业分别为57家和47家，全区各类税收超千万楼宇47栋，超亿元楼宇达21栋。

（4）**科技研发产业优势明显**。借助高校集中的优势，建立科研机构集聚区。入驻各类科技研发企业127家，研发（检测）中心42家，其中国家级研发中心8家，省级研发中心18家，市级研发中心12家。2014年，郑东新区谋划信息安全、金融智谷、生物疫苗、医药研发、电子商务、物联网等6大创新创业综合体，目前正在加快建设。

图3-11 郑东新区新貌

（5）**大力发展会展电子商务**。作为“国家电子商务示范基地”，入驻中华粮网、郑州粮食批发市场、河南省数字证书认证中心等十余家电子商务企业，全区累计入驻电子商务公司50多家。会展、文化产业发展迅速。郑州国际会展中心平均每3天就有一场展会，河南艺术中心每2天就有一场演出。

（6）**以人为本群众受益**。从拆迁安置到民生建设，再到城市功能的完善，郑东新区将“以人为本”的理念贯彻到开发建设的方方面面。拆迁是新区建设中必须面对的难题，为破解这一难题，郑东新区的对策是“先安置，后拆迁”，即在拆迁启动之前，优先安排安置小区建设。安置区全部选址在位置较好的地段，并统一规划、配套建设。建成区内的5个农民安置区已全部建成，回迁群众约5万人。郑东新区还严格执行每户至少1名成员优先就业的政策，实行免费岗前培训。目前已免费为被征地农民举办各类培训班200余期，培训被征地农民3万余人次。

坚持持续改善民生，是郑东新区“以人为本”建设理念的又一体现。目前，东区已有公办中小学、幼儿园70余所，在校学生超过5万人；现有各级各类医疗卫生机构216家，基本满足了市民就近医疗保健的需求；完成了21个农村社区向城市社区的转制，累计建成城市社区39个，其中2个社区建成为国家级精品社区。

在市政建设方面，通车400余公里，建成桥梁60余座。道路桥梁将东区与老城区、东区各功能区之间有机地连接在一起，使东区成为一座名副其实的“通畅之城”。建成城市公园、小游园40多个，水域面积超过1100万平方米，整体规划绿化率接近50%，城市环境生态宜居。与生产生活息息相关的变电站、热电厂、水厂、气源站等合理布局、超前建设，既满足入住企业、居民的现实需要，又预留了未来的发展空间。建成区内水公共配套设施网络实现了全覆盖。形成了较为完备的公共设施网络，有效地克服了部分城市建设存在的“大城市病”。

6. 最新发展：郑州航空港综合实验区

（1）实验区概况。郑州航空港经济综合实验区（Zhengzhou Airport Economy Zone），简称郑州航空港区，是中国首个国家级航空港经济综合实验区，规划面积415平方公里，是集航空、高铁、城际铁路、地铁、高速公路于一体的综合枢纽，是以郑州新郑国际机场附近的新郑综合保税区为核心的航空经济体和航空都市区。2013年3月7日，国务院批复《郑州航空港经济综合实验区发展规划（2013-2025年）》，标志着全国首个国家级航空港经济实验区正式设立。

在国务院《中原经济区规划（2012-2020年）》和《郑州航空港经济综合实验区发展规划（2013-2025年）》支持下，郑州航空港区成为郑州经济发展的新板块和中原经济区的龙头，郑州力争建设成为一座联通全球，生态宜居、智慧创新的现代航空大都市。

（2）战略定位。实验区的战略定位是国际航空物流中心、以航空经济为引领的现代产业基地、内陆地区对外开放重要门户、现代航空都市、中原经济区核心增长极；发展目标是到2017年，实验区基础设施、公共服务、产业体系初步形成，主要功能区开发建设初具规模，航空港经济发展初见成效，到2025年，建成具有国际影响力的实验区，形成引领中原经济区发展、服务全国、连通世界的开放高地。国家将在口岸通关、航线航权、财税金融、土地管理、服务外包等方面给予实验区政策支持。

2016年3月，郑州航空港经济综合实验区列入《中华人民共和国国民经济和社会发展第十三个五年规划纲要》，十三五规划纲要指出：加快郑州航空港经济综合实验区建设，支持发展内陆开放型经济。

（3）功能分区。实验区核心区以总规划面积为415平方公里的航空城为主体，主要发展航空服务保障和维修、飞机零部件制造和航空租赁等航空产业；电子信息、生物医药和医疗器械、光电与半导体、新材料等高端制造业；以及教育培训、商务休闲、医疗保健等城市配套服务业。

实验区主体区以郑汴新区和上街通用航空产业基地为主体。以郑州新区为依托，主要发展总部经济、金融证券、汽车制造、文化旅游、高端居住等产业；以汴西新区为依托，主要发展家电生产基地；以上街通用航空基地为依托，重点发展商务运输、飞机4S店、飞机租赁、通航飞行器组装制造等通航核心产业。

（4）空间结构。以空港为核心，两翼展开三大功能布局，整体构建“一核领三区、两廊系三心、两轴连三环”的城市空间结构。

一核领三区：以空港为发展极核，围绕机场形成空港核心区。以轴线辐射周边形成北、东、南三区。

两廊系三心：依托南水北调和小清河打造两条滨水景观廊道，形成实验区“X”形生态景观骨架。同时结合城市功能形成三大城市中心：北区公共文化航空商务中心、南区生产性服务中心、东区航空会展交易中心。

两轴连三环：依托新G107、迎宾大道打造城市发展轴带，形成实验区十字形城市发展主轴。同时结合骨干路网体系形成机场功能环、城市核心环、拓展协调环的三环骨架。

（5）阶段性发展成就。“十二五”期间，在全球经济复苏乏力、国内经济增速放缓的大背景下，郑州航空港经济综合实验区逆势而上，各项经济指标持续快速增长。2015年港区地区生产总值完

图3-12　郑东航空港综合实验区规划图

成520亿元，是2010年的6倍，同比增长21%，年均增长43.3%；规模以上工业增加值完成430亿元，是2010年的11倍，同比增长25%，年均增长61.4%；固定资产投资完成520亿元，是2010年的14.2倍，同比增长30%，年均增长69.9%；一般公共预算收入完成29.5亿元，是2010年的18.4倍，同比增长39.4%，年均增长79.1%；进出口总额完成490亿美元，是2010年的3487倍，同比增长30.1%，年均增长411.1%，约占全省的67.4%以上。各项指标都远高于全国、全省、全市平均水平。

2015年，郑州新郑国际机场开通航线171条，其中全货运国际航线30条，居内陆第一，基本形成覆盖全球主要经济体的航线网络；旅客吞吐量达到1729.7万人次，五年实现了翻番，居全国第17位；货邮吞吐量达到40.3万吨，五年增长3.7倍，居全国第8位。

此外，位于长江经济带节点地带的武汉经济技术开发区，成立25年来也取得了丰硕成绩。武汉经济技术开发区位于武汉西南，为承载中法合资（二汽——雪铁龙）神龙汽车公司项目而成立。1991

年5月动工兴建，1993年4月经国务院批准为国家级开发区，2000年4月经国务院批准在开发区设立湖北武汉出口加工区。2013年12月，为加快推进国家先进制造业中心和武汉大车都板块建设，充分发挥大车都板块在城市发展格局中的核心经济增长及作用，经报省委、省政府同意，武汉市委市政府决定，武汉开发区托管汉南实施一体化发展，武汉开发区规划控制面积由202.7平方公里扩大为489.7平方公里。辖区人口近37万。距离市中心及汉口火车站、武昌火车站约30分钟路程，距武汉天河国际机场约40分钟路程。开发区实行“小政府、大社会”的管理体制，工委、管委会代表武汉市委、市政府统一管理开发区各项社会经济事务，为武汉市的独立辖区。

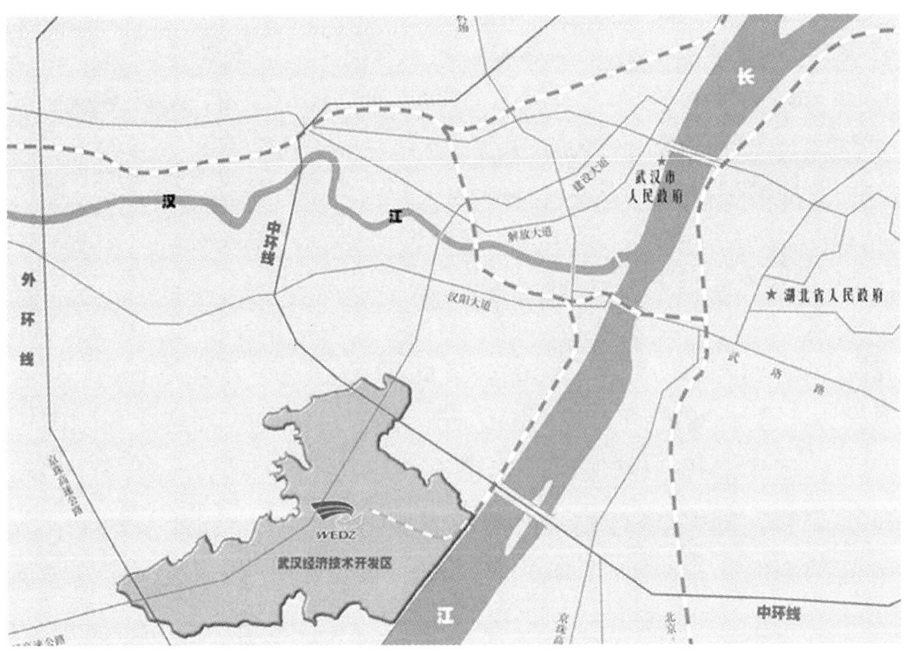

图3-13 武汉经济技术开发区区位

武汉开发区（汉南区）已形成以汽车及零部件、电子电器产业为主导的多功能综合性区域，聚集了标致雪铁龙、本田、日产、雷诺、博世、法国兴业银行等43家世界500强企业，是中国境内重要的外资企业聚集地和首屈一指的法国资本聚集区，是湖北省和武汉市重要的经济增长极，综合实力位居国家级开发区前列。

2015年武汉开发区完成规模以上工业总产值2875亿元，规模以上工业增加值750亿元，一般公共预算总收入325亿元，成为湖北省武汉市重要经济增长极之一。

“十二五”是武汉开发区经济发展质效双收的五年，主要经济指标实现翻番目标，综合实力稳居中西部开发区首位，在国家级开发区中的排位显著提升。大力推进产城一体化发展，武汉开发区在城市建设、社会事业领域大手笔投资建设，城市功能进一步完善。

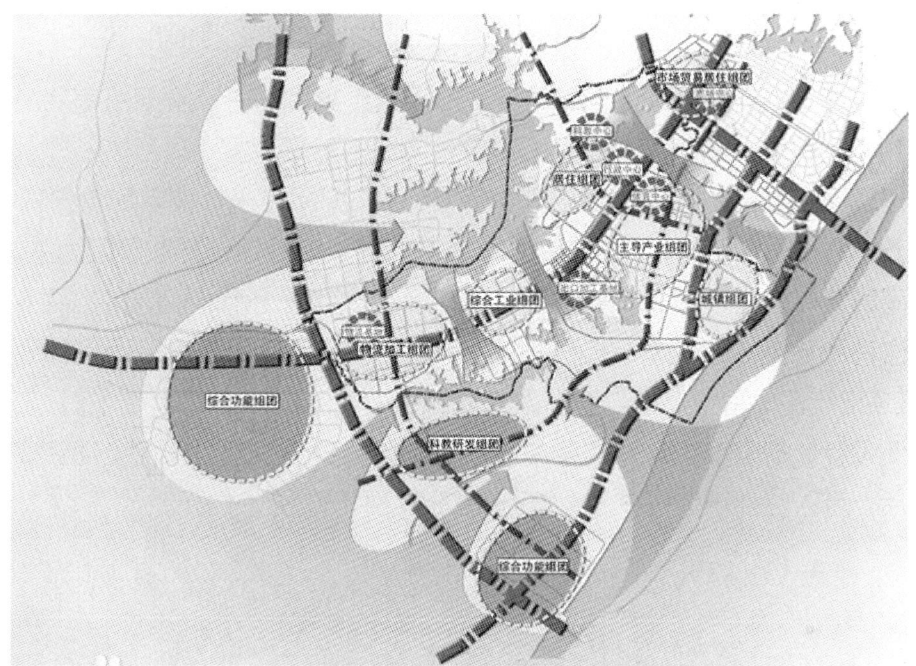

图3-14　武汉经济技术开发区总体规划

“十三五”期间，武汉开发区将努力打造经济、城市、民生“三个升级版”的示范区，为全市实现“万亿倍增”、率先全面建成小康社会作出应有贡献。

三、市场主导型

（一）项目概况

天安数码城是中国领先的创新企业生态圈的开发及运营商，专注企业全生命周期孵化及培育，并为之打造集科研、办公、商务、交流、生活等综合业态于一体的企业生态环境。目前，10000余家成长型企业已入驻天安数码城，享受创新企业生态圈带来的价值服务。

天安数码城成立于1990年，总部位于广东深圳，在全国10个城市开发、运营和管理15座园区，以珠三角为重点，覆盖长三角、环渤海和西南经济圈，总运营面积超过1200万平方米。作为产业发展与城市价值提升的重要引擎，天安数码城与100多家行业优秀企业、知名商业机构和服务机构结为战略合作伙伴，上市企业超过50家，是中小民营成长型创新企业的最佳合作伙伴。

青岛天安数码城位于青岛市城阳街道青银高速东、春阳路南北两侧，是青岛市总部经济集聚区和市“十个千万平”重点项目之一，总建筑面积约225万平方米，其中商业约135万平方米，住宅配套约90万平方米，主要建设以高新技术、文化创意、工业设计产业园区为主，同时兼有创业投资、商务办公、科研设计、商业出租、投融资、法律咨询和服务、商务休闲服务、生活配套等现代服务业态。项目计划2018年建成营业，重点引进中小型及成长型企业总部、文化创意、工业设计、研发、银行、法律中介等各类创新科技企业。项目全部建成后，可入驻创新型科技企业1500家，实现年税收10亿元。

图3-15　青岛天安数码城规划图

（二）投资开发方式

1. 项目进入

天安数码城从接触一个城市，到最终项目落地，最短也要一年多，如果长的话可能要三四年，因为产业园区的落地有很大的困难。

首先是天安数码城在进入每个城市之前有自己的评判标准。天安数码城会评判哪些城市或者是哪些区域适合天安数码城的发展模式，天安数码城有一个大概的划分，比如说这个城市的经济总量，目前天安数码城一般考虑GDP在三千亿以上的城市，或者是它的工业生产总值，甚至其中的高新技术产值有多少。再比如这个城市的人口，其中外来人口有多少，甚至于一个城市的大专院校、每年的毕业生，这些都会考量。

另外一个是国家宏观层面的政策导向。国家每年都会有一些政策措施，或者是批准成立一个新区，所以天安数码城也需要时常关注国家的宏观区域政策。在这些基础上有一个大概的研判，比如说哪些区域是近三年适合进入的，但这也只是从区域的角度。具体到每一个城市，因为天安数码城这种模式的优势，天安数码城每年接待参观的政府人员有150多批次，相比很多地产商有一个好处是天安数码城可以从中去选择更好的城市。做产业园区，政府的支持很重要，尤其是目前产业地产很多政策还不明朗，所以政府的介入会很多，甚至从前期的规划、拿地，到后期的招商引资等等政府都会介入。所以天安数码城也会判断政府的行事风格，通过这些综合下来选择进入一个城市。即便是选择进入这个城市，但是最终拿到地、开工的周期也会很长，这是做产业地产相比其他地产类型比较复杂的地方。

2. 土地获取

天安数码城项目作为综合体，有不同的产品形态，比如有产业区，有商业，也有住宅，在地块的性质上的确是不同的，天安数码城一般拿地是60%的产业用地，或者是商业，或者是工业，另35%是住宅用地。

在地价上，天安数码城通过打造产业综合体，相对其他传统住宅开发商会有一些优惠。涉及具体拿地的细节，根据国家的政策，目前所有拿地都是通过招拍挂，虽然天安数码城在拿地时不敢保证全部拿到，但其在土地获取较竞争者有着独特优势。

（三）盈利模式

就青岛天安数码城项目而言，其园区的盈利模式分为短、中、长三条线。

第一条线是短线。短线也为快线，是赚快钱，通过园区内产业的迅速销售来快速回笼资金。园内产品的销售又分为直接销售和部分销售，直接销售的产品形态主要有配套住宅、配套商业设施等；部分销售的产品涵盖总部独栋型企业办公楼、写字楼等。

对于这一条线的盈利模式，首先销售必须保持一个重要比例。如果没有充足的销售额，就难以支撑规模化的开发建设。住宅产品、部分的商业产品会直接销售，这与传统地产区别不大，只是我们的产品类型更为丰富，并且面对的客户主要是企业。总部楼、产业大厦、研发大厦等产品，也会部分直接销售。

从产品布局来看，天安数码城基本按照3：1：1划分。以青岛天安数码城为例，总计拿地150万平方米，90万平方米土地用于产业建设、分别有30万平方米用地用来建设配套商业设施和住宅。也有另外一说："一般拿地是60%的产业用地，或者是商业，或者是工业，另35%是住宅用地。"

第二条线为中线。以租金形式通过物业经营获取的利润。这部分盈利来源通常周期长，稳定性较差，存在一定空置风险。天安数码城会自己持有部分物业经营，赚取租金，并在未来物业升值之后取得收益。

第三条线为长线投资。青岛天安数码城通过对自持物业的"资本化"以及园内企业进行"股权投资"来实现长期收益。在物业资本化方面，天安数码城通过对园内企业实施"租金换股权"和"现金换股权"的方式实现。

青岛天安园区不仅有专门针对企业的园区共同基金，通过物业入股、租金入股等灵活的金融手段来投资高成长性企业、培育创业型企业，而且具备"准风险投资机构"和"培育机构"的性质，不但能有效缓解科技型中小企业融资难的问题，又能利用信息资源充分对称的优势吸引和引导专业风险投资机构、银行、担保等金融资本的进入，最终实现土地、金融、产业三大资本的有机融合。土地、金融、产业三大资本的有效整合，是青岛天安数码城的基本盈利模式。这与联东集团实业、地产、金融的"三角形"结构基本相似。

同时，由天安数码城牵头，联合平安银行及福田区政府共同打造的“天安数码城创新共同基金”，第一期已发放超过5500万银行低息贷款，覆盖40余家小微企业，天安数码城创立的股权投资基金也已在深圳前海特区审批通过。

在金融业务方面，天安数码城与新鸿基金融集团、东方富海、UA融易贷等风投机构、信用担保机构合作。对于多个项目的运作，由于产业地产开发周期长，回现慢，因此为了保证项目的连续开发，天安数码城采取多项目同时滚动开发的方式。

（四）市场主导型的最新实践：万达青岛东方影都项目

1. 项目概况

万达集团在青岛投资500亿元建设的全球投资规模最大的影视产业基地——青岛东方影都位于美丽的新城灵山卫，于2013年9月22日正式开工。项目占地376万平方米、总建筑面积540万平方米，包括影视产业园、电影博物馆、影视会展中心等多个项目，将打造影视拍摄、影视制作、影视会展、影视旅游综合功能的全产业链。

2. 产品组合

万达青岛东方影都项目主要包括影视产业园、汉秀、万达茂、电影乐园、商业住宅及酒店等产品组合。

（1）**影视产业园**。作为青岛东方影都的主要建筑之一的影视产业园坐落在东方影都北侧，位于薛泰路以北，华山路以东，石山路以西，中间以柏果树河相隔，场地北侧与东华山路和前湾港路相邻。影视产业园总占地165公顷，分为影视制作区和影视外景地两大部分。外景地有欧陆风情、明清古都、阿拉伯世界等多个主题拍摄景区。制作区建有30个摄影棚，包括世界最大1万平方米的摄影棚和世界唯一的固定水下摄影棚。制作区配有世界一流的音效、混录、3D特效、动漫制作设施和服装、道具、器材加工厂。东方影都计划2013年开工，2017年全部开业。东方影都的建设将革命性地提升青岛文化产业，改变青岛城市定位，使之成为世界文化旅游名城。

图3-16 万达青岛东方影都规划图

（2）**青岛东方影都大剧院及秀场项目**。东方影都大剧院与秀场结合青岛独特的海洋文化，取意“碧海银螺”的设计理念。两座建筑在统一中又不乏变化，大剧院横向贝壳带状纹路与秀场竖向海螺纹样相映成趣，两栋建筑一动一静，临海而立。抽象而富有动感的造型，跟青岛海洋风貌、项目特质完美融合，建成后将成为青岛最璀璨的标志性建筑。

图3-17 东方影都大剧院与秀场效果图

大剧院是一栋专为国际电影节打造的文化建筑，建成后万达将在美国奥斯卡学院及中国电影协会的支持下，举办一年一度的国际电影节，大剧院将成为电影节开幕式及颁奖典礼的圣殿。光洁的金属表面与带状纹路模仿贝壳造型，“贝壳”的设计理念延展至室内休息大厅及观众厅，将为参加国际电影节盛典的中外嘉宾创造一次无与伦比的独特体验。

秀场是一个定制的大型剧场，节目由世界顶尖的演艺节目制作团队精心打造，整个演艺表演节目结合青岛海洋文化与中国传统文化艺术。青岛秀将给全世界观众带来一台世界最精彩的演艺秀。同时，青岛秀也让所有人更了解青岛、更了解中国。全世界都将会为中国文化的博大精深喝彩。

（3）**万达茂**。万达茂是青岛东方影都功能区的重要组成部分，承载着室内影视旅游体验、购物、休闲等多重功能，是万达集团凭借多年在商业、文化、旅游、影视产业积累的丰富经验，创新而成的世界首个特大型影视文化旅游商业综合项目；项目总建筑面积36万平方米，集室内主题公园、水公园、电影主题公园、国际影城、滑冰场以及缤纷商业于一体，预计年接待游客逾千万人次，收入60亿元以上。

（4）**青岛电影乐园**。青岛电影乐园是万达世界首创并拥有知识产权的顶尖高科技电影娱乐项目。3D互动剧场“灵剑封神”，游客通过姜子牙指引进入试炼境，梦回前世，被姜子牙赐太极真火炮，寻回曾经为神的自己，揭开命运的疑团，开启拯救人界的旅途。时而成为热血少年哪吒，时而成为骁勇善战二郎神，消灭邪恶的纣王，世界上首创6自由度动感平台与过山车结合，带给观众无与伦比的感观体验。3D动感剧场“哪吒闹海”，在哪吒带领下游客乘坐6自由度动感平台，体验激烈刺激的魔幻之旅，穿越海底之门，和四海龙王、虾兵蟹将战斗，获得身临其境的超现实刺激体验。

（5）**滨海酒店及游艇**。东方影都还将建设滨海酒店群，其中规划的8个度假酒店，包括1个六星级酒店、1个五星级酒店、2个四星级酒店和4个三星级酒店，此外，还将有一个具有300个泊位的游艇俱乐部。

3. 现金流循环

青岛东方影都项目500亿元投资将分步完成，其中，土地等初期投资约50亿元，万达自有资金、银行贷款、商户回款等三方面将成为整个投资的主要资金来源。前期项目回款来源主要是园区配套住宅的销售，项目住宅投资约200亿元，住宅的快速销售可以产生大量的现金流。假定住宅售价为住宅投资成本加成30%的话，那么即可以回收现金260亿元。

图3-18 东方影都住宅及酒店项目效果图

此外，万达茂开业后，预计年营业收入可达60亿元左右。酒店项目由于具有较为稳定的现金流，可以通过采取抵押贷款或资产证券化等轻资产模式进行运作开发，万达只需投入约10%～20%的资金就可以撬动整个项目。住宅和商业项目的充裕回款将对后续影视城的投资开发提供有力资金支持，形成项目整体现金流自循环。

四、公私合作型

（一）项目概况

1. 项目背景

固安工业园区地处河北省廊坊市固安县，与北京大兴区隔永定河相望，位于天安门正南50公里，园区总面积34.68平方公里，是经国家公告（2006年）的省级工业园区。

2002年固安县政府决定采用市场机制引入战略合作者，投资、开发、建设、运营固安工业园区。同年6月，通过公开竞标，固安县人民政府与华夏幸福基业股份有限公司（简称“华夏幸福公司”）签订协议，正式确立了政府和社会资本（PPP）合作模式。按照工业园区建设和新型城镇化的总体要求，采取“政府主导、企业运作、合作共赢”的市场化运作方式，倾力打造“产业高度聚集、城市功能完善、生态环境优美”的产业新城。目前，双方合作范围已拓展至固安新兴产业示范区和温泉休闲商务产业园区。

2. 建设内容与建设规模

固安工业园区PPP新型城镇化项目，是固安县政府采购华夏幸福在产业新城内提供设计、投资、建设、运营一体化服务。

土地整理服务。配合以政府有关部门为主体进行的集体土地征转以及形成建设用地的相关工作。2008～2013年，华夏幸福累计完成土地整理29047.6亩，累计投资103.8亿元。

基础设施建设，包括道路、供水、供电、供暖、排水设施等基础设施投资建设。截至2014年已完成全长170公里新城路网、4座供水厂、3座热源厂、6座变电站、1座污水处理厂等相关配套设施建设。

公共设施建设及运营服务，包括公园、绿地、广场、规划展馆、教育、医疗、文体等公益设施建设，并负责相关市政设施运营维护。园区内已经建成中央公园、大湖公园、400亩公园、带状公园等大型景观公园4处，总投资额为2.54亿元。目前由北京八中、固安县政府、华夏幸福公司合作办学项目北京八中固安分校已正式开学，按三级甲等标准建设的幸福医院已开工建设。

产业发展服务，包括招商引资、企业服务等。截至2014年底，固安工业园区累计引进签约项目482家，投资额达638.19亿元，形成了航空航天、生物医药、电子信息、汽车零部件、高端装备制造等五大产业集群。

规划咨询服务。包括开发区域的概念规划、空间规划、产业规划及控制性详规编制等规划咨询服务，规划文件报政府审批后实施。

（二）投资运作模式

固安工业园区在方案设计上充分借鉴了英国道克兰港口新城和韩国松岛新城等国际经典PPP合作案例的主要经验，把平等、契约、诚信、共赢等公私合作理念融入固安县政府与华夏幸福公司的协作开发和建设运营之中。其基本特征是：

1. 政企合作

固安县政府与华夏幸福公司签订排他性的特许经营协议，设立三浦威特园区建设发展有限公司（简称三浦威特）作为双方合作的项目公司（SPV），华夏幸福公司向项目公司投入注册资本金与项目开发资金。项目公司作为投资及开发主体，负责固安工业园区的设计、投资、建设、运营、维护一体化市场运作，着力打造区域品牌；固安工业园区管委会履行政府职能，负责决策重大事项、制定规范标准、提供政策支持，以及基础设施及公共服务价格和质量的监管等，以保证公共利益最大化。

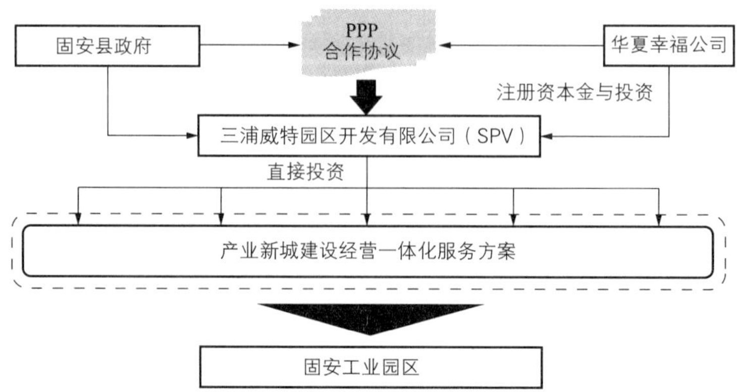

图3-19 固安产业新城PPP合作框架

2. 特许经营

通过特许协议，固安县政府将特许经营权授予三浦威特，双方形成了长期稳定的合作关系。三浦威特作为华夏幸福公司的全资公司，负责固安工业园区的项目融资，并通过资本市场运作等方式筹集、垫付初期投入资金。此外，三浦威特与多家金融机构建立融资协调机制，进一步拓宽了融资渠道。

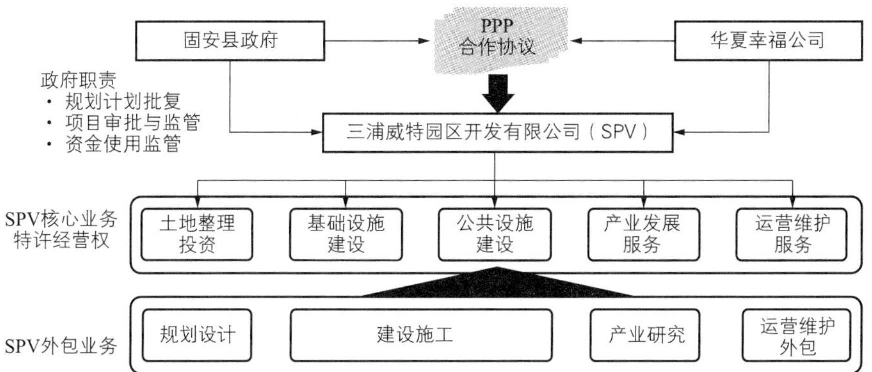

图3-20　固安产业新城特许经营模式

3. 提供公共产品和服务

业务类型	代表业务或约定
土地整理投资	土地整理直接投资安置房规划设计及建设
基础设施建设	道路管网（道路工程、热力管网、桥梁）
	景观节点等魅力建设
	厂站（热源厂、污水处理厂、自来水厂）
公共设施建设	公园体系（中央公园、滨水公园、门户公园、市民广场）
	经营性公建（学校、医院）
	非经营性公建（体育文化设施）
	规划展馆
产业发展服务	招商引资，形成落地投，后期产业服务
咨询服务	三大规划
	详规、专项策划/设计
运营服务	城市运营 公共设施运营 专项运营

图3-21　华夏幸福提供的公共服务

基于政府的特许经营权，华夏幸福公司为固安工业园区投资、建设、开发、运营提供一揽子公共产品和服务，包括土地整理、基础设施建设、公共设施建设、产业发展服务，以及咨询、运营服务等。截至2014年华夏幸福公司在固安工业园区内累计投资超过160亿元，其中，基础设施和公共服务设施投资占到近40%。

4. 收益回报机制

双方合作的收益回报模式是使用者付费和政府付费相结合。固安县政府对华夏幸福公司的基础设施建设和土地开发投资按成本加成方式给予110%补偿；对于提供的外包服务，按约定比例支付相应费用。两项费用作为企业回报，上限不高于园区财政收入增量的企业分享部分。若财政收入不增加，则企业无利润回报，不形成政府债务。

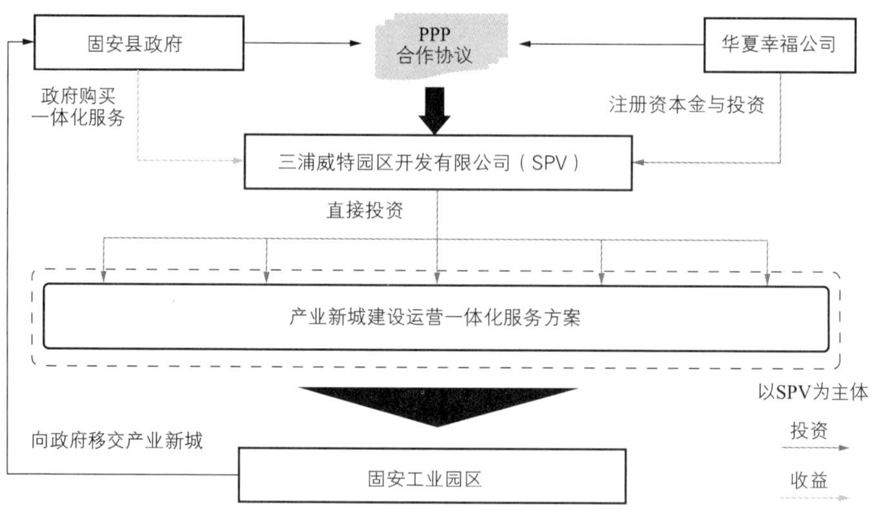

图3-22　PPP模式回报机制

5. 风险分担机制

社会资本利润回报以固安工业园区增量财政收入为基础，县政府不承担债务和经营风险。华夏幸福公司通过市场化融资，以固安工业园区整体经营效果回收成本，获取企业盈利，同时承担政策、经营和债务等风险。

	政府	华夏幸福公司
政策风险	×	√
机会风险	√	×
债务风险	×	√
经营风险	×	√

图3-23　风险分担机制

（三）主要创新点

固安工业园区新型城镇化PPP模式属于在基础设施和公用设施建设基础上的整体式外包合作方式，形成了“产城融合”的整体开发建设机制，提供了工业园区开发建设和区域经济发展的综合解决方案。

1. 整体式外包

在政企双方合作过程中，固安县政府实际上是购买了华夏幸福公司提供的一揽子建设和外包服务。这种操作模式避免了因投资主体众多而增加的投资、建设、运营成本，而且减少了分散投资的违约风险，形成规模经济效应和委托代理避险效应。

2. “产城融合”整体开发机制

在“产城融合”整体开发机制下，政府和社会资本有效地构建了互信平台，从“一事一议”变为以PPP机制为核心的协商制度，减少了操作成本，提高了城市建设与公共服务的质量和效率。

3. 工业园区和区域经济发展综合解决方案

政企双方坚持以“产业高度聚集、城市功能完善、生态环境优美”作为共同发展目标，以市场化运作机制破解园区建设资金筹措难题、以专业化招商破解区域经济发展难题、以构建全链条创新生态体系破解开发区转型升级难题，使兼备产业基地和城市功能的工业园区成为新型城镇化的重要载体和平台。

（四）实施效果

经过十多年的建设，固安工业园区实现了华丽蝶变，有效促进了当地经济社会发展。

1. 经济发展：带动区域发展水平迈上新台阶

从2002年合作至今，固安工业园区已成为全省发展速度最快的省级开发区，2014年完成固定资产投资149.6亿元，实现工业总产值224.5亿元，完成财政收入23.3亿元。受益于固安工业园区新型城镇化，固安县从一个经济发展水平相对落后的县，成为各项指标在全省领先的县。政企合作十多年，固安县人均GDP增长了4倍，财政收入增长了24倍，成功跻身“2014中国县域成长竞争力排行榜”50强，位列“中国十佳开发竞争力县”第2位。

2. 城市建设：构建了中等城市框架和服务配套设施

截至2014年，华夏幸福公司在园区内投入大量前期开发资金，高质量推进路、水、电、气、信等基础设施，实现了“十通一平”。同时，积极引进优势资源，建设了中央公园、水系生态景观、创业大厦、商务酒店、人才家园等一批高端配套设施，构建了以城市客厅、大湖商业区、中央大道金融街区为主体的“智能城市”核心区。其中，作为城市主干道之一的锦绣大道（大广高速至永和路段）总投资额为4.13亿元，连接廊涿路与106国道，2012年竣工通车，为产业集聚和居民住行提供了便利条件。

3. 民生保障：坚持“以人为本”建设幸福城市

华夏幸福公司投资2.81亿元，引进的北京八中固安分校已正式投入使用；与首都医科大学附属医院合作经营的幸福医院也已启动建设。园区建设促进了公共资源配置均等化，当地居民和外来人员享受同等的教育和医疗等公共资源和服务，并带动固安县民生投入不断加大，促进了全县民生保障体系的完善。2014年固安县民生领域支出达到26.1亿元，占公共财政预算支出的84.8%，在全省率先实施县级社保“一卡通”，在廊坊市率先建立了《低保对象医前医疗救助制度》。

（五）借鉴价值

固安工业园区新型城镇化在整体推进过程中较好解决了园区建设中的一些难题，这种PPP模式正在固安县新兴产业示范区和其他县市区复制，具有较高的借鉴推广价值。

（1）采用区域整体开发模式，实现公益性与经营性项目的统筹平衡传统的单一PPP项目，对于一些没有收益或收益较低的项目，社会资本参与意愿不强，项目建设主要依靠政府投入。固安工业园区新型城镇化采用综合开发模式，对整个区域进行整体规划，统筹考虑基础设施和公共服务设施建设，统筹建设民生项目、商业项目和产业项目，既防止纯公益项目不被社会资本问津，也克服了盈利项目被社会资本过度追逐的弊端，从而推动区域经济社会实现可持续发展。

（2）利用专业团队建设运营园区，实现产城融合发展

为提高固安工业园区核心竞争力，固安县政府通过让专业的人做专业的事，华夏幸福公司配备专业团队，政府和社会资本构建起平等、契约、诚信、共赢的机制，保证了园区建设运营的良性运转。固安县政府在推进新型城镇化的同时，统筹考虑城乡结合问题，加快新农村建设，进行产业链优化配置，实现了产城融合发展。

（六）公私合营型的最新实践：富美兴浙江嘉兴城乡统筹项目

台资企业富美兴公司在浙江的城乡统筹项目位于嘉兴市东南郊区，北临沪杭高速，距离高铁站5分钟车程，离市区约12公里。整体项目共11.438平方公里，其中中心区块为3平方公里的田园小镇，并由8平方公里的绿色农业景观所环绕，包含四大板块：绿色农业、银发养老、国际教育及田园小镇。

立足体现“规划引领、以人为本、立足长远、迈向国际”的精神，按照“政府引导、市场运作、联合开发”的运作模式，由国际级

的设计师作总体规划及海峡两岸优秀的经营团队执行，以农业开发为先导，保留江南水乡原有特色，着力打造融合特色农业产业、休闲居住度假、养老养生为一体的综合性园区，建设成为现代农业和统筹城乡的社会主义新农村示范项目。

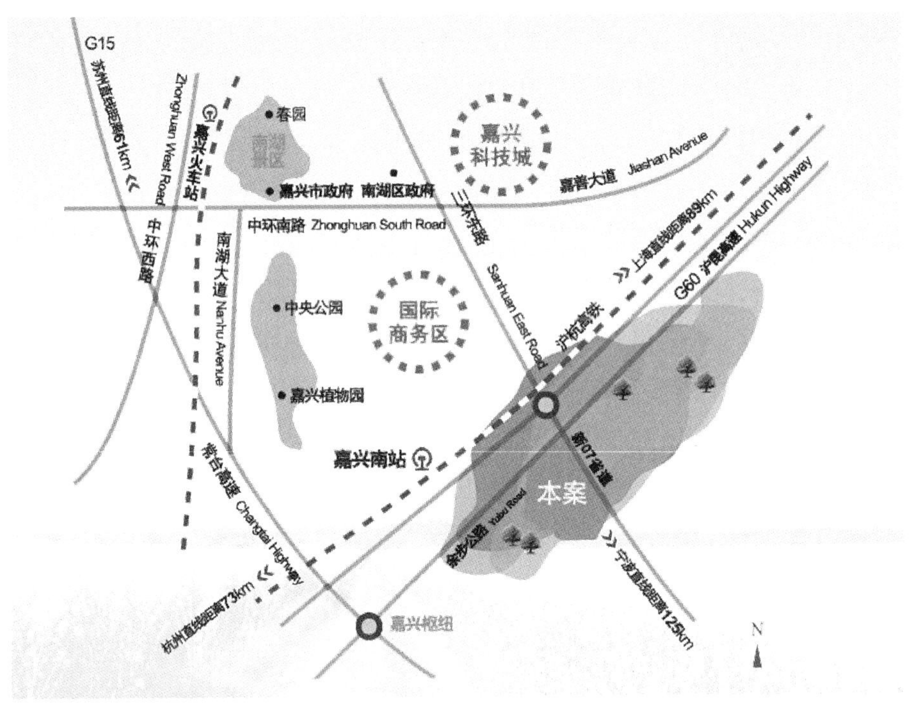

图3-24　理想世合大地项目区位

（七）上海市首个PPP城镇化项目：重固镇城镇综合开发

经过2年多的酝酿，上海青浦区政府于2016年1月与中国建筑第八工程局有限公司、中建方程投资有限公司正式签约，以PPP（政府和社会资本合作）模式，系统化全面推进24平方公里的重固镇新型城镇化建设。这是上海郊区新型城镇化PPP模式“第一单”，也是上海市目前入选国家发改委PPP项目库的唯一重点推荐项目，一改以往“打补丁式”的城镇发展之路，不仅可以有效化解整体推进城镇建设的融资难题，还有助于提升城镇规划、建设和运营的品质，更可让当地百姓长期分享城镇化“红利”。

1. 项目简介

上海市青浦区重固镇新型城镇化PPP项目是上海首个落地实施的新型城镇化PPP项目，也是上海市唯一一个进入国家发改委PPP项目库跟踪落实的项目。该项目由青浦区政府授权重固镇政府与社会资本合作进行区域开发。经过前期论证、实施方案编制、政府采购等筹备工作，截至2015年12月31日，重固镇新型城镇化PPP项目已完成了招标公示，正式确定合作伙伴为世界500强企业中国建筑骨干成员中国建筑第八工程局有限公司和中建方程投资发展有限公司组成的联合体。项目合作周期为10年，一期项目已经启动，计划总投资约120亿元。

按照国家新型城镇化战略总体要求，重固镇新型城镇化建设采取PPP合作模式，政府主导，市场化运作，项目总体打包，一次授权，统一规划设计，分期分阶段实施。项目秉承“以人为本、四化同步、生态文明、文化传承、城乡统筹、产城融合”的建设理念，以建设文心重固、云尚小镇为目标，缩小城乡差距、改善均等服务，坚持新型城镇化与集约节约用地、农村集体经济组织培育有机结合。总体上，按照土地存量收益反哺镇村、增量收益用于功能实现的原则，通过优化城镇化布局，提升产业层次，改善基础设施及农村生态环境，持续改善百姓生活质量，力争将重固镇打造成“国家新型城镇化建设示范区”“江南新水乡建设范本”、“上海城乡一体化”建设示范窗口。

2. 项目的区位及优势

青浦区有关负责人透露，选择重固镇作为新型城镇化试点，关键在于其最大特点为“没什么显著特点”，具有普遍性，今后更易为其他街镇所学习、借鉴。

重固镇面积不大，仅20多平方公里，曾是市郊较大的蔬菜产区，农业占有一定比例，现全镇户籍人口1.6万，外来人口4万，没什么特色大产业，经济实力在青浦区处于中等水平。

但在中建八局的评估专家看来，重固镇的潜力和可塑性不容小觑。一来，该镇不属于生态保护区，在开发建设上没有太多限制；二来，重固距离大虹桥只有15公里，交通发达，未来产业意愿度较高；第三，重固镇具有独特的文脉资源，拥有福泉山文化遗址和法会庵、老通波塘等。

重固的新型城镇化建设，包括顶层设计、策划规划，以及后续的产业导入、生态文明建设等，是一个长期的系统工程。未来，传承历史文脉、嫁接现代基因的重固镇，将以文化主题新市镇的全新面目亮相。接下来，遵循《重固镇新型城镇化PPP项目实施方案》，重固新型城镇化建设项目将用10年时间，按照“一体设计”、“分阶段分步骤实施”原则，逐步推进。

3. 项目合作模式

推动新型城镇化建设，不能靠政府唱“独角戏”。中国建筑联合体通过市场化运作，采用PPP运作模式，使政府主导、社会参与、百姓需求有效对接，从而激发三方共奏一场新型城镇化“交响乐”。2013年青浦将重固镇列为新型城镇化试点，之后鼓励引导社会资本参与基础设施、新型城镇化投资建设，探索建立政府与社会资本风险分担、利益共享的长期合作关系。重固新型城镇化PPP模式的实践，是贯彻落实“创新、协调、绿色、开放、共享”五大发展理念的具体体现，也是青浦区响应国家供给侧结构性改革、上海城乡发展一体化战略的创新探索。

经过政府采购招标、竞争性磋商，中建八局、中建方程被选定为社会合作伙伴。由此，央企、政府性基金、重固镇集体经济组织共同参与的混合所有制联合体，成了重固新型城镇化建设的实施主体。

对于中建八局自身而言，也正在探索转型发展的新空间新机会，要从建筑商、地产商、投资商，进一步成长为城市运营商，重固新型城镇化PPP项目是个不错的实践机会。近些年来，中建八局已在全国10个城市开展PPP项目试验，积累了成功案例和经验，有信心把重固镇打造成新型城镇化建设示范区、江南新水乡建设范本、上海城乡发展一体化的示范窗口。

中建八局参与城镇化建设PPP项目，不同于短平快、高周转的房地产项目在短期内提升土地价值，而需要通过长期的建设和运营，发

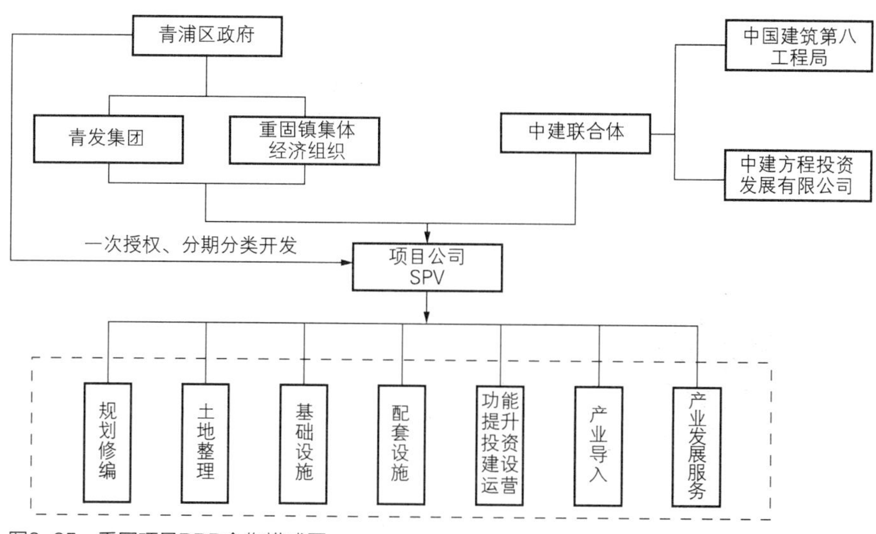

图3-25　重固项目PPP合作模式图

现和提升城镇的潜在空间和金融价值。在这10年里，作为社会资本的中建八局，将获得政府担保、零风险的收益率，还可以参与具体项目的市场化投资。通过10年的城镇建设，随着土地价值的提升、地方税收的增加、项目综合性收入的兑现，地方政府偿还能力会越来越强。

在重固镇新型城镇化PPP模式中，政府性基金也是社会资本的组成部分。农村集体资产参与新型城镇化PPP项目，更是一大亮点。在这个项目中，重固镇集体经济组织也占到了10%的股权，今后将获得稳定的收益；同时，整个项目将拿出5万平方米商业面积，让渡给重固镇集体经济组织，让当地农民分享城镇化“红利”，有更多获得感和幸福感。

重固镇新型城镇化试点，不再是大拆大建、房地产化的1.0版城镇化之路，而是更加注重“人的城镇化”、四化同步的2.0版新型城镇化模式。重固镇新型城镇化PPP项目将以城乡发展一体化为主线，以人为核心，促进工业化、信息化、城镇化、农业现代化同步发展，在产业支撑、人文塑造、社会保障、生态居住等方面实现由“乡”到“城”的转变，真正实现城乡统筹和可持续发展。

4. 项目合作内容

（1）项目合作原则。重固镇新型城镇化PPP项目的合作模式为项目整体采用PPP模式实施，具体按照“1+X”的模式展开，其中

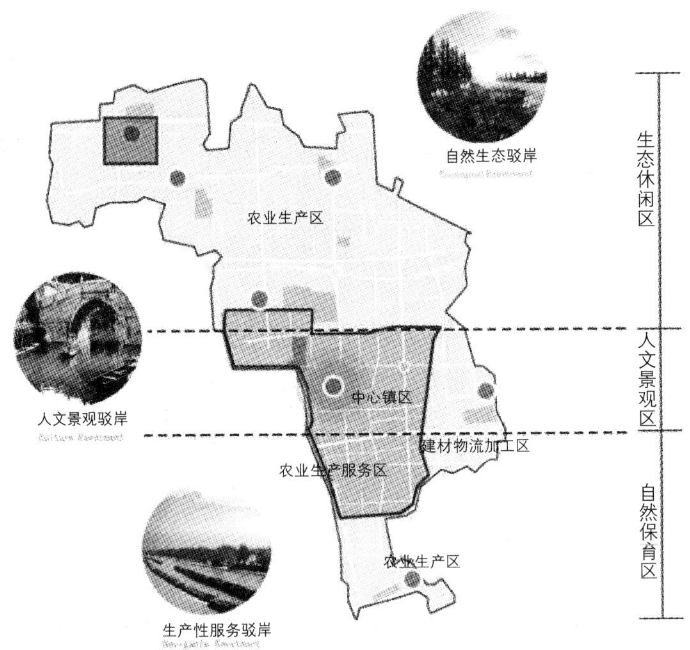

图3-26 重固项目规划图

“1”指新型城镇化PPP模式；“X”是指一级土地综合开发、公建配套、基础设施、功能提升、城市更新、产业发展，以及经营性项目特许经营权授予模式、准经营性项目特许经营权授予与缺口补偿结合模式、非经营性项目政府购买模式。

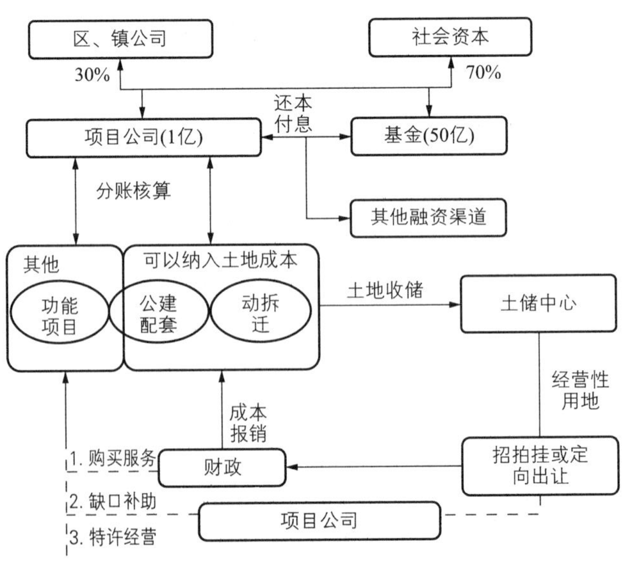

图3-27 PPP模式运作路线图

（2）土地一级综合开发。按照甲、乙双方另行签署的土地一级开发委托协议（附件3：土地一级开发委托协议），青浦区政府授权重固镇政府作为责任主体、项目公司作为实施主体，一级土地开发的动拆迁进度、质量以及与被拆迁人的拆迁安置补偿均由重固镇负责。

（3）经营性项目特许经营权授予。甲方授予项目公司/项目子公司一定期限的经营性项目特许经营权，由使用者直接向项目公司/项目子公司付费，计价及付费机制双方协调确定（详见另行签署的子项目PPP协议）。

（4）准经营性项目特许经营权授予。甲方授予项目公司一定期限的经营性项目特许经营权，由使用者直接向项目公司付费；使用者付费无法覆盖的成本由甲方通过财政缺口补偿给项目公司，由甲方列入中长期财政预算，并通过青浦区人大审议（详见另行签署的子项目PPP协议）。

（5）非经营性项目政府购买服务。按照合作期限，由政府列入中长期财政预算，并通过青浦区人大审议，定期向项目公司购买服务。

（6）产业发展。乙方依据产业规划方案积极引入符合政府产业政策导向的相关产业。

5. 投资规模及融资方案

（1）项目资本金比例及出资方式。项目公司注册资本金10亿元，其中乙方出资7亿元，持项目公司70%股权（中建八局出资4.2亿元，持项目公司42%股权，中建方程出资2.8亿元，持项目公司28%股权），青发公司出资2亿元，持项目公司20%股权，重固公司出资1亿元，持项目公司10%股权。

（2）政府提供的融资支持。甲方授权主体青发公司或其他出资方为合作项目提供新型城镇化基金注资，合计约15亿元。

（3）债务资金的规模、来源及融资条件。项目公司作为项目的投资、融资主体，具体由乙方负责以项目公司作为融资主体进行融资。由重固镇资产经营公司设立重固镇新型城镇化建设基金（以下简称“新型城镇化基金”），乙方以LP的身份介入新型城镇化基金。基金资金为18.05亿元，其中，乙方出资3亿元[中建八局出资1.8亿元

（优先级），中建方程出资1.2亿元（优先级）]，青发公司（LP）出资15亿元（劣后），重固公司（GP）出资0.05亿元（劣后），乙方分红优先级，按照约定的基础回报率（税后）享有投资收益，用于支持本项目。新型城镇化基金通过股东借款方式向项目公司投入17亿元，新型城镇化基金向重固公司出借1亿元，用于重固公司作为项目公司注册资本金。由项目公司成立产业引导基金，打造青浦区产业的新高地，现代服务业的集聚地。

6. 未来产品打造

（1）中央创想区。打造成为引领产业升级的国家创新创业孵化器、未来城市与产业示范区，上海高端现代服务业的新平台。从创想到落地，让创新发生，抢占上海创新战略制高点。该区域主要产品有新市民中心，包括市民公园、活力中心、生态居住。

（2）福泉山国家考古遗址公园。打造成为集教育、文化、游憩、休闲、体验为一体的国家考古遗址公园，引领上海文化体验、时尚消费、休闲度假的新兴文化旅游商业目的地。该区域主要产品有云上西岸项目（包括实景演艺、传媒公园、极客线下基地）、福泉山居（包括高端度假、文化院落、微奢精品酒店）、福泉山博物馆聚落（包括创意保护、业态复合、文化休闲融合）。

（3）上海有机谷。打造成为集农业科技创新、农产品生产加工、休闲观光于一体的国家精品农业展示示范基地，集农游乐、科普教育、拓展训练、户外游憩于一体的国家“美丽乡村”示范基地，上海市农业、科技、旅游、休闲互动发展区。田园“漫”城——典型江南的公园城市，现代人的“归田园居”。亮点项目有智慧新田园（临空型绿色梦工场）、主题公园群（“美丽乡村”伊甸园）、农玩大本营（包括零碳田园度假、会议新天地）。

（八）县域经济发展的范本：河南长垣城乡一体化发展经验

1. 区域概况

河南省长垣县属河南省直管县，位于豫东北地区，东临黄河，居郑州、新乡、安阳、濮阳、开封、菏泽等城市群中心，县域面积

1051平方公里，耕地86万亩，人口88万，辖11镇2乡5个街道办事处、1个省级产业集聚区。长垣县是中国起重机械名城、中国卫生材料生产基地、中国防腐蚀之都、中国厨师之乡、中华美食名城，先后被命名为全国文明县城、国家卫生县城、国家园林县城、国家新型工业化产业示范基地、全国粮食生产先进县、全国平安农机示范县，以及省级生态县、省级文化先进县。

全县以民营经济为主体，素有“北方温州”之称。截至2015年现有民营企业10000余家，发展壮大了特色装备制造、卫生材料及医疗器械两大主导产业，培育形成了汽车及零部件、防腐蚀及建筑新材料、生物医药、新能源等新兴产业，是全国最大的起重装备生产基地和重要的卫生材料生产基地。拥有省级以上企业技术中心22家、工程技术中心16家，国家级高新技术企业18家，高新技术产业增加值占规模以上工业增加值的比重达89%。荣获中国驰名商标10件、中国名牌产品1个，中国驰名商标持有数量居全省县（市）第一。

2. 产业发展

（1）**发展背景**。与温州一样，长垣除了土地、文化传承外，没任何发展工业经济的要素。这里地下无矿藏，地上无资源，被称为“零资源”县。但是如今在经济上，长垣已经发生巨变，遥遥领先周边各县，稳坐豫北经济第一县的宝座。

之前的长垣，没人能想到30年后今天的繁华。改革开放前，这里还流传着一个顺口溜：春天喝不上糊涂，冬天穿不上棉裤，十里八乡见不着瓦屋，小伙子娶不上媳妇。据长垣县志记载，每逢灾年，长垣人或投亲靠友，或外出学技谋生。

然而，在一穷二白的基础上，它的几大支柱产业是怎样成长起来的？是什么成就了它一个个经济奇迹？在长垣当地，有句家喻户晓的顺口溜：一把剪子培育出了一个卫材产业；一把锤子打造出一个起重产业；一把刷子干出了一个防腐产业；一把瓦刀筑起了一个建筑产业；一把勺子香了一个厨师产业。这个顺口溜就是长垣经济特点的缩影。

（2）**穷则思变**。其实，长垣的经济，也与温州一样，自古以来都比较活跃，也很发达。在长垣，有一个独特的现象，在这里，几乎都是私人草根经济，个个为农民企业家。

这一特殊的群体大都是从业务员做起，从跑市场起步。正是由于长期在外闯荡，使他们了解市场信息和行情的脉动，熟悉并掌握了许多产品从生产到销售的全部环节。平时，他们一边跑市场找下游客户，一边与数家生产企业建立代理销售合作关系，在生产企业与终端客户间架起了桥梁、纽带。这些后天的条件，让长垣的民营企业与市场机制极易对接。他们的财富积累，既没靠任何权力，也没靠家族的财富传承，唯一依靠的就是骨子里敢闯爱拼、不服输的精神。

（3）**发挥比较优势**。在长垣，其特色产业集群的发展，主要是充分利用丰富的人力资源，发展低成本、薄利多销的集群产业，以民营游击队的灵活，打败国有正规军的迟钝。起重、厨师、防腐蚀、卫材等经济奇迹，就是这样产生的。这在发展特点上，与温州相比，有很多相似的地方：其一，都是儒家文化保存比较完好的地方；其二，都是一种典型的区域规模经济，并以市场为导向，通过社会分工和专业化合作，把分散的小企业连接起来，形成了块状经济；其三，是与劳动力资源的大进大出结合在一起。温州经济是“两头在外”“大进大出”的区域经济，而对于地上地下无资源无矿产的长垣，出门在外的那支劳务大军，也是一道靓丽的风景线。

（4）**政策扶植**。面对民间迸发的创业激情，县委、县政府如何顺势利导，显得尤其重要。长垣县委、县政府结合长垣实际，在全省较早就提出了“民营立县、特色兴县”的发展战略，把推进全民创业作为促进产业集群发展的活力之源，弘扬创业、创新、创优、创富精神，推进全民创业进程，形成了思创业、敢创业、会创业、创大业的良好局面。外界将这种飞速发展的现象，誉为长垣现象，长垣因此也被称为“北方温州”。

与温州模式一样，长垣现象中，民营经济壮大的关键在于政府为非公经济发展营造了一个宽松的环境。在长垣县民营经济发展之初，长垣县政府更多的是“无为而治”。县政府有关领导曾八下温州学习“温州模式”，温州市政府前期的“无为而治”，对20世纪80年代初的长垣县政府影响深刻。在“无为而治”中，长垣县政府更多的是充当了服务的角色，像园丁一样，精心呵护企业的成长，培养了一大批优秀企业，如河南宏力集团、河南卫华集团、驼人集团、河南重工集团、河南克瑞集团等。

（5）**打造产业集聚区**。经过数年快速发展，长垣诞生的数千家民营企业，散布在该县的多个乡镇，暴露出占地多、用地难、运输不便，生产要素和资源共享度低等很多亟须解决的问题。

2003年，长垣县开启了长垣起重工业园建设，在发展早期，当地政府适时确立了“个体起步、股份推进、突出特色、规模经营”的发展思路，引导企业从作坊式生产逐步向集约式经营过渡。实施了旨在吸引资金、人才、信息、技术和项目的“回归工程”，进一步壮大了本地起重装备制造产业。

图3-28 位于长垣县魏庄镇的起重产业集聚区

在建设过程中，该县以“高起点起步、大手笔规划、大力度运作”和“专业化发展”为指导思想，聘请有关专家科学编制产业集聚区总体规划、专项规划和控制性详细规划，积极与社会主义新农村空间布局规划精准对接，形成了相互统一衔接的规划体系。具体编制了四项规划：一是现代产业规划。以装备制造业为主导，做大做强起重装备制造、汽车装备制造、新材料和生物制药等支撑产业，构建国家级起重装备制造业基地和起重机械贸易中心。二是建设目标规划。远期规划面积27平方公里，目前建成区11平方公里。三是土地利用总体规划。四是聘请国家级研究院编制了集聚区社会和经济发展规划。科学完善的规划体系，为建设“有规模、有形象、有效益、有特色”的集聚区打下了坚实基础，形成了资源共享、优势互补、相互促进的良性发展机制。

十余年过去了，气势磅礴的长垣产业集聚区巨变为一座令人瞩目的新兴工业城，累计投资约300亿元，用于基础设施建设、固定资产投资和为生产配套的生活设施，加大了道路、电力、信息、供水、排水、供气、污水治理和垃圾处理八大基础设施建设和标准厂房建设。

截至2010年底，集聚区建成区面积已达11平方公里，完成道路17纵23横，全长120多公里，建成变电站3座，铺设各类管线约400公里，建成垃圾中转站60个、垃圾处理厂1个、污水处理厂1个，完成了污水管道排放建设，达到了“九通一平”和交通干道的绿化、亮化，建成了宾馆、酒店、学校、医院、公园、购物广场等标准化的公共服务设施。

（6）**完善综合平台，服务产业发展**。该县坚持把完善服务平台作为“一优带百通”的有力抓手，着力抓好总投资10亿元的电子商务、投资融资、产品检测、科技服务、商务会展、人才培训、生活服务、项目孵化等八大公共服务平台。县财政设立担保基金、贴息资金和项目代建周转金，帮助企业解决融资难题。集聚区成功组织了多次具有较大规模和影响的国家级商务会展活动，有力地帮助企业拓宽了国内外市场。

（7）**经济发展成果**。2015年，全县地区生产总值完成270亿元，同比增长10.1%；一般公共预算收入完成15.3亿元，同比增长16.6%；规模以上工业增加值完成121亿元，同比增长11.7%；固定资产投资完成283亿元，同比增长17.5%；社会消费品零售总额完成68.3亿元，同比增长13.2%；城镇居民人均可支配收入21633元，同比增长9.6%；农村居民人均可支配收入14950元，同比增长11%。

3. 城市建设模式

长垣县作为河南省县域经济产城融合发展的典型代表，其城市建设在近20年来发生了翻天覆地的变化。城市建设经验可以归结为“内生产业+公私合作”。

（1）**内生型产业带动城乡统筹发展**。与其他地区发展模式不同的是，该县的产业大多数都属于内生型产业，由当地通过长时间探索而形成的产业，而不单纯是由招商引资而来，从而可以使当地居民就近就业，这就进一步增强了产业对就业和居民收入增长的带动力，有力推动了经济发展，增强了发展后劲。随着产业的集聚和发展，有力推动了农村地区和乡镇的城镇化进程。

（2）**公私合作带动城市建设**。当地政府早在20世纪90年代就充分意识到简政放权对激发民营经济活力的重要性。一方面，政府鼓励当地企业家在本地投资兴业，同时政府还提供优惠政策，帮助企业解决“成长中的烦恼”。本地民营企业的发展壮大，大幅提高了政府财政收入，增强了经济硬实力，从而使政府拥有更大的财力和资源投入到基础设施和市政建设中去，拉大了城市框架，带动了城市设施的现代化。

图3-29　民营企业投资的长垣宏力医院

另一方面，政府鼓励有实力的企业参与公共设施的投资建设。如学校、医院、酒店、博物馆、城市广场等项目都是由当地实力较强的企业投资建设。大型公共设施项目的建设，不仅完善了城市功能，而且显著提升了城市品质和城市形象。

图3-30　民营企业投资的博物馆

该县通过大力推进统筹推进城乡发展一体化。城市建城区面积达39.5平方公里，规划建设城市和新农村社区103个，城乡基础设施日趋完善，人居环境持续优化，人口城镇化率达到50%，在河南省县域经济体中居于前列。

图3-31 长垣县城市新貌

Chapter

04

| 第四章 |

产业新城商业模式

由于产业新城较产业园业态更为丰富，商业模式、现金流模式、盈利模式更具代表性。在产业新城投资开发运营实践中，河北固安产业新城、联东U谷等产业新城投资运营商的实践较为成功，也最具代表性。故本章拟以我国具有代表性的产业新城投资运营商的实践为蓝本，对产业新城模式进行阐述。

一、业务模式

产业新城模式主要有四大类业务构成，即土地一级开发、地产开发、产业园招商及公共配套建设。

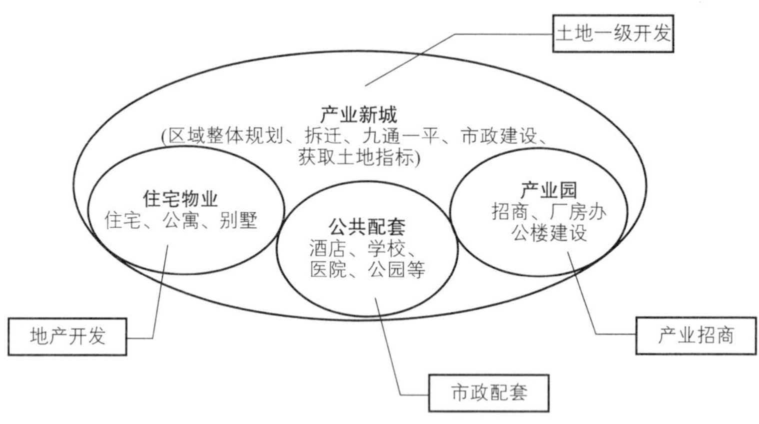

图4-1　产业新城商业模式

以上四大类业务的运行都具有自身内在的逻辑，有着自身独特的业务运作子模式，它们一起共同构成了产业新城商业模式，形成了企业核心竞争力，即“模式制胜”。

产业新城前期需要以区域的产业发展战略为牵引，通过同国内、国际顶级战略咨询公司合作，深入研究区域的产业发展规划，明确区域的产业定位、发展方向、空间布局和产业发展策略，获得政府的高度认可，并通过丰富的一级开发、城乡统筹建设、园区核心区建设、产业招商和住宅建设等多样化的产品和服务获取政府的信任，在建设中获得政府的高度支持和配合。公司产业园区的具体开发流程及政府与企业双方权责如图4-2所示。

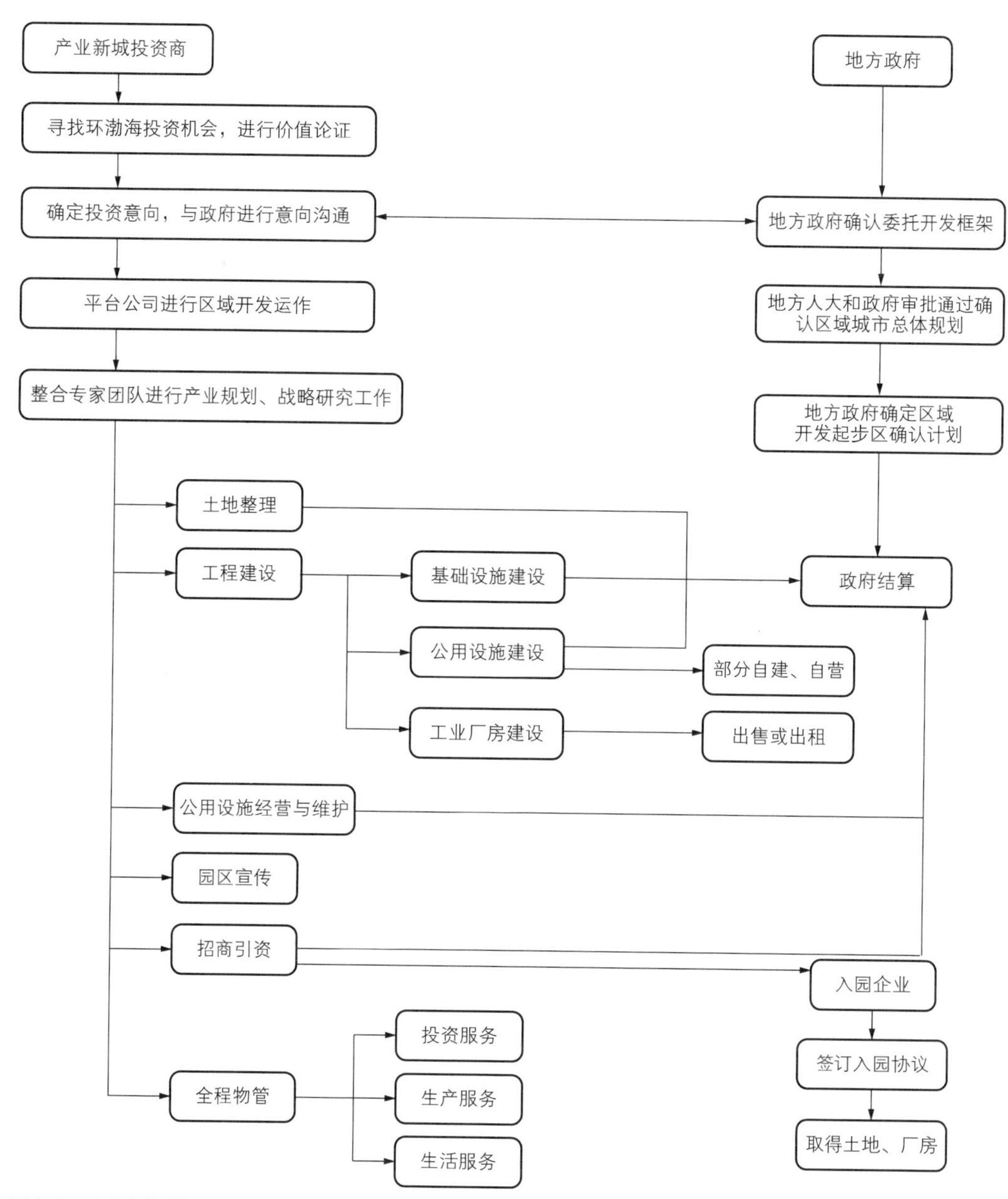

图4-2　产业新城模式业务流程

案例：河北省固安产业新城

固安产业新城位于北京天安门正南50公里，地处大北京核心位置。十多年前，固安是一个典型的农业县，钓具、肠衣、滤芯、塑料是支撑县域工业的“四大金刚”。2002年6月28日，固安工业园区奠基，引入了华夏幸福这一市场力量，拉开了固安快速发展的序幕。

华夏幸福集聚全球智慧，通过产业升级促进固安城市跃进，带动高端产业入驻，推动经济总量实现几何级增长。

在固安工业园区建设之初，华夏幸福集聚全球智慧，邀请来自9个国家和地区，40余位城市战略、产业研究及空间规划方面的大师，以“建设产业新城”为目标，将国际成功经验和区域实际情况相结合，勾勒园区未来发展图景。

在“产城融合”发展的格局下，固安产业新城以国际化的视野，以国家新一轮经济结构调整和产业升级为契机，致力推动城市一二三产协同发展，以国家产业规划政策为指导，战略发展“航空航天、生物医药、产学研、电子商务、生产型服务业”五大优势产业集群，同步推进现代农业发展，推动区域经济全面腾飞。

固安产业新城以资本干预为手段，以大数据战略为保障，引进龙头企业落地，同步搭建金融服务平台、人才服务平台、科技创新平台、创业服务平台四大产业促进平台；布局固安肽谷生物医药产业园、固安航天产业园、固安卫星导航产业园、电子商务产业园、新材料产业园、清华中试孵化产业园、电气装备产业园、移动通信设备产业园、汽车零部件产业园、BPO产业园、环保产业园、轨道交通产业园等产业载体，促进产业集群发展。

截至2014年12月底，华夏幸福已为固安产业新城累计引入企业420多家，包括北京大学分子医学研究所、博雅干细胞科技有限公司等生物医药类科技研发机构与企业，以航天科技集团、航天科工集团为核心的航天企业，以京东方为主导的新一代信息技术企业，实现项目签约投资额近千亿元。

在中国社会科学院发布的国内首份《中国县域经济发展报告（2015）》中，固安凭借突出的创新能力，在“中国县域经济创新力50强”榜单中排在第三位，同时位列“全国县域经济发展潜力百强县”的第十，并成功跻身“全国县域经济竞争力百强县”。

结合北部清华、北大、中关村的人才技术优势，和南部永清、霸州的发展空间优势，固安如今正在如火如荼地打造京南创新中心，向着“全球技术商业化中心”（GTC）的目标大步迈进。

由于引入了华夏幸福这一市场力量，固安拉开了快速发展的序幕。从2002年，全县年财政收入不足亿元、发展水平位列廊坊市十个县（市、区）中的后两名，到 2014 年全县财政收入突破 40 亿元大关，公共预算收入完成 25.4 亿元，居全省第五位。十余年间，固安这个曾经的传统农业县，被打造成为智慧生态、宜居宜业、创新驱动的产业新城。

（一）土地一级开发业务模式

土地一级开发业务板块主要职责为进行园区拓展、区域规划、与政府合作模式的安排、土地整理、基础设施建设（“九通一平”）等，为地产开发、招商引资以及公共配套建设奠定良好发展基础。

1. 园区拓展原则

产业新城区域选定一般需要跟紧国家政策导向。比如，目前华夏幸福产业新城项目主要围绕北京为核心的环渤海经济带和以上海为核心的长江经济带，并拓展到河北沿海地区、辽东半岛、四川盆地、长江中下游地区。园区区位选择上，聚焦核心大城市周边地带、快速轨道线的衔接地带、城乡落差较大的价值“洼地”，以发展县域经济为主轴，走出了一条政企合作共赢的新型城镇化之路。

图4-3　华夏幸福产业新城的分布

2. 制定区域发展规划

产业新城规划及开发应充分依托“外脑”，吸取世界产业新城开发运营的有益实践经验，比如麦肯锡、IBM、毕马威咨询、罗兰贝格、DPZ（美国城市空间规划公司）等世界级管理咨询公司。产业新城投资企业对拟选定区域，外部咨询公司可以从全球视角为区域制定精准的产业发展规划、城市空间规划、资源获取计划等先导性规划设计方案。在区域规划方案的设计过程中，还需要根据区域的自然禀赋、人文特色、经济发展等关键因素进行有针对性的策划设计，并与当地政府进行多轮沟通，找到区域发展的“痛点”与“关键点”，从而使区域规划的产业发展、人居环境能够体现出区域特色。整体规划完成后，就开始在规划框架下和当地政府谈项目落地的具体事宜。一流的产业新城规划和建设模式，可以大幅提升县域经济的产业层次，尤其得到了大城市周边经济欠发达的县级政府的高度认可。如此，可以将世界一流的城市规划、产业规划带到当地，对于急迫发展经济的县级政府而言，可谓是“雪中送炭”。在后续的开发过程中，也有助于与政府形成对等的、共赢的、紧密的合作关系，助力项目的顺利推进。

3. 与政府合作模式设计

对于成熟的、实力较强的城市产业新城开发商（以下简称开发商）而言，其与政府所签订的合作开发经营协议多为“排他性的”、非经开发商同意不可撤销或变更，属于独家委托。在委托期限内，开发商负责对园区的规划和建设，拥有相对强势的话语权。在园区前期的规划建设阶段，政府也为开发商提供绝对稳定的收益保障（一般情况下，政府按照110%与企业结算前期基础设施建设成本，主要弥补前期垫付资金的资金成本）。

一般情况下，政府对开发商的整体委托开发协议，并不改变委托区域的土地权属，即土地所有权仍归地方政府（集体）所有。因此，不同于传统工业地产开发商需要通过招拍挂获取土地使用权，公司无需支付高昂的园区土地费用，即可获得园区土地最多高达50年的委托管理权（平均委托开发期30年）。而我国工业用地使用权的年限规定为50年。相当于公司以近乎零土地成本的轻资产状态参与园区后续开发的各个盈利环节。

4. 产业新城产品线

在我国产业新城开发运营商业化的实践已近20年，目前已形成了较为完善的标准化产业新城产品线，为后续托管产业园区的招商、地产开发及公共配套建设奠定有利条件。

以河北固安产业新城为例，截至2014年12月底，固安产业新城累计投资超250亿元，园区累计完工厂站21座；道路完工107条，面积419万平方米；景观完工46个，面积273.9万平方米；还包括排水、供水、供热、供气、供电、通信管网等配套设施建设，在规划范围内实现了“九通一平”。

为实现生态环境的持续提升，固安产业新城已建设完成14万平方米的中央公园，200万平方米的城市环线绿廊、13万平方米孔雀大湖、50万平方米大广带状公园、100万平方米中国（固安）单车运动中心等八大公园，形成“一核一环两廊多片”的城市景观体系，园区绿化面积约500万平方米，助力“产城融合”可持续发展。

表4-1　土地一级开发标准化产品线

产品线	产品		开发模式
“九通”	道路	主干路网、支路网、桥梁、涵洞、导示系统，道路绿化	自主开发
	供水	供水厂、供水管线	自主开发
	供气	燃气站、燃气管线	自主开发
	供热	供热厂、热力管线	自主开发
	雨水	污水处理厂、雨水管线	自主开发
	污水	污水处理厂、污水管线	自主开发
	电力	变电站、电力管线	引入合作
	电信	电信基站、电信管线	引入合作
	有线电视	有线电视管线	引入合作
“一平”	土地平整	土地平整	自主开发
基于产品的增值服务	魅力体系	景观升级、地标	自主开发
专业服务	区域发展规划	区域战略规划、区域产业规划、城市空间规划（概规、总规、控规、市政、详规、城市设计）	自主开发
	城市品牌营销	城市形象定位、城市品牌包装体系、城市形象广告、城市公关活动	自主开发

（二）园区地产（住宅）业务模式

1. 拿地策略

一般情况下，产业园区会配有30%的住宅用地，开发商通过招拍挂拿地，进行园区内住宅的开发。独特的拿地模式有助于形成一二级开发协同联动，这样可以根据战略、资源、资金状况自行把握拿地及开发节奏。同时，一二级联动还有助于开发商能够低成本优势拿地。

2. 开发策略

地产开发是产业新城开发商将利益变现的主要方式，虽然园区住宅用地一般仅占园区面积的30%，但开发进度要远远快于其他性质用地，所以在已开发土地中占比较大。产业新城开发商在大城市周边开发的住宅，客群主要以大城市的客户为主，一般情况下大约占80%，产品主打性价比和未来升值预期。这样一来，在园区开发前期就能快速产生现金流，为园区开发提供资金支持。

从开发项目规模来看，产业新城开发商的住宅开发一般为百万平方米以上的大盘开发，项目通过分批次取得土地，每期建设规模在15万~20万平方米，旨在提高投入资金的使用效率。

3. 营销策略

要使园区内住宅快速去化，创新性营销策划必不可少。一般情况下，普遍采用的营销策略主要有以下五点。

一是形成网络式拓客模式（由形象展示中心、客户中转站、拓客网点和客户通路组成），将大城市中心区域划分为若干个大区（5公里半径），分区深耕。

表4-2 网络式拓客模式

拓客模式	形象展示中心	客户中转站	拓客网点	客户通路
功能及方式	市内样板展示中心（配置样板间）	销售人员、客户、资料中转	社区、写字楼、超市、批发市场、影院、地铁站、集中商业	企业拓客、政府机关拓客、社会资源拓客、口碑拓客（老带新）、消费场所拓客通路、子女拓客通路（幼儿园等）、网络召集拓客通路

二是建立联合销售渠道，联合具有拓客能力的公司进行拓客，促进拓客渠道资源扩大。依据拓客能力重新划分销售份额配比，促进合作资源主动拓客。

三是打造精英团队，集结式作战，强销模式，集结式资源渠道、集结大规模销售人员、集结管理精英，进行强销。

四是以客户量、销售力为核心重建销售组织。重划集团营销职能线，强化集团资源整合及管控能力；成立精英团及拓客团队，对集结作战及拓客模式策略强力执行。

表4-3　联合销售渠道举例

销售渠道	销售额（亿元）	份额占比	关键举措	拓客指标	客户量目标
合计	500	100%			24万组
代理公司	55	11%	代理公司自建渠道拓客	渠道拓客6500组	代理自建渠道新增拓客6500组；推广渠道2万组
自销团队	120	24%	自销团队建立拓客渠道，2个拓客区域	渠道拓增1万组	自销新增拓客1万组 推广渠道2.7万组
分销公司	175	35%	引入区域分销公司	销使1000人；派单人员1000人	渠道带客8.4万组
网络自由经纪人	25	5%	扩大民兵团、安居客网络经纪人合作范围	网络自由经纪人2万	渠道带客2.7万组
二手经纪公司	125	25%	启动2000家二手门店，二手经纪人数量达2万人，引入麦田房产、丽兹行	2万人・0.5组/人・月	经纪人带客6.5万组

注："一组客户量"是指一起结伴看房的人称之为"一组"，如3个朋友一起看房，那么这三个人就是一组。

表4-4　集结作战营销策略

关键举措	目的	集结作战资源及人员目标
集结全渠道资源强销	渠道资源上保障结果	强销项目集结5大渠道资源强销： 传统代理公司团队、区域型代理公司、二手经纪公司、派单、销使带客资源、网络式自由经纪人资源
集结大规模销售人员强销	销售人数上保障结果	如：强销项目销售人员数量500人；渠道人员数量2500人；代理420人；自销60人；二手经纪2000人；网络自由经纪人300人；派单及销使500人
集结管理精英强销	管理团队上保障结果	形成集结作战精英团队，强销项目集团直接操盘

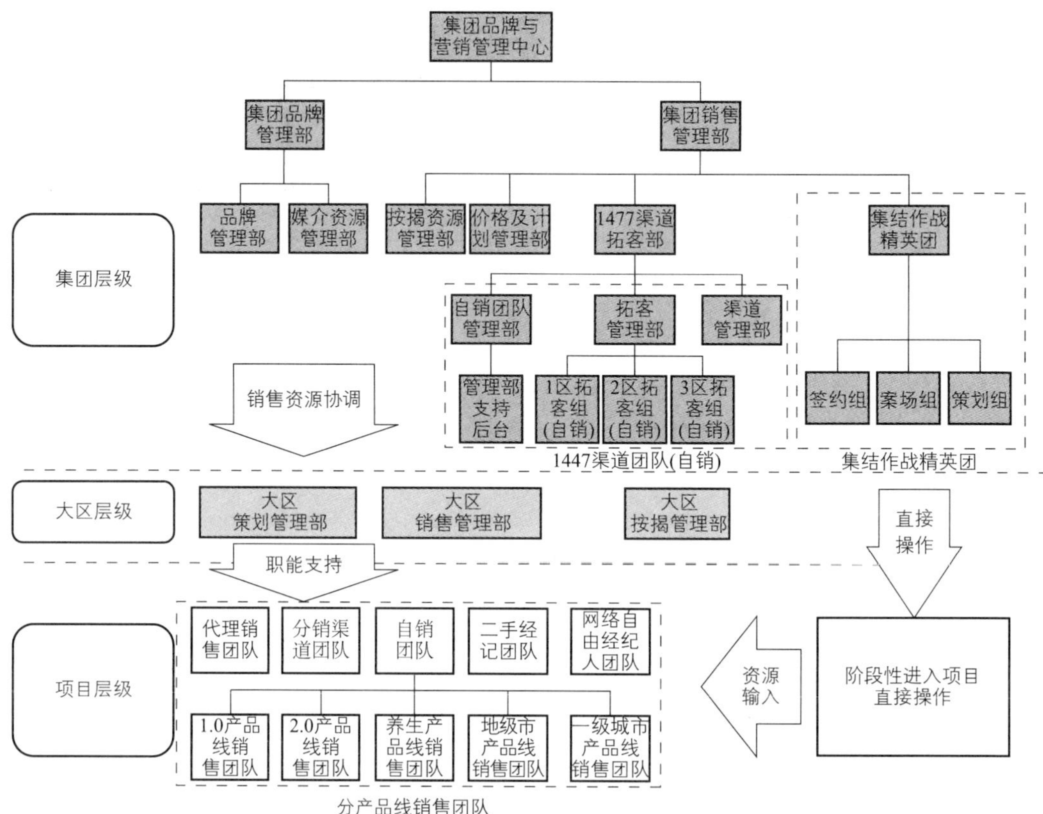

图4-4　销售组织重建

五是专设自销团队管理部，强化对自销团队的管理、培训，促进销售力提升。

4. 产品策略

优化的产品组合是产业新城独具吸引力的关键所在。以产业新城投资运营商华夏幸福为例，华夏幸福旗下产品主要有“孔雀城”、“大卫城”和“华夏系列”等。华夏系列为公司早年在市区开发产品，目前公司的主打产品是位于京郊园区占地千亩以上的“孔雀城”，截至2015年底，已开发的孔雀城达到30余座，其中包括知名的固安永定河孔雀城、大厂潮白河孔雀城、怀来八达岭孔雀城等产品。

从孔雀城产品定位与客户定位来看，孔雀城的产品涵盖景观高层、洋房、别墅等中高端产品。产品采取“相对好，绝对便宜”的产品策略，主打性价比，均价5500～10000元/平方米，客群以北京客群为主。据统计，85%～90%为北京客群，10%为进驻园区企业的高管。

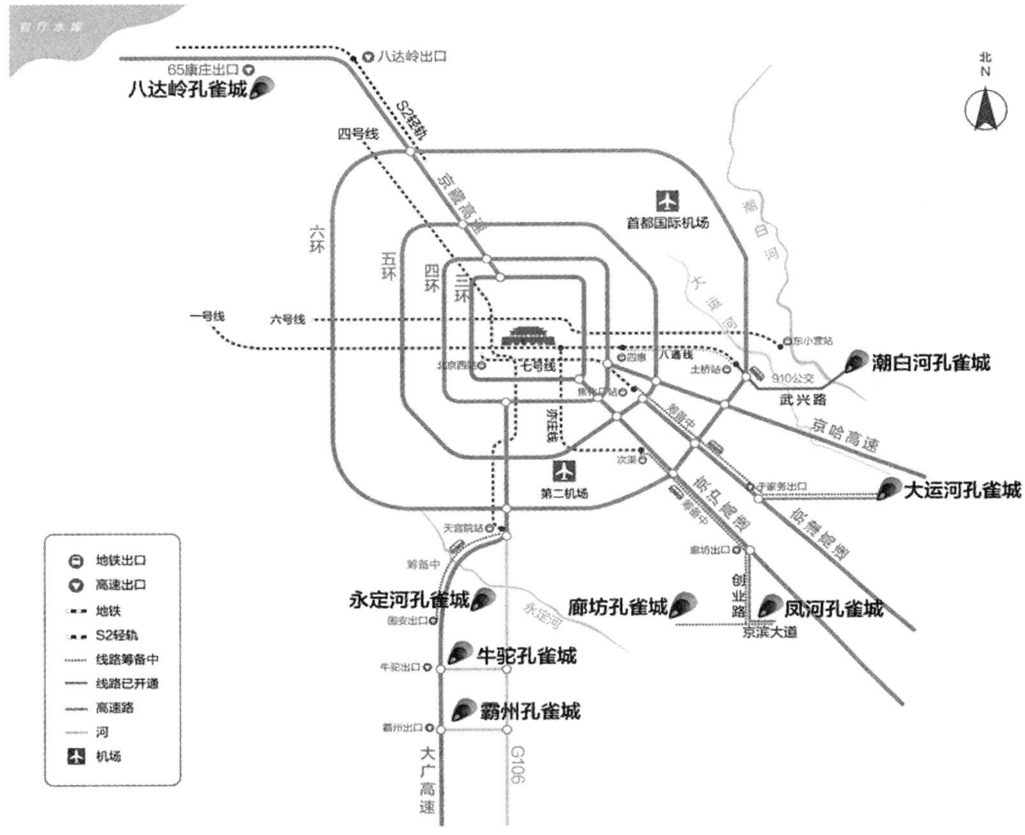

图4-5 环北京地区孔雀城分布

此外，完善的公共配套也是地产产品的一大亮点。园区核心区用于展示形象的中央公园、规划展馆、星级酒店等配套先行开建，为住宅开发提供支持，同时地产项目还规划了学校、康体中心以及融餐饮、娱乐、购物为一体的商业街等的功能齐全的生活配套，对项目的销售起到极大的支持作用。如固安区域配套有固安规划馆、国际自行车公园、创业大厦、喜来登福朋酒店、幸福港湾（商业项目）、北京八中固安分校等公共配套项目都已经进入营业状态。目前，拟筹建的重大项目还有固安万人体育场项目，未来拟成为中国足球甲A联赛举办场馆。

此外，产品建筑与园林风格对产品的价值也有较大影响。以大厂潮白河孔雀城项目为例，该项目平均容积率为0.8，建筑设计为南加州建筑风格，采取了坡屋面、涂料墙面，毛石墙基座的形式，建造成本相对较低；园林投入较大，具有较强的绿化效果。

图4-6　潮白河孔雀城实景拍摄图

潮白河孔雀城借助项目景观资源，创造了平原森林、森林公园、湿地公园、群英河、九曲花街等景观概念，提炼了花园耕种、林中漫步、花影下午茶、花街畅游、水岸一日等生活化场景，并对生活化场景进行深化，例如“花街畅游”就包含提炼了广场、拾穗乐园、薰衣草环岛、孟特芳小径、马奈草地、记忆之谷、星夜半岛、落日码头等众多的休闲元素，从而提升了整个产品的内涵，增加了产品的价值。

（三）产业发展业务模式

“产业”可以说是产业新城开发商区别于传统房地产企业的根本所在，是产业新城开发的核心能力。本节标题之所以没有用“产业招商”，而是用“产业发展”，因为招商只是产业发展的起点，对于产业新城开发运营商而言，产业发展涵盖了从产业引进、中期建设到后期运营服务的全流程。

总体上看，产业发展业务模式主要包括五个维度，即团队体系、方法体系、平台体系、产品体系以及支持体系组成。各体系间环环相扣，已逐步形成了完整的产业招商与产业发展的体系链。以产业研究院、园区网和产业中国三大平台为中心，为区域发展和招商引资提供支持，坚持以招商龙头企业为核心，直接和中介实施产业链招商相结合的方法，并通过产品体系中心为不同地方政府提供多层次的产业模式选择，兼顾地方政府和园区企业的需求。

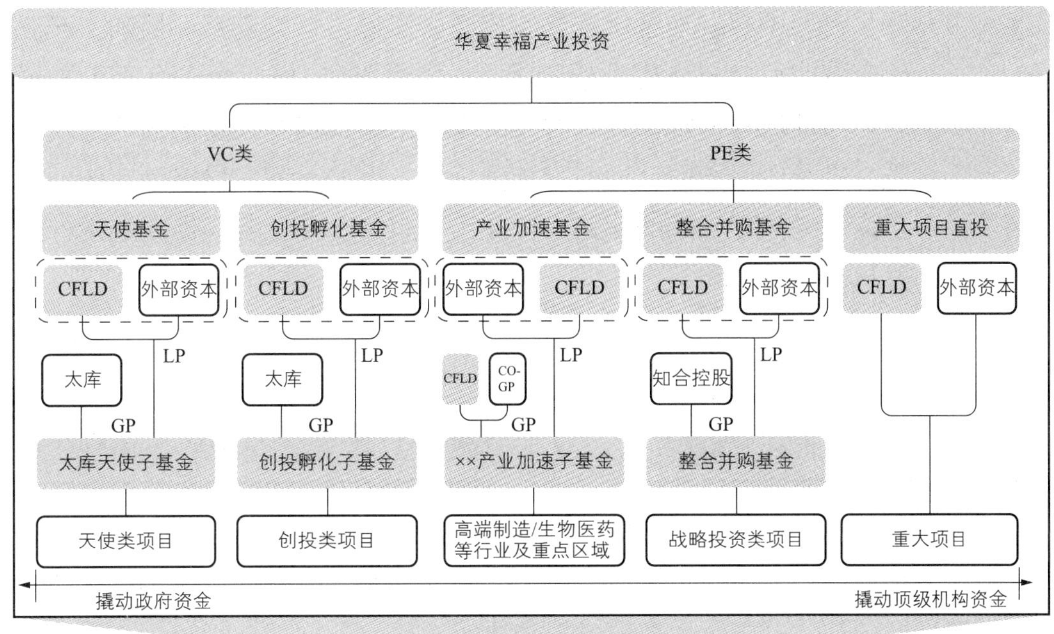

图4-7　华夏幸福产业投资模式

1. 团队体系

产业招商和产业发展是产业新城的核心竞争力所在，经过多年探索培育，目前华夏幸福已经培育出了一批专业化的招商团队。截至2015年年末，华夏幸福拥有专业招商团队500余人，这也是目前中国规模最大、最为专业化的招商团队。按区域和行业划分，并针对全国性大客户设立50人专门团队。华夏幸福对招商能力的打造尤为重视，按照大型央企、大型民企、中小民企等客户群将500多人的招商团队进行细分，并配之相应的资源。自2012年以来，华夏幸福成功与中国航天科技集团公司、中国联合航空有限公司、清华大学、北京电影学院等企事业机构建立战略合作关系，证明公司招商团队具备相当的实力。

2. 平台体系

产业研发对产业招商和产业培育具有重要作用。产业新城投资运营商华夏幸福以产业研究院、园区中国网和产业中国三大产业集聚平台为中心，为区域发展和招商引资提供智力支持。目前，产业研究院拥有40多人专业研究团队，负责研究中国（新兴）产业发展趋势与地域分布规律等，并在此基础上寻找具有投资价值的开发区域并进行价值论证。同时，与麦肯锡、IBM、罗兰贝格等全球顶尖咨询机构建立长期的战略合作关系，有利于保证各项目规划设计方案具备较高水准。

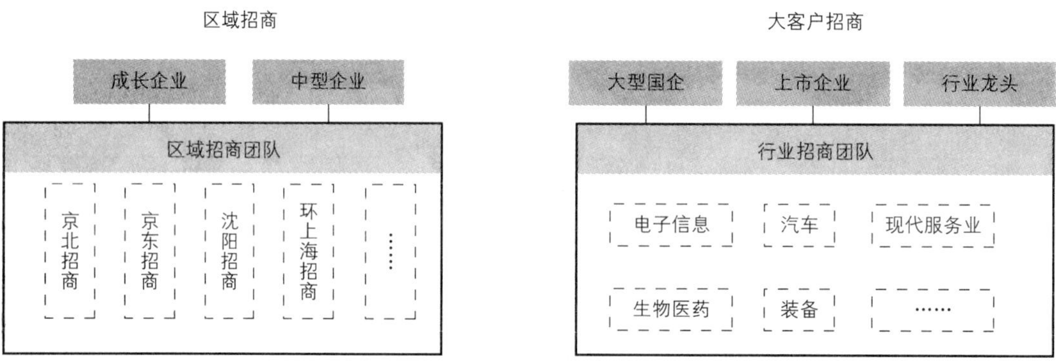

图4-8 产业招商团队体系

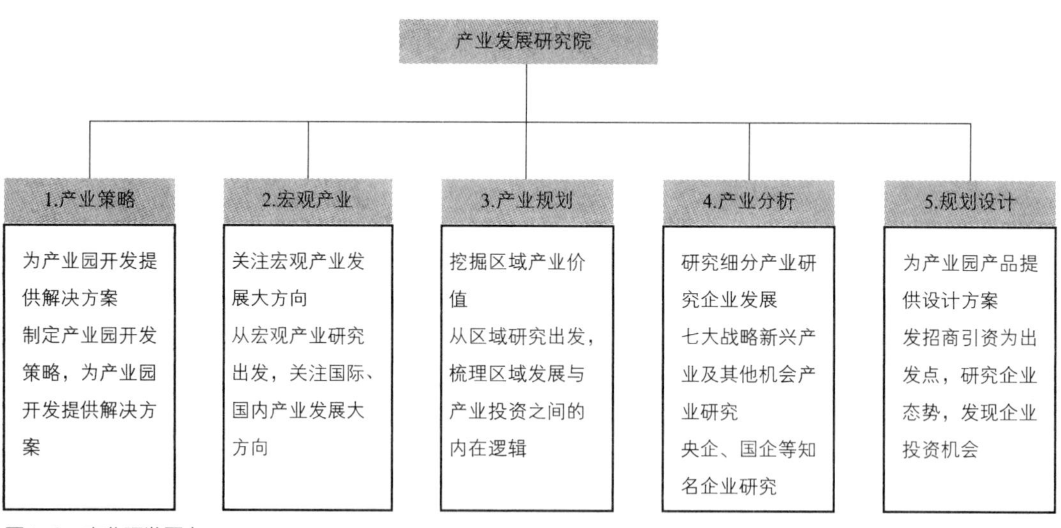

图4-9 产业研发平台

3. 方法体系

产业发展以引进龙头企业为核心，以打造产业集群为目标，通过直接招商和中介招商两种主要方式，实施产业链招商，最终形成一个庞大的客户及项目管理库系统（CRM + Call Center）。目前华夏幸福产业招商覆盖各园区主导产业活跃企业数据14万条，主要企业负责人信息13000条，在“大数据”来临的时代，公司优质的客户资源和人脉储备为公司实现区域招商的快速推进奠定基础。

更重要的是“大数据”在传统传媒、互联网、计算机领域的颠覆影响，让我们可以憧憬产业招商“大数据”体系未来无限的业务衍生空间。通过多年积淀之后，强大的招商能力还可以将招商引资、产业发展打造一个完整的产业模式链，完整的招商引资体系和优质的客户资源储备，有效地形成整个招商引资模式的“护城河”，使得竞争对手无法通过简单的模式照搬和挖人实现持续发展。

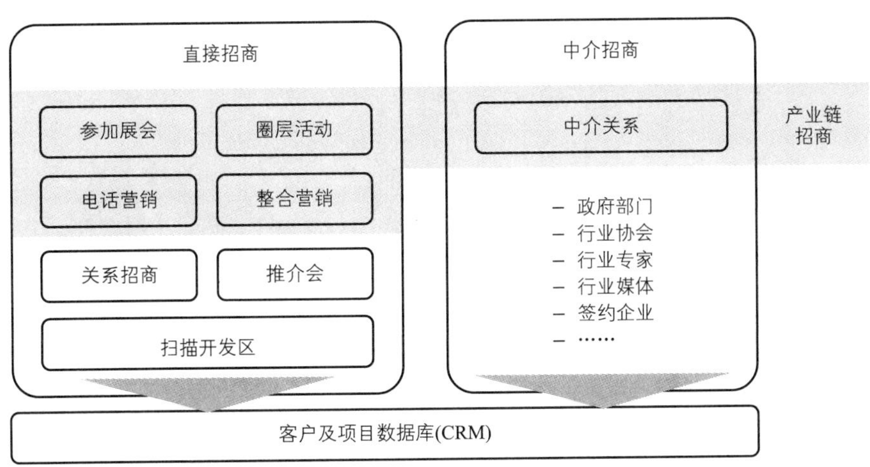

图4-10　产业招商方法体系

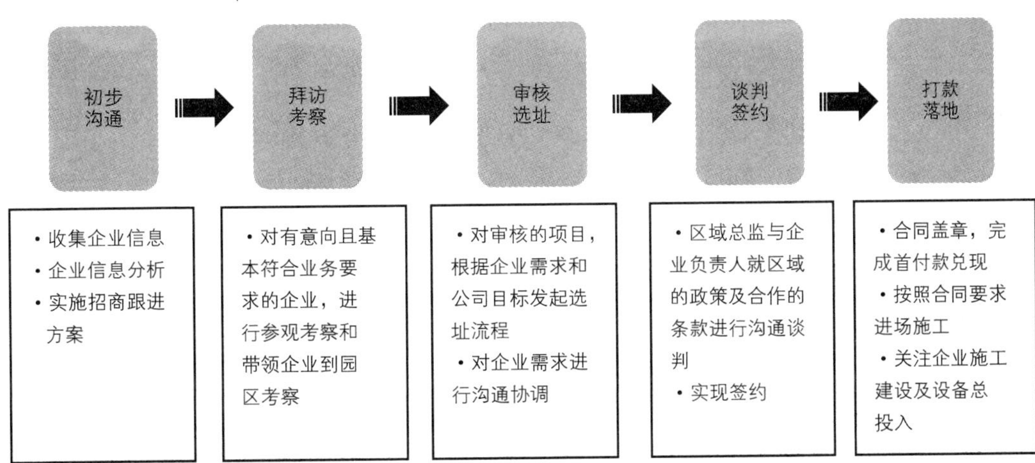

图4-11　企业入驻园区的规范化流程

4. 支持体系

产业新城运营商通过CRM（客户关系管理）系统构建的“大数据”中心，覆盖目标产业，精深入挖掘客户投资规律。此外，产业招商业务投资服务部还可以设置24小时服务指挥中心，为入园企业提供24小时全天候服务，提供“全程无忧管家式服务”，对入区企业实行封闭式管理，协助入园企业处理与政府各部门有关的事宜，为投资者营造温馨的投资环境。

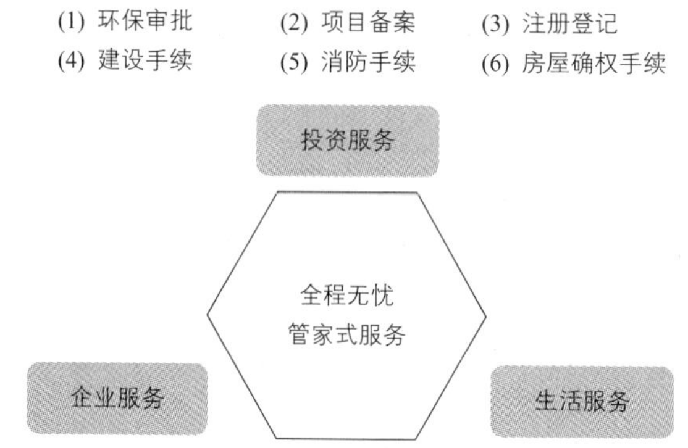

图4-12 为入园企业提供的全程无忧管家式服务内容

5. 产品体系

针对不同客户需要，产业新城运营商应提供港类、产业基地类等多层次产品系列，其中港类产品与产业基地形成“四港一基地”，这就是产业发展的产品线。需要说明的是，产业园是一个总体概念，或者说是一个区域概念，而“四港一基地”则是一个产业园根据产业属性不同而提供的产品，可以说，产业园是“四港一基地”的总称。

从产品运营模式来看，港类产品主要以出租为主，基地类产品主要以出售为主。

在做好传统产业发展业务基础上，优秀产业新城运营商积极应对“大众创业、万众创新”政策对未来中国产业创新的影响，开始大力发展孵化器，以四类孵化器为载体，形成新的技术和商业模式，提升产业竞争力，推动产业发展模式创新。

孵化港

- 以促进特定产业，如生物医药、文化创意等高新产业的科技成果转化，培养高新技术企业为目的的科技创业载体及其服务体系。
- 开发规模: 500~1000亩
- 开发周期: 5~8年

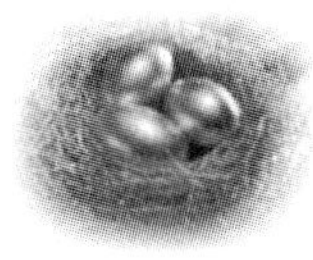

产业港

- 以装备制造、汽车零部件、节能环保等第二产业的制造型企业为主力招商对象，以厂房为主要建设载体，具有明确的主导产业方向和显著产业集聚特征的园区。
- 开发规模: 500~1500亩
- 开发周期: 5~8年

科技港

- 以科技服务、生物医药、软件开发、智慧城市应用等科技行业的制造和研发环节企业为主要招商对象，以中试研发楼、低密度商务办公楼为主要建设载体的园区。
- 开发规模: 500~1000亩
- 开发周期: 5~8年

商务港

- 主要满足企业管理、营销办公需求。位于城市中心、轨交附近或拥有独特资源的地区，以办公功能物业为主导的园区。
- 开发规模: 小于500亩
- 开发周期: 3~5年

产业基地

- 在航空航天、专用车、新兴显示等行业中，围绕龙头企业入驻形成的，具有制造、研发、办公、服务配套等多种功能及载体的大型综合性园区。
- 开发规模: 2000亩以上
- 开发周期: 6年以上

图4-13　产业发展业务产品线——“四港一基地”

表4-5　华夏幸福孵化器设立情况

	2014年	2015年
海外孵化器	美国硅谷孵化器	德国孵化器
		日本孵化器
国内孵化器	固安肽谷生物医药	电子信息
	固安新材料	固安创客
	固安清华	
	大厂影视创意	

针对传统产业的产能过剩和区域创新能力的不足，华夏幸福给出了答案，即“合纵连横”和“创新孵化”。截至2015年年末，华夏幸福已经与几十家央企、科研院所建立产业联盟，其中包括清华大学、京东集团、航天科技集团、北汽通航等。跟随华夏幸福的脚步，清华大学中试孵化基地、电商综合产业园、航天产业园、通用航空产业园等纷纷在固安、香河、大厂、怀来、嘉善等地开花结果。

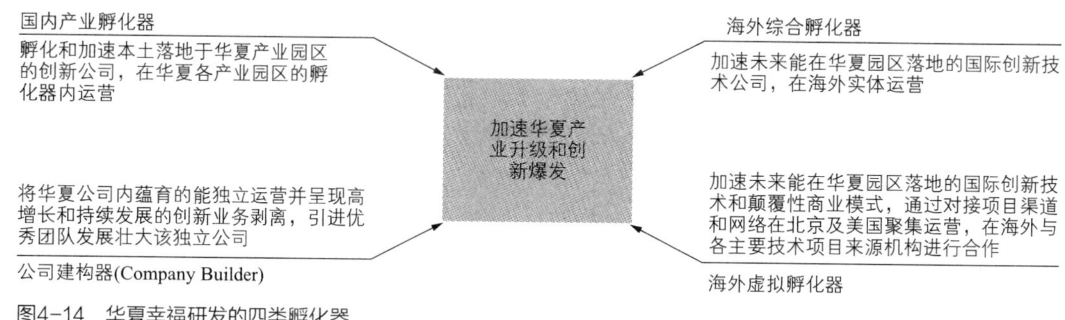

图4-14　华夏幸福研发的四类孵化器

华夏幸福对于那些在中国最具潜力、最需要的新兴产业与科技创新技术更是加倍珍视。因此，在海外创新技术和创新思维的聚集地，积极设立海外孵化器，去培育和加速高新技术产业项目，待项目成熟后，再引回国进行产业化转化，由此建立一个完整的孵化创新的驱动模式。

通过创新、聚集、整合多样化的产业、商业、资本、城市等外部资源，未来将衍生出更多各色各样的传统业态和创新业务，并通过合理的制度设计和专业化服务，创造出永续发展、互利共生的平台生态系统。

简言之，做孵化器的目的在于培育新兴产业，这就类似风险投资，对每个孵化项目投资一般在几十万到几百万元，未来如果发展壮大了，就可能会发展成为主导产业，并衍生出诸多配套产业，从而使原有的产业园规模更大，更具有辐射力和带动力。就类似美国硅谷，苹果公司开始之初其实就是一个“idea”（想法），后来有风险投资公司投资了几百万美元，进行智能移动互联的孵化研发，成功后，苹果公司快速发展壮大，实现了产业的大量集聚和巨大的带动力。Facebook也是如此。上述战略要素共同构成了产业新城模式的核心竞争力。该模式看似并不复杂，但实际在开创过程中，需要巨大的勇气和极高水平的智慧。

6. 孵化器的运营

孵化器作为推进大众创业、万众创新重要载体，对新兴高附加值产业的培育和集聚具有重要现实意义。本节就孵化器的建设及运营模式进行重点分析讨论。

（1）**孵化器的概念**。孵化器，英文为incubator，本义指人工孵化禽蛋的专门设备。后来引入经济领域，指一个集中的空间，能够在企业创办初期举步维艰时，提供资金、管理等多种便利，旨在对高新技术成果、科技型企业和创业企业进行孵化，以推动合作和交流，使企业"做大"。

美国孵化器专家鲁斯坦·拉卡卡认为：企业孵化器（business incubator）是具有特殊用途的设施，专门为经过挑选的知识型创业企业提供培育服务，直到这些企业能够不用或很少借用其他帮助将他们的产品或服务成功地打入市场；企业孵化器在中国也称高新技术创业服务中心，它通过为新创办的科技型中小企业提供物理空间和基础设施，提供一系列的服务支持，进而降低创业者的创业风险和创业成本，提高创业成功率，促进科技成果转化，培养成功的企业和企业家。在台湾地区叫育成中心，在欧洲一般叫创新中心（innovation center）。

（2）**孵化器发展历程**。自1959年第一家孵化器"贝特维亚工业中心"在美国诞生至今，孵化器行业走过了近50年的发展历程，截至2006年全美孵化器数量约1200家（LindaKnopp，2007），为美国科技型中小企业创业和新经济发展作出了卓越的贡献；中国第一家孵化器武汉东湖创业中心创立于1987年，至今已有20年的历史，截至2006年底，全国孵化器总数已达到548个，据不完全统计，2006年毕业企业创造的营业总收入达1745亿元，已经成为中国区域科技创新的重要力量、科技成果产业化的重要基地。

（3）**孵化器的服务内容**。美国全美孵化器协会研究资料显示，成功孵化器的服务项目包括：网络支持；互联网或信息技术服务；咨询；联系战略合作者；商业计划支持协助获取天使投资或风险投资；联系大学研发机构；帮助可靠的学生实习或就业；管理团队发展；财务管理支持；知识产权支持；法律服务；提供专业实验设施；人力资源管理支持；产品或技术开发支持；与技术相关工艺的支持；国际贸易支持等。

北京交通大学李岱松博士将中国企业孵化器提供的服务整理为以下四类：一是一般性服务，包括场地、商务设施等；二是管理咨询服务，包括一般性商务代理服务和制定战略、管理制度、人力资源管理制度、市场分析、专业知识培训等；三是投融资服务，包括协助获得政府资金、申请担保贷款、直接向企业进行投资、与风险投资结合等；四是专业技术服务。投资服务是孵化器核心服务功能之一。

（4）孵化器的发展趋势

一是专业化。从现有孵化器发展情况看，中国企业孵化器必将朝着专业化方向运营，这是企业生产或营销体制改革的趋势。一般情况下，企业孵化器是针对高新技术成果、科技型企业、创业企业三种类型进行孵化，这类企业无论是科研成果或是技术成果，都处于领先地位，坚持专业化经营是不可缺少的，应安排专业层次达标的人员参与孵化活动。

二是孵化器组织管理进一步网络化、社会化。网络的建立和完善是孵化器建设的关键，任何国家和地区的孵化器要得到更好的发展，都是通过网络管理和孵化器协会得到的，经验的交流、开展的各种协作、人员的培养等规范化管理都体现了对网络的需求度。孵化器网络可分为协会和非协会两种形式，工作是对新创办企业进行引导和支持，欧美孵化器网络是以行业协会的形式出现的，美国的科技企业孵化器协会提供了更细致全面的服务。国内孵化器网络有这两种模式，以北京和上海最具代表性。北京创业孵育协会是北京各类咨询、投融资、科研院所和高新技术产业合作创立，上海孵化器的网络协会是集创业计划、资源共享、投资融资等工作的开展推进为主要功能的。而前者更善用社会的丰富资源对于孵化器提供支持，而后者与政府机构的关系相对密切，能够更好地发挥政府引导，使企业得到更集中的优势。

三是孵化器运作模式多样化。每个国家建立孵化器有不同的目的，有的是为了更好地促进地区的经济发展和扩大就业，有的是为了更好地培养高新技术企业，扩大其发展为目的的。不管采用何种方式，根本是为了通过孵化器这种模式来更好、有效的培育科技型企业，从而为调整地区产业结构促进地区经济的发展发挥作用。

《中国企业孵化器发展研究报告2014》将科技企业孵化器分为四类：一是政府投资兴办的；二是由大学主办的；三是民营、私人投资的；四是政府与个人共同创办的。创办的主体尽管不同，但是都通过孵化器的这种模式获得各自的利益。学校通过销售产品盈利来支持技术的研究；政府不仅扩大了就业、解决了地区的经济发展，还有助于增加税收。中国科技企业孵化器建设也呈现多元化发展的方向，地方政府、高新科技园区、高等院校、民营企业、外资都有投资参与孵化器。

四是孵化器发展战略国际化。随着经济全球化的发展。走向国际是孵化器想要继续发展的方向，目前中国已经在北京、上海、大连等城市都成立了国际孵化器，并通过了国家科技部的认定。这类孵化器可以直接吸收国外成功经验和运作模式，为归国回来创业的海归创业者提供专业的技术、金融等服务体系。

（5）孵化器运作模式

①武汉市科技企业孵化器——CRO创业服务模式和SBI产权创业中心模式。武汉是全国科技企业孵化器建设的首家试点城市。其孵化器发展不但数量上大幅增加，服务质量也不断提升，推出各类专业化、个性化的增值服务。

一是新药开发的CRO服务模式。CRO（Contract Research Organization）即合同研究机构，就是接受企业委托进行新药研究服务的机构，提供药物开发和注册时必需的临床前研究、临床试验、数据资料分析、法规咨询等专业服务。

“健脑宁胶囊”是武汉健民中药工程研究中心花30万元从一家医院购买的治疗血管性痴呆的中药成果，在技术上具有一定的领先性，但必须经过严格的临床试验，研究中心缺乏足够的资金。创新生物医药孵化器有限公司决定对“健脑宁胶囊”提供CRO服务。双方约定孵化器公司投资70万元，占股30%，用于临床研究。试验快速顺利地完成，研究中心7个月就拿到了临床试验批件。新药从小试到临床，增值250万到300万元，达到了研究中心和孵化器双赢的结果。

二是SBI孵化模式。SBI（Shared Business Incubator）是企业孵化的一种运作模式，即产权式孵化器，通过对孵化器投资结构的重新设计来实现孵化器的商业化运作。SBI的建立，能够使孵化器的发展通过社会资本的广泛参与，完善孵化器的法人治理结构，增强孵化器的孵化能力和提高孵化器的管理水平，使广大社会投资者充分享受到创新企业与孵化器的成长性。

SBI创业街是武汉东湖新技术创业中心首创的产权式科技企业孵化器，是一种全新的“科技房地产”概念。孵化器的投资主体和投资方式都趋向多元化，投资主体主要有大机构投资者、中小企业投资者和个人投资者，投资方式可以分为托管投资型、自用投资型、回购投资型和信托投资型等。SBI产权式孵化器的出现将房产的所有权和使用权（经营权）有效分离，投资者在享有房产稳定增值的同时，将房产以每月12.15元/平方米的均价委托给专业的孵化管理公司经营，获得稳定、可量化的托管经营收益。可以说，SBI是一个在空间上放大、资源上有效整合的科技企业孵化器，与创业人社区同义，是企业孵化器发展到一定历史阶段的产物。

②清华同方技术创新模式——以孵化项目为基础建立内企

清华同方组建的初衷就是要建造一个联系知识创新源与知识应用终端的创新孵化器。依托清华大学强大的科技力量和自身作为上市公司的资金和管理实力，清华同方公司逐步建立起一种定位于创新孵化器的独特技术创新模式。

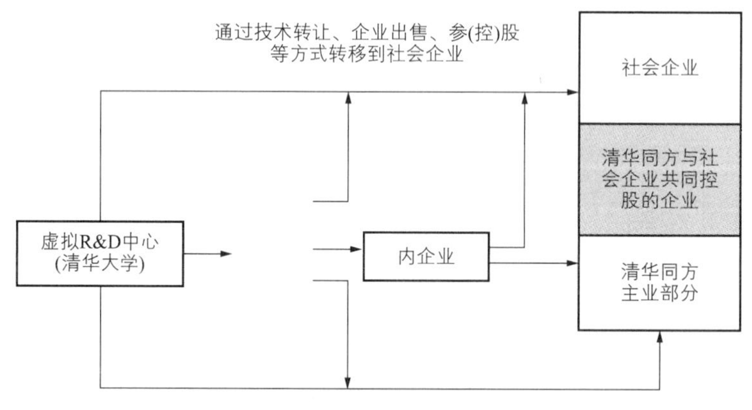

图4-15 清华同方的技术创新模式

清华同方形成了一套适合于技术创新孵化的组织制度。这套组织制度的核心是围绕项目成立一个创新小组，然后通过创新小组的运作与组织，不断完善技术，同时使其市场能力不断增强，队伍不断扩大。一旦项目孵化成功，则有如下两个层次的流向：（1）如果孵化项目可以形成一种成熟的技术、成熟的产品，可并入公司已有的主业领域，或直接转移到社会企业；（2）如果孵化项目足以形成一种新兴产业，则以孵化项目为技术基础，以创新小组为组织基础，建立起新的内企业（分公司、子公司、控股公司等），创新小组的成员以内企业家的身份进行技术创新活动，锻炼自身的管理和市场能力；内企业不仅可以为公司带来新的利润增长点，同时也可以在资本市场上被整体转让给社会企业。

多方面挖掘技术创新成果和项目来源，是孵化器持续发展的动力，也是清华同方技术创新孵化的新的主导运作机制。“反求孵化”就是这一机制的具体体现，“反求孵化”根据对市场需求的预测确定待开发项目，充分利用孵化器技术资源和科技人力资本进行相关项目孵化，从而形成新的产品，设置建立新的企业。“反求孵化”的技术创新项目更符合市场的需要，孵化的成果更容易为市场所接纳，能有效降低孵化器承担的风险。

③台湾企业孵化器经营管理经验——“小孵化”战略

实行“小孵化”战略，不囊括从“蛋”到“小鸡”再到“成熟的鸡”的全部过程，不单纯追求孵化出的企业上档次、上规模，不将孵化企业越大越好作为孵化目标；着力于创造新兴企业的良好成长环境，努力缩短孵化时间，提高资本流通与回收速度。

企业孵化器实际上是一种催化组织，形式如何不是其组织活力的决定因素。应该简化企业孵化器的组织形式，避免不必要的交易成本。

毕业条件的认定：①自动申请：入驻企业自动提出毕业。企业孵化器应针对这种情况提前制定相关规章。②被孵企业雇佣人数的规模：实际规定可以视情况和空间而定。国际通行做法，一般有人数不得超过20人或59人的规定。③孵化时间：一般为3年到5年，建议在孵期为3年，最多延长3年，且后3年的相关服务费用应明显提高。④空间需求：视孵化空间大小而定，但即使是面积较大的孵化器，也应考虑到孵化器管理机构的功能服务限度。⑤当被孵化企业与当初进驻时的具体条件情况有变化时，应重新申请或考虑。

台湾“创新育成中心”的管理组织构成如图4-16所示。

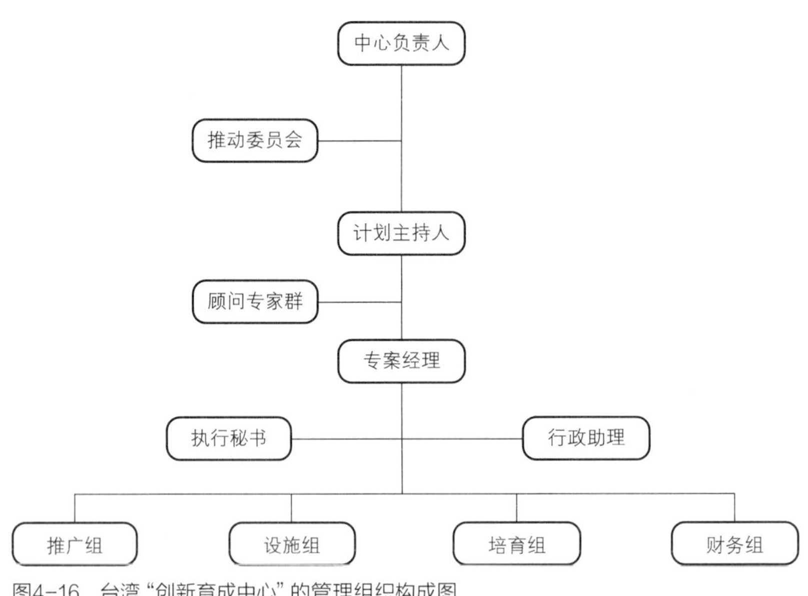

图4-16 台湾“创新育成中心”的管理组织构成图

④美国企业孵化器——租金财务平衡模式

全美企业孵化协会对孵化器行业所作的最新调查研究表明，财务平衡问题是孵化器面临的第一大生存挑战。“现金是上帝”，对孵化器来说，要达到财务平衡的关键是控制好现金流。在企业孵化器经历可行性研究、初创和高速发展期时，往往现金流为负数或者仅仅达到盈亏平衡。孵化器的创立者必须对这一负现金流的时间长度有准确预计。孵化器财务平衡存在各种动态因素，多数孵化器的收入来源和运营成本分类如表4-6所示。

表4-6 孵化器的财务平衡的主要动态因素

收入来源
1.租金收入
2.商业服务费用
3.为房客提供管理支持收取的费用（当期现金收入及递延特许权权益）
4.对一个或多个房客提供的财务支持或“投资”
营运成本
1.与房地产相关费用：租用某个建筑的租金、因购买某些设施及装修维护物业需要分期归还的贷款
2.提供共享服务的费用
3.员工工资
4.资本费用
5.其他管理费用如办公设备、营销原料和专家咨询费（如律师费、会计师费等）

对大多数孵化器来说，租金收入是其主要现金来源，形成现实的财务模型关键在于对租金收入作合理预期：

a.总共有多大的面积供房客候选人开办新创企业。这个条件对已经完成规划的孵化器来讲，往往是已经确定的因素。

b.预定收取的租金率为多少。孵化器应当鼓励房客以市场价格支付租金，但可以在支付方式上进行灵活调整。

c.在孵化器经营相对成熟和稳定的条件下，多少百分比的可租面积被房客租用。全美企业孵化协会的统计资料表明多数美国孵化器在3年内达到75%的占有率。如果孵化器采取积极主动的营销，可能保持90%左右的占有率，但如果采取消极的营销措施，或无法向客户提供有价值，通常只有50%左右的占有率，存在长期的现金流隐患。

d.应收租金款的回收率。在多数被孵化企业处在起步阶段，存在高度的财务风险和不确定性的情况下，期望达到100%的租金回收率是不合理的。如果采取积极的方式回收租金，一般能达到合理的90%~95%的应收账款回收率。

根据上述因素，可以列出相关公式：

财务模型所要求的租费总收入=可租总面积×每平方租费×平均占有率×平均回收率

在上述公式中，若干因子可以确定或者准确估计的情况下，可以对其他因子进行目标定额，并在实际执行过程中开展相关操作。

⑤以色列高科技企业孵化器——管理公司参股模式

20世纪90年代以来，以色列技术产业的发展举世瞩目，被世人誉为“第二硅谷”。“技术孵化器”计划的实施，为风险资本介入早期投资创造了条件，为高技术产业的发展提供了技术源。

a.孵化器功能定位明确。以色列企业孵化器计划对孵化器功能的定义为：支持具有“创新思想”的创业者，在技术开发风险最大的阶段给予全方位支持。功能的定位强调了房客企业的创新性和孵化器的全方位服务。以色列企业孵化器的定位也告诉我们，对一个孵化器的成功来说，被孵化企业的技术、产品和管理创新是根本的因素。如何在孵化初期挑选品质优良的房客，在很大程度上影响着企业孵化器的发展前景。

b.原始股权的设置最大限度地保护了发明人的权益。以孵化项目为依托成立的有限公司其原始股权设置一般为：发明人的股权不超过50%，公司职工的股权不超过20%，孵化器管理公司的股权不超过20%，另外20%的股权保留给私人投资者。保留给私人投资者的20%股权是为了早期引入私人资本，促使孵化项目早日与客户、市场沟通，提高项目成功率。

c.孵化后的良好政策和环境。以色列所有孵化项目毕业离开孵化器后，均可以继续申请“政府一般研究开发基金”的支持，该项基金年度预算有近4亿美元。同时，鼓励孵化项目毕业后到边远地区的科技工业园落户，享受有关税收和购买固定资产等多方面的优惠。

d.以色列的企业孵化器对孵化项目的初始筛选通常需要符合以下要求：技术上创新并且能够生产系列产品；市场预测能开发至少50万美元以上的国际市场；创业群体必须具备良好的合作和团队精神；能够满足和遵守孵化器其他规定。孵化项目成功与否，通常从以下几个方面加以评价：技术上是否有里程碑式的进展；市场上是否已经有了直接的客户或者战略合作伙伴；能否妥善处理知识产权；是否具备了经营管理和市场开拓能力。

（四）公共配套业务模式

产业新城公共配套项目投资回收期基本上都在10年以上，短期内难以产生净现金流。因此，公共配套的真正价值在于其与地产和产业园形成协同效益，共同构成一个完整的城市生态系统，从而快速提升新拓区域的人流、物流，加快地产销售以及产业园招商引资。

1. 产品组合

产业新城公共配套模式可以分为三大类，即“大而全”的固安模式、“中而全”的大厂模式、“小而全”的怀来模式。“大而全”模式主要产品包括酒店、shopping mall、奥特莱斯、学校、医院、图书馆、中央公园、研发中心、体育场、主题乐园、会展中心等，几乎涵盖了一座城市中的所有功能元素。

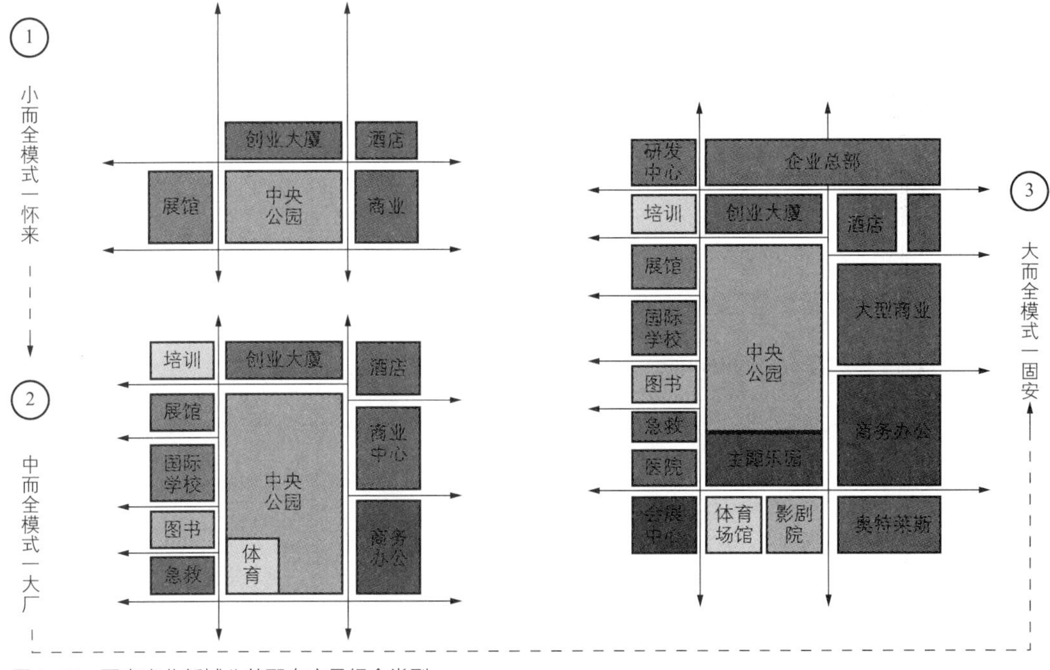

图4-17　固安产业新城公共配套产品组合类型

从图4-17可以看出，目前固安产业新城已经完成或建设中的主要城市功能设施包括：以中央大道金融街区、锦绣大道SOHO办公街区和迎宾大道高端总部商务办公街区为载体，建设百万平方米商务楼宇，形成集金融服务、商贸服务、总部办公为一体的楼宇经济示范区。

以中央公园为核心，建设现代中等规模城市核心区，集中布局国际品牌星级酒店、创业大厦、北京八中固安分校、幸福港湾、规划展馆、体育公园、单车运动中心、幸福医院等高品质城市配套，与北京世界级城市全面对接。

此外，优秀产业新城运营商还需用智慧的方式思考城市管理和城市运营，建设智慧城市运营中心和产业新城智慧平台及智慧基础设施运营平台，实现城市资源优化配置和高效利用，促进信息技术在城市交通、城市管理、灾害预警等领域中的广泛应用，让产业新城的经济社会发展的“智慧环境”优化升级。

2. 轻资产运营

由于产业新城配套设施大多为持有不动产，如酒店、医院、学校、体育场等，其共同的特点就是资金占用量大、投资回收期长、现金流平衡难度大。但从产业新城区域整体上看，这些配套设施却能大幅提升产业新城所在的区域土地价值、提升区域形象，并使产业新城各业态形成有机统一的社会生态系统，加速推进产城融合。要解决该问题，就需要统筹算好“经济账”和“社会账”，但在经济可行性上，需要改变以往采用“重资产”的开发模式，大力推进“轻资产”开发运营，最大限度盘活不动产。下面以万达轻资产转型为案例进行阐释。

（1）万达转型轻资产

万达商业地产的主要产品是城市综合体，这种产品模式就是建设一个大型万达广场，旁边配套建设一些写字楼、商铺、住宅等，把配套物业进行销售，用销售产生的现金流投资持有的万达广场。因为中国没有支持长期不动产投资的金融产品，所以万达只能以“售”养“租”。万达广场建成后自己持有经营，全部租金收益归万达，这种模式叫重资产模式。

而轻资产模式则是投资建设万达广场，全部资金由投资方出，万达负责选址、设计、建造、招商和管理，使用万达广场品牌和万达全球独创的商业信息化管理“慧云”系统。所产生的租金收益万达与投资方按一定比例分成。这是一种全新模式，万达去年开始研发，现在已开始运行，这就是万达广场轻资产模式。

万达商业地产的转型方向要以轻资产为主。截至2014年，万达已开业109个万达广场，持有物业面积将超过2500万平方米。2016年万达计划开业50个万达广场，其中超过20个是轻资产。2017年以后，万达将保持每年至少开业50个万达广场的速度，其中40个以上是轻资产。万达现在有9000多万平方米的土地储备，其中2000多万平方米规划为万达广场等持有物业，还有7000万平方米销售物业。万达定了一个目标，5年内把这7000万平方米销售物业消化掉，可能5年以后，万达广场将没有重资产项目了。这意味着五年内万达商业地产将去房地产化，转型为一家商业投资服务企业，类似于酒店管理公司，完全轻资产化。

（2）选择向轻资产转型的原因

万达的重资产不是发展得不好，也不是没有发展空间，中国的城市化还在进行，行业里模仿者也是众多。那为什么果断转向轻资产？原因有以下几点。

一是扩大竞争优势。2015年底万达开业的广场135个，规模全球第一。但对于有近14亿人口的中国消费市场来说，万达认为规模还是太小，要扩大竞争优势，必须做得更大。重资产受制于房地产周期，市场火的时候房子卖得很好，现金回流很快，发展起来容易。但中国房地产已走到供需平衡的拐点，躺着挣钱的高利润时代已经过去，今后房地产要靠品牌、定价、营销等方方面面都做得好才行。重资产模式虽然还能发展，但难度在加大。要快速扩大规模，就要转型轻资产。由于万达广场有品牌，足以吸引各类机构、个人都主动找万达要求投资。所以，现在有句名言："生意做得最牛的是拿别人的钱做自己的事"。万达要在五年之内做到足够大，彻底排斥掉竞争对手，万达是在挖更宽更深的护城河。

二是发展中小城市。可能会有人存在疑问，万达为什么不集中在一二线城市发展，三四线城市房价租金有那么高吗？这可能是对不动产理解不深的缘故。不动产最核心的指标不是房价和单平方米租金高低，而是租金回报比，就是租金和投资的比例，一个项目每年收取的租金，扣除各种税费后，除以项目投资来看回报率高低。如从租金回报比看，一二线城市项目甚至可能不如三四线城市项目，因为一二线城市项目地价更贵、投资更大。

重资产主要看房价，销售利润高才能投资，难以进入三四线城市发展。轻资产因为是纯投资不销售，不需关心房价，只要城区人口够多，租金回报比合适就可以做。然而，三四线城市发展不动产的最大挑战是招商难，一般企业根本不敢进去，因为招商困难。而商业资源丰富恰恰是万达的最大优势，万达有超过5000家签了协议的合作商家，其中许多跟万达是紧密合作伙伴，万达走到哪他们就去哪。现在万达不是招商，而是选商。万达招商有个硬性规定，任何商家每年在万达广场的开店数不得超过当年开业万达广场总数的50%，去年又进一步下调至三分之一。这样做一是为了防范风险，如果万达开业500家店，超市等某类行业全部一个商家租赁，一旦它经营出现问题，风险就大了。二是防止内部腐败，不能因为搞定某个万达招商人员，个别商家就能无限制在万达广场开店，每个品牌我们都限定进入万达广场的数量。

三四线城市土地价格相对便宜，现在去还能选到比较好的中心地段。从我们的经验看，一个四五十万人口的三四线城市，完全能承载一个大型万达广场，而且三四线城市的消费者的忠诚度更高。比如北京附近的廊坊，市区只有40万人口，且往北30分钟到北京，往南40分钟到天津，能有多少当地人在廊坊购物消费，并不看好。但廊坊万达广场开业后效果出乎意料，2015年平均每天客流5万人次，相当于八分之一的廊坊人每天要去逛一趟。还有重庆万州，当地政府拿出最好地块，然而全区也就40万人，而且是经济落后地区，开业后怎么保证客流。但万万没想到，万州万达广场开业竟然创造了万达广场至今为止开业的客流记录——开业头三天客流超过110万人次，这意味着头三天当地每个人都去逛了好几遍，现在仍然保持每天5万至6万人次的客流，经营状况非常好。

实践表明，现在中国的商业地产投资处于失衡状态，集中于大城市，局部已经过热，但对三线城市和城区人口多的四线城市来说，投资非常稀缺，许多地方不要说大型综合体，连一个多厅电影院都没有。仅从万达院线的收入数据分析，70%以上的增长来自三四线城市，尽管客单价稍低，但人口总量大，消费忠诚度高，容易形成万达广场商业单中心，而且投资回报率并不低于大城市。这就是万达发展的好机会。

三是产生边际效益。万达做轻资产是为了加快发展步伐。万达现在一年开业26个广场、新增500万平方米左右的持有面积，在全世界都是空前甚至绝后。从国际经验看，不动产发展和城市化进程密不可分。一个国家城市化的关键进程只有二三十年，一旦城市化进程结束，大规模发展机会就没有了。万达遇到了中国城市化快速推进的历史绝好机会，同时因为做好了准备，才把握住这个机会。从财务上看，轻资产回报也很好，两个轻资产店的管理收入总利润也相当于一个重资产店。假设一个标准的轻资产店每年租金可以达到1亿元，两个店就是每年2亿租金，万达可以分到7000万租金。一个标准的重资产店平均也是1亿租金，扣除管理成本，再扣掉税，财务利润两者收入基本相当。

更重要的是，轻资产快速扩大规模，还能产生边际效应。以万达院线为例，其影城多数开在万达广场里，万达商业地产发展速度快，院线发展速度相应也就快。此外，万达正在做“宝贝王”，这是中国第一个综合性的儿童娱乐项目，把儿童游乐、教育培训、美食、零售集于一体。万达之所以要做儿童业态，是因为万达广场如果没有儿童业态，服务的年龄段就有断层。据统计，儿童业态能为广场带来超过两位数的客流增长。为什么万达要坚持自营儿童项目？因为找不到能跟上万达速度的合作伙伴。国内的儿童业态商家，要么只做儿童游乐，要么只做儿童零售，没有综合性的企业。同时，欧洲、日本、韩国的公司都不敢进中国市场，即使进也不敢干那么快，一年开一个两个，根本满足不了万达发展的需要，所以万达下决心自己做。万达儿童娱乐公司2014年成立，第一年就开业9家店，如果按照万达广场的发展速度，它很快就能成为全球最大的儿童娱乐企业。万达广场数量扩大，还能为万达做O2O、互联网金融等带来更多资源。

（3）万达轻资产的实现方式

一是建立轻资产标准模块。重资产模式下，万达商业地产考核下属公司主要看利润；到各地发展，主要看房价。轻资产模式的考核目标发生了变化，主要看成本和租金。万达全国发展二十几年，做过几百个项目，对全国各地的建造成本心中有数。首先，在成本上狠下功夫，花一年时间，建立ABCD四个版本的轻资产成本标准。南方地质条件好的地方与软基础的地方有不同的成本标准，北方也根据地质条件好坏形成两个成本标准。

过去发展万达广场主要由万达的发展部门牵头，他们负责到各地谈项目，项目资料谈回来，公司成本部会对成本、利润进行审核，两个部门还要进行博弈，都同意后再上交总裁和董事长签批。现在的轻资产项目做不做主要由商业管理公司决定，就是看租金。商业管理公司是万达广场的管理者，他们来测算租金，一定会保守测算，所以万达要求商业地产研究部也建立一套各地租金测算模型，进行独立测算，如果两个部门的测算差不多，说明靠谱。如果差距很大，那就回去重新研究，这样就建立一整套轻资产投资标准模块。

二是工程管理重大改革。为加快发展轻资产，万达的工程管理模式也进行重大改革。过去的工程管理，从招标、预算到决算，过程复杂，费时耗力。万达实施轻资产后一年计划开业50个项目，原有工程管理模式难以跟上。所以就推出一个交钥匙工程，这在中国工程管理史上是一个重大创新。万达和长期合作的中建系统四家公司一起，共同制定出不同地区四个版本的万达广场工程造价标准。万达按照标准给施工单位费用，施工单位按照标准进行建造，按时实施交钥匙工程，万达只需监督工程质量，不用再自己招分包单位。发达国家工程建设都是交钥匙工程，投资是投资，建设是建设，管理是管理，专业化细分程度高。中国房地产企业全能，从投资、买地、设计、建设全部自己干，这是中国目前发展阶段决定的。

实施交钥匙工程的好处：一是降低成本，过去建一个万达广场，项目公司要六七十人，现在人数减少三分之二。二是提高效率，管理更加便捷。三是实现双赢。实施交钥匙工程后，工程建设单位成为真正的总包，过去他们只负责土建，最多只占工程造价的50%，外墙、内装、机电等是万达招标。现在总包自己去招分包，不仅所有收入算总包的，同时总包还可以收取分包一定的管理费，利润也提高了，所以交钥匙工程受到战略伙伴的极大欢迎。对于万达，也可以彻底防止工程招标腐败。当然，所有分包单位必须从万达品牌库中选择。

三是商业管理实现信息化。万达发展这么快，很多人担心会不会翻车？轻资产模式推出后，工程管理的活少了，但商业管理的任务加重了，2015年要开业二十多家万达广场，下一年就要翻倍，怎么跟得上？商业管理就成为万达持续发展的核心竞争力。

为了管理在全国上百家万达广场，万达已实现高度的信息化管理。万达创新研发出一套慧云商业管理系统，2013年试行，2014年正式在全国万达广场推行。慧云把万达广场的消防管理、机电管理、节能管理、运营管理等16个子系统集成到一个智能平台上，一张电脑屏就可以掌控全局。过去这些系统分散管理，消防是消防、机电是机电，一个20万平方米的商业中心，地下好几个监控室，要用几十个人。现在只要一个控制室，因为计算机管理，值班的人都是工程师，人员素质也提高了。慧云系统的推行保障了万达商业管理的快速发展和安全性。例如消防事故绝大部分由电路老化引起。要保证电路安全，过去万达的解决办法，一是所有电线电缆只用全国排名前三的品牌，因为质量相对可靠；其次严防死守，加大巡查力度。但仍无法完全避免出现电路安全事故，也有这方面的教训。现在万达采用科技手段，给电线电缆安装温感系统，通过温度变化来感知电线电缆有没有问题，一旦哪个地方的温度超出正常范围，系统就会自动报警。问题出在哪里，马上就能找到。

万达广场的一大特点是餐饮商家多，一个广场有三四十家餐饮，万达认为万达广场旺不是卖出来的，是吃出来的。餐饮需要用火，火灾隐患也最多。万达就与国家消防部门联合研发了一套厨房自动灭火系统，现已在全球申请专利。这套系统可以自动感知厨房温度，一旦超过警戒值，电脑就会自动切断厨房燃气；温度再上升到一定程度，自动喷淋灭火系统就会启动，最大限度防止火灾发生。

商业管理信息化不仅支撑了万达商业管理的运营，保障了安全，而且也减低了管理成本。过去管理一个15万平方米的万达广场需要131个管理人员，现在只需要80人，减少40%。

四是建立轻资产融资管道。万达做轻资产，资金来源一是外部金融机构，如基金、保险等机构投资者，截至2015年已签订有约束力的项目25个，如果需要，很快就可以签百个以上的项目。二是建立内部融资渠道。万达成立了自己的电子商务公司，收购了快钱支付公司，这两家公司都在做全新的理财产品，采用众筹方式为万达广场轻资产融资。万达的理财产品真正投向实体，能产生真实回报。我们计划每年给投资者6%左右的现金回报，5年或7年把万达广场处置，将收益分给投资者。万达广场处置有两种方法，资本化或卖掉。中国正在试点REITS，万达退出的理财产品就是准REITS。即使不做REITS，5年后广场成熟了，租金和地价提高了，也能卖个好价钱。出售获得的溢价收益加上前期每年的现金收益，预期年化收益至少可以达到10%以上。如果投资者中途想退出，万达也已跟两个金融改革试验区谈好，设立一个权证交易平台，也找了做市商，买万达的理财产品，一个月以后就可以交易，让它具有流动性。而且万达电商、快钱还和投资者约定，在处置广场时获取一定收益，这样万达金融电商公司也能获得盈利。万达的理财产品如果推行成功，就能解决轻资产项目的投资，也许就不用依赖外部投资者了。

万达商业地产转向轻资产，不是忽然的华丽转身，而是一步步脚踏实地做出来的，从建造的成本标准模块、交钥匙工程、信息化的商业管理到建立融资渠道，是经过反复论证后做出的决策。

（4）万达的轻资产战略目标

万达的轻资产有两个战略目标:一是2020年开业400个至500个万达广场。在原来重资产模式下，定的目标是到2020年开业240个至250个广场，现在数量将近翻番。万达到2025年争取开业1000个万达广场。可能不太敢相信，5年以后万达一年能开业100个？以万达目前特别是5年后的执行力，万达认为完全可以做到。二是2020年万达商业地产净利润的三分之二要来自租赁收入。如果一个公司净利润的三分之二来自于房地产之外，这个公司就不能再叫房地产公司，所以万达也有打算，将来万达商业地产股份有限公司去掉“地产”二字，变成万达商业投资公司或商业投资管理公司，去房地产化，从而实现万达商业地产的全面转型。

3. 打造生态农业

农业作为产业新城生态系统的重要组成部分，发展新型生态农业作为产业新城的配套内容，具有重要意义。生态农业模式是一种在农业生产实践中形成的兼顾农业的经济效益、社会效益和生态效益，结构和功能优化了的农业生态系统。为进一步促进生态农业的发展，2002年，农业部向全国征集到了370种生态农业模式或技术体系，通过专家反复研讨，遴选出经过一定实践运行检验，具有代表性的“十大类型生态模式”[1]，并正式将这十大类型生态模式作为今后一个时期重点任务加以推广。

其中，北方“四位一体”生态模式是在自然调控与人工调控相结合条件下，利用可再生能源(沼气、太阳能)、保护地栽培(大棚蔬菜)、日光温室养猪及厕所等4个因子，通过合理配置形成以太阳能、沼气为能源，以沼渣、沼液为肥源，实现种植业(蔬菜)、养殖业(猪、鸡)相结合的能流、物流良性循环系统，这是一种资源高效利用，综合效益明显的生态农业模式。运用本模式冬季北方地区室内外温差可达30℃以上，温室内的喜温果蔬正常生长、畜禽饲养、沼气发酵安全可靠。

1　十大典型模式和配套技术是：北方“四位一体”生态模式及配套技术；南方“猪—沼—果”生态模式及配套技术；平原农林牧复合生态模式及配套技术；草地生态恢复与持续利用生态模式及配套技术；生态种植模式及配套技术；生态畜牧业生产模式及配套技术；生态渔业模式及配套技术；丘陵山区小流域综合治理模式及配套技术；设施生态农业模式及配套技术；观光生态农业模式及配套技术。

这种生态模式是依据生态学、生物学、经济学、系统工程学原理，以土地资源为基础，以太阳能为动力，以沼气为纽带，进行综合开发利用的种养生态模式。通过生物转换技术，在同地块土地上将节能日光温室、沼气池、畜禽舍、蔬菜生产等有机地结合在一起，形成一个产气、积肥同步，种养并举，能源、物流良性循环的能源生态系统工程。

这种模式能充分利用秸秆资源，化害为利，变废为宝，是解决环境污染的最佳方式，并兼有提供能源与肥料，改善生态环境等综合效益，具有广阔的发展前景，为促进高产高效的优质农业和无公害绿色食品生产开创了一条有效的途径。

4. 建设低碳城市

低碳城市（Low-carbon City），指以低碳经济为发展模式及方向、市民以低碳生活为理念和行为特征、政府公务管理层以低碳社会为建设标本和蓝图的城市。低碳城市已成为世界各地的共同追求，很多国际大都市以建设发展低碳城市为荣，关注和重视在经济发展过程中的代价最小化以及人与自然和谐相处、人性的舒缓包容。具体而言，低碳城市的建设包括以下几个方面，即开发低碳能源是建设低碳城市的基本保证，清洁生产是建设低碳城市的关键环节，循环利用是建设低碳城市的有效方法，持续发展是建设低碳城市的根本方向。

（1）**新能源利用**。面对传统化石能源利用到来的环境问题，许多国家都在下大力气研究和开发利用“绿色能源”，包括太阳能、生物质能源、风电、水电的新技术新工艺。

绿色能源可概述为清洁能源和再生能源。狭义地讲，绿色能源指氢能、风能、水能、生物能、海洋能、燃料电池等可再生能源，而广义的绿色能源包括在开发利用过程中采用低污染的能源，如天然气、清洁煤和核能等。

“绿色能源”在全球能源结构中的比重已占到15%～20%，今后由石油、煤炭和天然气能源唱主角的局面将得到改善。世界上对“绿色能源”开发比较重视，拥有先进技术并已取得良好效益的国家主要集中在欧美。仅1989年到1992年，800多家再生能源公司年收入每年递增就达16%，由此可见“绿色能源”的发展正方兴未艾。人类必须大力发展“绿色能源”以适应低碳城市的要求。

（2）**清洁技术**。实现低碳生产，就必须实行循环经济和清洁生产。循环经济是一种与环境和谐的经济发展模式，它要求把经济活动组织成一个“资源—产品—再生资源”的反馈式流程，其特征是低开采、高利用、低排放甚或零排放。它要求所有的物质和能源在经济和社会活动的全过程中不断进行循环，得到合理和持久的利用，以把经济活动对环境的影响降低到最小。

清洁生产是从资源的开采，品的生产，产品的使用和废弃物的处置的全过程中，最大限度地提高资源和能源的利用率，最大限度地减少它们的消耗和污染物的产生。循环经济和清洁生产的一个共同目的是最大限度地减少高碳能源的使用和CO_2的排放，这与低碳城市的要求不谋而合。因此，实施循环经济和清洁生产是低碳城市建设必须坚持的原则和方向。

（3）**绿色规划**。科学的城市规划是建设低碳城市的第一步。城市能源消耗会直接影响到周边区域的环境污染，城市规划除了考虑单个城市自身特点外，还应结合城市所在区域和国家的发展战略来进行考量。

第一，产业规划。在城市发展规划中，要降低高碳产业的发展速度，提高发展质量：要加快经济结构调整，加大淘汰污染工艺、设备和企业的力度；提高各类企业的排放标准；提高钢铁、有色、建材、化工、电力和轻工等行业的准入条件。也就是说，要从决策源头上保证城市总体规划符合可持续发展原则，在规划阶段就推动向低碳城市的方向发展。

第二，交通规划。低碳城市的交通战略可从两个方面实现：一个方面是控制私人交通出行的数量，如果这个数量是下降的，那么在单位排放为一定的情况下，城市交通的碳排放就降低，另一个方面是降低单位私人交通工具的碳排放，如果私人交通出行的数量是一定的，那么只要持续降低单位汽车的碳强度，就可以降低整个城市交通的碳排放。以上两个方面说明，低碳城市需要倡导和实施公共交通为主导的交通模式。在这一点上，巴西的库里蒂巴堪称成功的例子。

图4-18　库里蒂巴的区位

库里蒂巴位于巴西南部的东南沿海地区，被誉为巴西最清洁的城市，是巴拉那州的州府。库里蒂巴市人口159 万(2000年)，面积432平方公里；大都市区人口277万，面积15622平方公里，是一个中等规模的发展中国家的城市。库里蒂巴被誉为世界的“环保之都”，城市交通系统以其高效率与低成本而闻名，其社会经济与环保的成功使交通系统的发展显著。库里蒂巴始建于1693年，1842年成为州首府，19世纪50年代，库里蒂巴成功地成为巴拉那州的商业、教育及政府中心。目前，库里蒂巴是巴西人均GDP最高的城市之一，市区机动车总数约70万辆，平均每2人拥有1辆小汽车，机动车拥有率仅次于首都巴西利亚。尽管如此，工作日75%的通勤出行依赖公共交通，平时公交出行比例达47%，人均公共交通出行次数为350次/年。

与我国大多数城市类似，交通梗塞也曾经困扰着库里蒂巴市。20世纪80年代末，它作为人口超过200万的巴西特大城市，其人均收入就超过了2000美元。按照国际一般经验，百万人口以上的大城市，在人均收入达到1200～1300美元时，就具备了建设轨道交通的实力。然而，库里蒂巴市政府还是出于造价和建设周期长的考虑，没有盲目学其他城市挖地铁和加宽公路，而是走上了发展“**快速公交系统**”可持续发展的道路，不但有效解决了城市“交通梗塞”的通病，并于1995年被联合国授予绿色生态城市。其发展快速公交的模式，已成为世界各国学习借鉴的典范。总结其成功经验，主要有以下几点。

一是持续实施城市的长远发展目标规划。库里蒂巴一体化公共交通系统的成功首先要归功于周密的城市规划和决策者的英明决策。城市决策者最初就确立了城市未来发展的理想居住模式，即一个线型城市，然后采用一个集成的、由主干线和支线组合的公交网络来促成城市的发展形态。明确城市长远发展目标，然后取得社区民众的支持，之后按规划持续实施，最终建设一个让很多城市羡慕的、创新的和集成的公交网络体系。同时根据城市土地利用和社区发展的目标，保障公共建设投资合理高效，选择最合适的公共交通服务类型和规模。

二是交通规划与城市土地利用规划紧密结合。交通规划与城市土地利用规划紧密结合在库里蒂巴一体化公共交通系统的发展过程中起了举足轻重的作用。库里蒂巴城市规划充分考虑了土地使用强度与已有城市结构相匹配的原则，其目标是调整小区划分和土地利用以使交通需求适应社会经济和城市的发展。城市规划运用了线性市中心的概念，整个城市被划分为若干小区，每一个小区都根据允许的土地利用性质和土地开发强度确定了特殊的土地使用管理制度。同时，为了使每个小区都具有相当的可达性，城市道路网络系统也是分层次建立的，这就意味着网络中每条道路的功能、特征和容量都根据其位置和重要性在一定程度上已被确定。此外，不同的土地利用性质也将产生不同的公共交通需求。在那些鼓励土地高强度使用的居住用地和商业用地附近，公交专用道以及双铰接公共汽车的使用使得公交系统能够达到与小区公交需求相一致的较高的运送能力。而对于人口密度仅为中等或低密度的居住区，为了提高运营效益和公交服务的便捷性，使公交乘客能够方便地到达其他居住区或者交通节点，需要规划运送能力相对较低而灵活性更高的线路。

三是基于BRT（Bus Rapid Transit，快速公交系统）引导下的城市空间发展结构与土地开发模式。库里蒂巴的城市空间结构非常清晰，完全是建立在以BRT系统为支撑的、公交走廊引导形成的、单中心放射状轴向带形布局模式。城市土地开发也以BRT走廊引导为显著特征，5条BRT走廊沿线呈现高密度、高强度开发，高层公共建筑、多层和高层住宅集中布置在BRT走廊两侧，其余地区是低层低密度住宅或公园绿地。城市主要的商务、商业、公共活动等集中在这

5条轴线上。轴线与轴线之间是严格控制的低容积的居住区，禁止高层建筑的开发。可以说，库里蒂巴非常完整而且成功地体现了公交引导（TOD）、有机疏散、田园城市等国际先进规划理念。

四是公交驳运与客流平衡。以BRT系统为核心的一体化公共交通系统为库里蒂巴城市空间布局与发展规划提供了基础，库里蒂巴市并未按“摊大饼”模式发展，在400多平方公里的市区范围内，近160万的市区人口并未集中于五六十平方公里的市中心区。在城市外围区域，BRT轴线将郊区主要居住区、城镇与市中心区连接起来，据此产生了在主要轴线上开辟BRT系统的需求，并通过公交驳运线与BRT系统相连，平衡了公交客流在方向上的不均衡。20世纪70年代，库里蒂巴市区的常规公交客流往往有90%都在高峰方向上，而现在方向性比例大致为60：40，主要轴线沿线既有出行的产生，也有出行的吸引。另外，城市中心区与外围区、远郊区城镇间通过绿地系统进行隔离，绿地系统对城市中心区的环境改善起了重要作用。

五是科学的公共交通管理制度设计。库里蒂巴公共交通管理通过立法由政府全权委托URBS公司（城市公交公司）担当。URBS公司拥有库里蒂巴市全部公交线路及场站资源，自负盈亏。同时URBS还负责该市的出租汽车、校车等服务管理。公交线路的经营采取市场化运作，URBS公司通过招标，向公交线路运营公司出让线路经营权，并负责监管线路经营服务质量。公交线路运营公司承担公交车辆购置及维修保养，但不直接承担线路票房盈亏责任。URBS公司根据各家公交线路运营公司的公交运营车公里数及其服务质量考核情况，支付他们的经营收益回报。

（4）**绿色建筑**。建筑施工和维持建筑物运行是城市能源消耗的大户，低碳城市的一个重要组成部分是绿色建筑。绿色建筑需要既能最大限度地节约资源、保护环境和减少污染，又能为人们提供健康、适用、高效的工作和生活空间。绿色建筑的建设包括：建筑节能政策与法规的建立；建筑节能设计与评价技术，供热计量控制技术的研究；可再生能源等新能源和低能耗、超低能耗技术与产品在住宅建筑中的应用等；推广建筑节能，促进政府部门、设计单位、房地产企业、生产企业等就生态社会进行有效沟通。在减少碳排放的进程中，绿色建筑的普及和推广将具有重要的意义。

（5）**绿色消费**。减少二氧化碳排放不仅仅是政府的责任，而且个人也应当承担责任。应当倡导和实施一种低碳的消费模式，一种可持续的消费模式，在维持高标准生活的同时尽量减少使用消费能源多的产品。在减少碳排放方面，个人的行动非常重要，我们的衣食住行都可以帮助减少碳排放。从日常生活做起，节省含碳产品的使用，实行可持续的消费模式，我们就可以为实现低碳经济、建设低碳城市做出贡献。

5. 案例：德国低碳市镇的实践

德国作为世界上最发达的国家之一，在新型城镇化和低碳环保城市建设方面积累了诸多宝贵经验。德国人口约8200万，超过百万人口的城市仅有柏林（330万）、汉堡（170万）、慕尼黑（128万）三个，70%以上的居民生活在10万人口以下的“城市”，多数居住在1000～2000人规模的村镇。

图4-19　德国市镇

（1）**污水处理**

进入21世纪以后，原来集中式处理办法正被分流式污水处理新办法所代替。在20世纪90年代以前，德国农村污水采取的是工业化集中式处理办法，即将污水通过排水管道输送到一个污水处理厂集中处理，但这样做除了成本很高以外，还带来污水处理之后的大量沉淀物和废物对环境造成压力、富含营养物质的元素氮、磷、钾持续不断地流入排放水域，造成水域富营养化和水生物、鱼类因缺氧而衰亡以及水和营养物质的自然循环过程被人工技术打断等诸多弊端。

进入21世纪以后，这种集中式处理办法正被分流式污水处理新办法所代替。德国农村分流式污水处理新办法主要有如下几点。

一是分散市镇基础设施系统。德国海德堡市郊的诺伊罗特村2005年底率先建成该系统。办法是在没有接入排水网的偏远农村建造先进的膜生物反应器，平时把雨水和污水分开收集，然后通过先进的膜生物反应器净化污水。这一系统不仅可以降低污水处理成本，还能在净化污水的过程中获得氮气，从而达到使污水变成宝的目的，增强了农村土地肥力。

二是PKA湿地污水处理系统。PKA湿地由介质层和湿地植物两大系统组成，利用这两大系统共同营造的生态系统，综合物理、化学、生物三种放大功效，使污水处理功效达到最大化。该工艺主要将农村生活污水通过水管道，汇集流入沉淀池，经过沉淀池的4层筛选之后，再经PKA湿地净化处理，然后达标排放或用于农田灌溉。该系统的运转不需要化学药剂，所有的材料都来源于大自然，对周边环境没有二次污染。湿地表面干燥，没有积水，构成景观绿地，日常运行费用很低，工艺流程简单，管理方便。

三是多样性污水分类处理系统。德国吕贝克2000年采用多样性污水分类处理系统，将污水分为雨水、灰水和黑水。其中灰水指厨房、淋浴和洗衣等家政污水，黑水指经真空式马桶排放的厕所污水。居住区屋顶和硬质地面上的雨水被雨水管道收集，并汇入附近的地表水或者导入居住区内设置的渗水池。该渗水池属于小区的绿化设施，经过特殊的造型和环境设计，表面看起来就像景观设计的一部分，池底使用特殊材料如砾石等，使池中的雨水自然下渗并汇入地下水。在暴雨或降水量丰厚的情况下，还可以把多余的雨水导入相连的蓄水池，使雨水自然蒸发或通过沟渠汇入地表水。通过这种处理方式，雨水可下渗或者直接进入自然界水循环。洗菜、洗碗、淋浴和洗衣等家政污水作为灰水通过重力管道流入居住区内的植物净水设施进行净化处理。

（2）垃圾分类管理

在德国，日常的生物垃圾通过专门的生物垃圾桶被收集、切碎，并与真空管道系统收集的黑水一起汇入居住区的技术处理中心。两者的混合物先被高温净化处理，之后导入在30～40摄氏度下工作的发酵反应器，经过有氧处理，稳定之后还残留富含高浓度营养物质的流质物。

这些流质物将被保存起来，并被用于居住区的绿化养护或者卖给临近的农业联合组织。该组织将其分配给各个成员用于农业生产，并保存在季节性存储器中。营养物质的再利用不仅使人类居住区产出的富含营养元素废物以生态可承载的方式进入了自然界的物质循环，而且在一定程度上取代高能耗的化肥生产，为节能做出贡献。

（五）轨道交通产业新城

1. TOD的内涵

轨道交通为主题的产业新城，即以公共交通为导向的开发（Transit-Oriented Development，TOD）。TOD即是指“以公共交通为导向的发展模式”。其中的公共交通主要是指火车站、机场、地铁、轻轨等轨道交通及巴士干线，然后以公交站点为中心、以400～800米（5～10分钟步行路程）为半径建立中心广场或城市中心，其特点在于集工作、商业、文化、教育、居住等为一身的“混合用途”，使居民和雇员在不排斥小汽车的同时能方便地选用公交、自行车、步行等多种出行方式。城市重建地块、填充地块和新开发土地均可以TOD的理念来建造，TOD的主要方式是通过土地使用和交通政策来协调城市发展过程中产生的交通拥堵和用地不足的矛盾。

一个时期以来，人们对“交通引导开发”(TOD，Transit Oriented Development)一词的准确含义并未作认真地思考，只是从字面上作简单的理解：一种城市开发的模式，城市要开发那里，首先把路开通到那里，道路先行，这就是交通引导开发。这与国内近年也十分流行的“服务引导开发”(SOD，Service Orient Development)似乎是配对的开发模式。最为突出的现象，就是城市要向什么方向发展，就把新的市政府或新的行政中心率先迁到那里。两者都基于“交通/服务设施—土地利用”相互关系的土地开发模式，其实是对“TOD”的片面理解。“公共交通引导开发”与“交通引导开发”的含义不尽相同。“公共交通引导开发”体现了公交优先的政策，而“交通引导开发”则根本没有反映这一关键的内涵。

2. TOD的起源

国外研究TOD最早最深入的当属美国。在经历了并正经历着小汽车出行方式占主导地位的美国，其城市或地区经历了以郊区蔓延为主要模式的大规模空间扩展过程，此举导致城市人口向郊区迁移，土地利用的密度降低，城市密度趋向分散化，因此带来城市中心地区衰落，社区纽带断裂，以及能源和环境等方面的一系列问题，日益受到社会的关注。

20世纪90年代初，基于对郊区蔓延的深刻反思，美国逐渐兴起了一个新的城市设计运动——新传统主义规划（New-Traditional Planning），即后来演变为更为人知的新城市主义（New Urbanism）。作为新城市主义倡导者之一的彼得 · 卡尔索尔普所提出的公共交通导向的土地使用开发策略逐渐被学术界认同，并在美国的一些城市得到推广应用。TOD的概念最早由彼得 · 卡尔索尔普（Peter Calthorpe）在1992年提出，1993年，彼得 · 卡尔索尔普在其所著的《下一代美国大都市地区：生态、社区和美国之梦》（<The American Metropolis-Ecology，Community，and the American Dream>）一书中旗帜鲜明地提出了以TOD替代郊区蔓延的发展模式，并为基于TOD策略的各种城市土地利用制订了一套详尽而具体的准则。目前，TOD的规划概念在美国已有相当广泛的应用。根据美国伯克利大学在2002年的研究显示，全美国有多达137个大众运输导向开发的个案已完成开发、正在开发或规划中。目前被广泛利用在城市开发中，尤其是在城市尚未成片开发的地区，通过先期对规划发展区的用地以较低的价格征用，导入公共交通，形成开发地价的时间差，然后出售基础设施完善的“熟地”，政府从土地升值的回报中回收公共交通的先期投入。

3. TOD开发模式

私人资本和当地政府的合作开发对于降低整个TOD项目的风险至关重要。首先，政府的交通运输和建设规划部门要积极推进TOD的土地开发，提供有力的政策支持，使之真正成为区域城市开发的成功之道。其次。通常在交通站点周围有很多公共拥有的土地，这些土地可以用来融资以减少开发商的风险，加快开发进度，并且确保其他公共利益可以通过TOD得以实现。传统的融资已不适合TOD的开发的特点，“混合用途”对融资提出了新的要求，也可以通过财政政策和其他激励手段的使用来规范、引导投资开发。在美国很多地方，联邦教育拨款、税收增值金融、合伙公司、合资公司和“Location Eficient”抵押贷款等都曾经被用来支持开发。当地政府也会提供高密度开发奖励，减少关键市政基础设施批准时间作为对TOD的奖励，当然这在符合美国城市规划的前提之下。

很多成功的TOD项目基本上都是政府投资和私人资本合作开发的结果，政府投资建设轨道系统、车站、城市道路和公共空间，私人一般在住宅、办公楼和商业设施方面投资。但是，不管是政府还是私人投资商，他们都不同程度地希望开发项目在经济上取得较高的回报。因此，对于所有TOD项目，必须对项目的总体回报有一个很好的评估(包括政府及私人)，只有这样，才能在决策过程中确定不同使用功能的补贴。

政府对因交通投资而增值的土地征税，私人资本是否对TOD感兴趣，取决于市场而不是TOD这个标签。由于公交投资带来的某些土地增值能为各类站点周边地区的景观、公共空间或步行通道等改善项目提供资金支持，创造性的资金策略对于风险分散具有重要意义，一个重要方法就是拓展多种合作关系。不论私人资本是否参与投资，市场的基本原理始终处于主导地位。

一个好的TOD项目必须正确处理好如下几个方面的问题：首先，必须注重TOD项目的功能性结果，而不仅仅限于其外在特征；其次，必须注重TOD项目功能发挥的连续性，从而保证其成功的连续性；再次，必须研究好TOD项目不同场所和不同条件的适用性。TOD不仅仅是一个口号，而是城市发展的一个必然结果，既要深刻领会TOD的内涵，又要真正掌握TOD项目的运作方式。

4. 应用案例

（1）**香港地铁公司轨道交通开发案例**。香港人口600万，是世界上人口最稠密的城市之一。在1078平方公里的土地中，位于海拔50米以下的部分仅占18%，其余大多是陡峭的丘陵。香港在如此之高的密度下仍然能保持城市交通的顺畅，有效地控制交通污染，与其居民极高的公共交通使用率分不开。从20世纪80年代开始，公共交通一直负担着全港80%以上的客流量，仅有大约6%左右的居民出行使用私人交通工具。正是由于TOD开发对轨道交通建设产生的巨大需求，尽管香港的轨道交通线网建设起步较晚，但经过短短10多年的发展，香港已建成轨道交通通车里程达130公里。并一直保持着可持续发展的良好势头。香港的成绩很大程度上归功于TOD社区的土地利用形态。全香港约有45%的人口居住在距离地铁站仅500米的范围内，九龙、新九龙以及香港岛更是高达65%。港岛商务中心内以公共交通枢纽为起点的步行系统四通八达，凡与步行系统相连的建筑，本身就是步行系统的组成部分，其通道层及邻接的楼层通常作为零售商业和娱乐用途，给行人提供了极大的方便。

在全球城市中，香港地铁是少数能够盈利的地铁公司，港铁的盈利不只是票价收入，更多的是靠轨道交通和地铁沿线土地的联合开发。不同于内地将地铁沿线的土地进行招拍挂的方式出让的土地政策，港铁每开发一条新建项目，都可以首先向政府取得发展上层空间的权利，并找来地产商共同发展车站及上盖空间，根据不同条件兴建大型写字楼、住宅或者商场。港铁也因此成为香港最大的地产开发商。有人评价，香港最漂亮的一栋建筑就是港铁建的。

也因为这种“轨道+物业”的联合开发，使得地铁线上的上盖物业能够结合地铁产业和房地产市场的双重优势，将土地进行集约利用，并充分吸收地铁所带来的人流涌动，将人流转化为客流，实现地铁周边产业联动发展。香港的上盖物业从来都是只租不售，足以体现未来上盖物业的无穷升值空间，这很大程度上带动了城市的额整体规划发展。

（2）**东京TOD社区**。东京是一个国际性大都市，仅距城市中心半径20公里的范围内就聚集着800多万人口。高密度发展的城市形态使城市内部交通量高度集中。东京的铁路是这个城市最主要的交通方式，也是世界上少数能够盈利的城市铁路系统之一。以20世纪70年代开发的新宿副中心为例，商业娱乐中心及其周围的办公建筑集中在距铁路车站不足公里的范围内，有空中、地下步行通道保护行人免遭汽车和恶劣气候的侵扰。由于大量活动直接在车站附近完成，轨道交通是人们出入该区域最方便、最常用的交通方式。由环形铁路向外放射的郊区铁路沿线更是存在着一系列典型的TOD社区。大型社区中心围绕车站布置，有景观良好的步行系统从中心通往附近的居住区，居民步行和乘公共汽车到铁路车站都很方便。居民到铁路车站的出行总量中，68%为步行，24%乘公交汽车，仅有6%使用私人小汽车。显然，这种用地布局在吸引远距离出行使用铁路的同时，还有效降低了社区内部的机动车交通量。

（3）**绿地集团TOD开发**。随着港铁模式传入大陆，众多房企开始在地铁沿线跑马圈地，瞄准了集聚升值力的轨道上盖物业开发。绿地看准了这一市场，从2014年开始，绿地集团便逐步探索进入城市地铁和轨道交通领域进行投资开发。2014年，绿地地铁投资发展公司在上海揭牌成立。活动当天就与申通地铁、上海建工等上海知名企业签署战略合作协议，由绿地牵头在全国组成联合体进行轨道交通上盖物业的开发建设。目前，绿地已经投入的有徐州地铁5号线、南京地铁5号线、重庆地铁9号线等三条线路。

2015年，绿地集团与广西壮族自治区南宁市政府签署了战略合作协议，洽商南宁地铁4号线的投资建设。目前，绿地已经在北京、广州、苏州、南宁、武汉、南京、长沙等地投资建设了地铁上盖物业综合体项目，统一命名为绿地中央广场。进军地铁投资产业，是绿地集团发挥资源整合优势，向平台型企业进化发展的实践成果。这不仅意味着绿地商业模式再度升级，也是绿地立足主业优势，延伸拓展相关产业的积极尝试。

二、现金流循环模式

（一）产业新城现金流循环逻辑

产业新城模式要求公司在前期垫付土地基础设施费用以及后续一系列产业发展服务、规划咨询服务、物业管理等相关费用，与此同时公司在园区及周边地区开发大量的住宅等配套设施，这对公司的资金链要求极高，整个新城开发建设的财务风险都背负在公司的现金流之上。但这种模式有效解决了政府资金及专业能力的不足，实现了地方政府财政压力在时间和空间上的分摊。同时政府返还落地投资额的方式也有效解决了以往政府、开发商利益出发点不一致的难题，有效统一了双方的核心诉求。

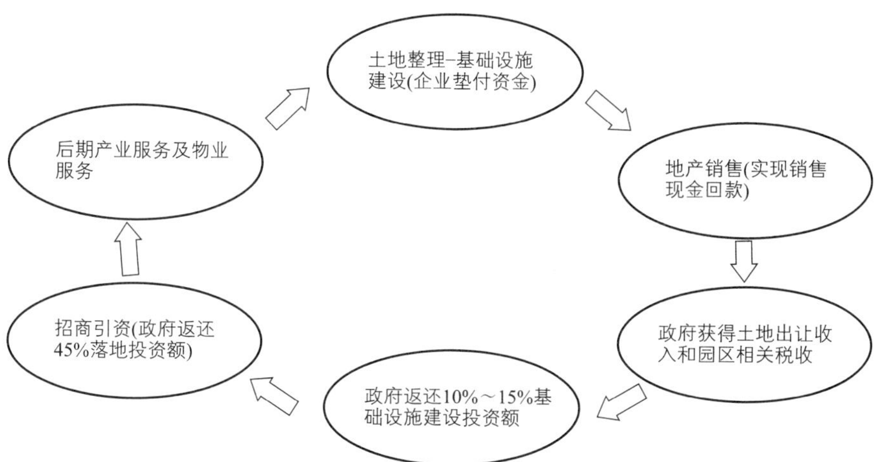

图4-20　产业新城现金流循环逻辑

为更加清晰地展现现金流循环的具体路径，根据对产业园区开发界定的“三个阶段”（启动期—发展期—成熟期），我们将模拟得出产业新城的现金流循环模式。

（二）产业园区开发的“三阶段”

第一阶段：园区起步阶段（T至T+1年），以基建和房产项目开发为主，招商引资开始启动。即T年，企业先垫资进行园区规划、基础设施建设、土地整理工作。平均投入额约2.25亿元。T+1年，政府进行土地出让，获得土地款。产业新城开发商拍地，进行房地产开发，动工后6个月开盘，去化周期一般为18个月。此时，园区环境已经有所改善，招商引资工作初见成效。基建和土地整理继续进行。

该阶段特点：开发商先行投资资金进行基建和土地整理，然后政府进行土地出让，以土地出让收入与企业结算已竣工的基建与土地整理项目的委托费用。开发商拍下住宅用地后，进行住宅房地产的开发，开售售楼，实现现金回流。

第二阶段：住宅开发与园区招商引资业务快速发展期（T+2至

T+4年）。政府继续进行土地出让，开发商进行基础设施建设、房地产销售和招商工作。

阶段特点：随着基础设施的完善与区域成熟度不断上升，开发商房地产销售规模将大幅增长，实现净现金流入，同时招商引资也进入快速增长期。

起步阶段		快速发展阶段	成熟阶段
以基建和房产项目开发为主，招商引资开始启动		基建建设和房地产销售、招商引资 工作加速进行	园区建设结束，招商工作收尾
T年	T+1年	T+2~4年	T+5年之后
企业先垫资进行园区规划、基础设施建设、土地整理工作。	政府进行土地出让，获得土地款。企业拍得土地，进行房地产开发。	基础设施与区域成熟度逐渐上升，企业扩大房产销售规模，获得现金净流入，招商引资也进入快速增长期。	企业业务主要为给园区企业物业管理与经营服务。园区企业为政府提供稳完的税收入。

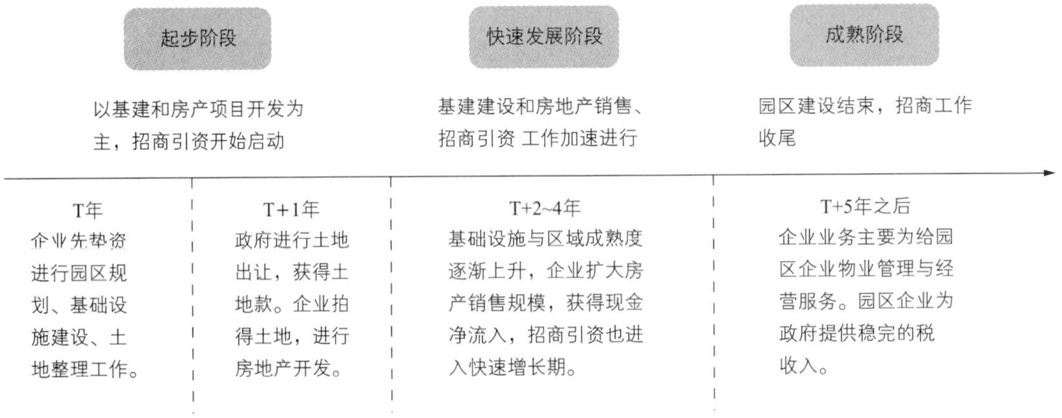

图4-21　园区开发“三阶段”模型

第三阶段：园区成熟，开发商为园区提供物业管理与经营服务（T+5年之后）。园区建设结束，招商工作收尾。园区企业逐步成熟，为政府贡献持续的稳定税收。企业继续进行住宅的开发，直至区域内住宅用地开发完毕。

阶段特点：企业主要给园区提供物业管理与经营服务，同时园区企业为政府贡献稳定的税收。

（三）各类指标数值测算的假定条件

（1）园区各类用地比例：按照一般园区各种类型的用地的平均比例，一块5平方公里的园区，各类用地面积如下：

（2）各类用地价格：以固安工业区起步时的商品房价格与工业厂房价格为基准，计算各类用地价格。住宅价格按6000元/平方米，工业厂房价格与开发成本相当，为15万/亩。房价与低价的涨幅为5%。住宅销售速度为20万平方米/年。

表4-7　园区各类用地比例假设条件

	面积（平方公里）	面积（万平方米）	比例结构
园区整体	5.0	500	100%
其中：住宅用地	1.5	150	30%
商业用地（可建商住）	0.5	50	10%
工业用地	2.0	200	40%
配套建设用地（不可出让）	1.0	100	20%

注：一般园区规划为30%的住宅，10%的商业，总计40%的住宅，40%的工业用地、20%为配套建设用地。

表4-8　各种用地价格假设

地价	金额
商品房价格（元/平方米）	6000
楼面地价（元/平方米）	1000
容积率	2
住宅地价（元/平方米）	1500
工业用地价格（元/平方米）	225

（3）园区开发成本：基础设施及土地整理15万/亩，住宅开发建安3000元/平方米，每年涨幅按5%测算。5平方公里的园区，基建及土地整理投入共计11.2亿元。

（4）新增落地投资额：根据新增落地投资额的定义，新增落地投资额主要包括入园企业当年新增的固定资产、在建工程、无形资产（土地使用权）、房屋租赁投资等能够测算的投资额。根据此定义，按照落地投资额为新增投资额的80%测算。根据对入园企业的要求，投资强度为不低于150万/亩，假定以150万/亩作为投资额的测算依据。招商引资服务成本为招商引资返还额的10%。

（5）园区企业产值与税收：按照固安园区启动时数据测算，平均每平方公里每年可实现4.8亿元产值；按照平均综合税率12.5%测算，那么每平方公里的区域每年可实现纳税0.6亿。

（6）各时间节点假设：公司与政府签约后即开始进行基建和土地整理。5平方公里分5年均匀投入。园区管委会与企业每年接受上一年的基建和土地整理费。1年后，政府开始土地招拍挂，分4年均匀出让，即每年出让商住用地50万平方米，工业用地50万平方米。企业拍得住宅用地进行开发，6个月后进行销售；去化率第1年20%，第2年80%。房地产相关税收按照综合税率15%（营业税、所得税、土增税）测算。第1年底开始招商，3年完成5平方公里的招商，5年投资额全部落地，每年结算上一年的招商服务费，共计分5年结算。

（四）产业园区开发现金流循环模型

根据以上产业园区开发三阶段，可以模拟测算出5平方公里的产业园从启动到成熟，政府与企业的现金流循环情况，从而形象地反映出政府与企业间的双赢。

从政府的现金流循环来看，政府前5年的主要收入来源为企业向

表4-9 政府与企业之间的现金流循环模型

（a）政府现金流循环模型 单位：亿元

	T+0	T+1	T+2	T+3	T+4	T+5	T+6	T+7	T+8
政府现金流入		8.8	10.6	10.7	10.8	5.2	5.9	6.7	7.7
其中：土地出让收入		8.8	8.8	8.8	8.8				
税费收入（不含地产）						3.0	3.6	4.3	5.2
房地产税收入			1.9	2.0	2.1	2.2	2.3	2.4	2.5
政府现金流出		6.2	6.8	7.5	8.1	2.6	3.2	2.6	1.9
其中：基建返还		6.2	6.2	6.2	6.2				
招商返还			0.6	1.3	1.9	2.6	3.2	2.6	1.9
政府现金净流入		2.6	3.8	3.3	2.7	2.6	2.7	4.1	5.8
政府累计净现金流		5.7	9.6	12.9	15.7	18.3	21	25.1	30.9

（b）开发商现金流循环模型 单位：亿元

	T+0	T+1	T+2	T+3	T+4	T+5	T+6	T+7	T+8
企业现金流入		8.6	19.4	20.7	22.0	17.2	18.6	18.7	18.8
其中：住宅销售		2.4	12.6	13.2	13.9	14.6	15.3	16.1	16.9
收到基建返还		6.2	6.2	6.2	6.2				
收招商引资返还			0.6	1.3	1.9	2.6	3.2	2.6	1.9
企业现金流出	2.3	13.2	19.2	19.8	20.2	11.1	11.8	12.2	12.6
其中：基建投入	2.3	2.3	2.3	2.3	2.3				
买地投入		7.5	7.5	7.5	7.5				
房地产相关税费			1.9	2.0	2.1	2.2	2.3	2.4	2.5
基建返还纳税		0.3	0.3	0.3					
招商引资返还纳税			0.1	0.3	0.4	0.6	0.7	0.6	0.4
房地产建安支出		3.0	6.3	6.6	6.9	7.3	7.7	8.0	8.4
房地产开发三项费		0.2	0.9	0.9	1.0	1.0	1.1	1.1	1.2
企业净现金流	−2.3	−4.6	0.2	0.9	1.8	6.1	6.8	6.5	6.2
企业累计净现金流	−2.3	−7.0	−6.9	−6.1	−4.3	1.8	8.5	15.1	21.4

其缴纳的土地出让金，之后的收入来源为园区企业缴纳的税款；前5年主要为对企业进行基建建设的返还，之后主要为对企业的招商返还。政府的增量支出全部由增量收入来支付。所以，政府的净现金流一直为正。

从企业的现金流循环来看，企业资金支出的峰值在项目启动后的第1年，主要是拿地支付的土地出让金导致的现金流出。到项目启动后的前5年净现金流一直为负，主要是拿地以及基建支出造成，加之房地产从拿地到开盘销售需一定的周期；从第5年开始净现金流回正，并呈逐年增长趋势。这也是区域从发展期逐步向成熟期转变的标志。

从企业自有资金的杠杆度来看，在项目启动后第2年净现金流为-7亿元，即企业所需要投入最大资金量为7亿元，一般自有资金与融资资金的按1：2进行配比测算，那么需要企业投入的自有资金为2.3亿元。由现金流循环模型表可得，项目8年的收入可以达到144亿元，净现金流20亿元。也就是说，企业2.3亿元的自有资金投入可以产生144亿元的收入，获得20亿元的现金流利润。按静态投资回报测算，项目投入与将产出比高达1：9（20/2.3）。

三、盈利模式

（一）整体盈利模式分析

产业新城综合开发模式可以概括为“园区+地产”。其中“园区”是指地方政府将产业园区以工业地产的名义立项，通过与公司签订整体合作开发经营园区的合作协议委托公司进行园区的规划设计、基础设施建设、招商引资、后期运营管理等工作，委托管理期满之后再转由政府相关部门经营和管理，政府可以分期支付园区各发展阶段企业垫付的成本、利息费用和相关收益的分成。而“地产”是指公司通过合作开发经营过程中的深入介入，充分利用园区规划阶段的深度参与优势在园区及其周边以先于市场反应的速度获取园区以及园区周边的优质土地，并进行大规模的房地产开发。该种模式的核心优势在于解决了地方政府前期缺乏资金和专业能力的不足，满足了政府对于拉动地方经济、吸引外来投资、创造就业岗位、提高财政收入、改善城市居住环境的诉求。同时也满足了开发企业深入政企合作、吸收地方政策优惠、多元盈利的经营需求。

华夏幸福作为国内代表性的产业新城投资运营商，从华夏幸福2014年业务分部利润可以得到，2014年产业发展贡献34.5亿元的毛利，占全部毛利的36%；园区配套住宅贡献45.1亿元的毛利，占全部毛利的47%；两类业务毛利之和占比达到84%（剩余15.6亿元的毛利为土地一级开发及园区综合服务所产生，占总毛利的16%），充分表明了华夏幸福“园区+地产”双轮驱动的业务模式和盈利模式。

从各业务盈利能力来看，产业发展毛利水平最高，高达97%;基础设施毛利为38%；园区配套住宅毛利率29%，处于市场平均水平。2014年公司综合毛利率为35%，显著高于市场龙头房企，表明华夏幸福商业模式的市场竞争力和优越性。

表4-10　园区业务赢利点及收益分配模式

	业务	业务内容	结算金额	结算方式	支付方
1	基础设施建设	在委托区域进行道路、供水、供电、供暖、排水设施、公共项目等基础设施建设管理	实际投资的110%~115%	一次性或分期不超过3年	政府工业区管委会或财政局
2	土地整理	对委托区域内进行土地整理	土地整理成本的110%~115%	一次性或分期不超过5年	政府工业区管委会或财政局
3	产业发展服务	对委托区域内工业园区进行宣传、推广并进行招商引资	新增落地投资额的45%	一次性或分期不超过3年	政府工业区管委会或财政局
4	规划设计咨询	园区整体规划设计	按照经审计的咨询费的110%~115%介绍	一次性或分期不超过3年	政府工业区管委会或财政局
5	园区综合服务	对委托区域进行物业管理、公共项目经营与维护等	实际投资的110%	一次性或分期不超过3年	政府工业区管委会或财政局

注：以上费用结算时间视协议规定执行，一般基础设施建设及公共设施建设费用在具体建设项目竣工交付后一定期限内结算；其他费用于每年约定时间之前进行结算。上述费用政府可以进行分期支付，分期期限一般不超过3~5年。

表4-11　华夏幸福2014年业务分部利润

	(单位：亿元/%)	营业收入		营业成本	毛利		毛利率
		金额	占比		金额	占比	
1	基础设施建设	14.3	5.3%	8.8	5.5	5.7%	38%
2	土地整理	26.3	9.8%	22.5	3.8	3.9%	14%
3	产业发展服务	35.6	13.2%	1.1	34.5	36.2%	97%
4	园区配套住宅	158.1	58.8%	113	45.1	47.3%	29%
5	城市地产开发	27.3	10.2%	20.9	6.4	6.7%	23%
6	园区综合服务	0.7	0.3%	0.6	0.1	0.1%	14%
7	其他	6.6	2.5%	6.8	-0.2	-0.2%	-3%
合计		268.9	100.0%	173.7	95.2	100.0%	35%

资料来源：根据2014年华夏幸福公布的上市公司年报整理

表4-12　华夏幸福2014年毛利与龙头地产公司对比

	2014年毛利率	较华夏幸福2014年毛利增减
万科	21.0%	-14.0%
碧桂园	26.1%	-8.9%
恒大	28.5%	-6.5%
中海地产	32.7%	-2.3%
华夏幸福	35.0%	0.0%

（二）产业发展业务盈利能力分析

产业发展服务作为华夏幸福的核心，是有别于其他传统地产开发商的独有能力，助推了公司利润的快速增长，本节将对产业发展业务盈利能力进行深入分析，这对深刻理解华夏幸福的经营逻辑大有裨益。

产业发展服务主要内容为受托工业园区内进行的产业定位、产业规划、城市规划、招商引资、投资服务。目前，公司搭建的是一个平台，为企业提供产业园区的载体环境，以此吸引企业进驻和人口的流入，获利渠道也主要是规划咨询费和产业落地投资后政府的返款。**公司正努力延展创新产业模式为更多企业和人口服务，后续的企业运营等更高阶层的需求上，如物流、金融、人才培训、技术研发等都可称为公司发展的新方向和利润增长点。**

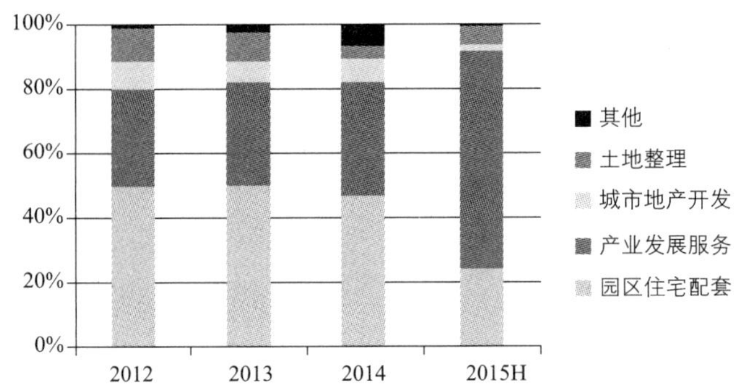

图4-22 华夏幸福产业发展服务毛利占比情况

注："2015H"表示2015年预计数。

表4-13 华夏幸福产业发展服务收入毛利预测

		2011 实际	2012 实际	2013 实际	2014 实际	2015 预计	2016 预计	2017 预计
a	新增签约投资额	130	279	395	502	627	784	941
d	累计签约投资额	490	769	1164	1666	2293	3078	4019
c	实际落地投资额（假设落地投资为近5年平均新增签约额的30%）	21.2	34.4	52.6	79.3	116	155.3	195
d	政府返还占落地投资比例(d/c)	45%	45%	45%	45%	45%	45%	45%
e	产业发展结算收入	9.52	15.5	23.7	35.7	52.2	70	87.8
f	毛利率	96%	96%	98%	97%	97%	97%	97%
g	毛利润额	9.1	14.8	23.1	34.6	50.6	67.9	85.2
同比增长率：								
h	新增签约投资额同比增长率		114.6%	41.6%	27.1%	24.9%	25.0%	20.0%
i	产业发展结算收入同比增长率		62.8%	52.9%	50.6%	46.2%	34.1%	25.4%
j	产业发展毛利同比增长率		62.8%	55.9%	49.7%	46.4%	34.1%	25.4%

近几年新增签约入园企业家数和投资额在稳步增长，2014年当年新增签约投资额502亿元，2015年上半年新增签约投资额253亿元，累计签约投资额达到2168亿元。根据固安的建设经验，**这些签约项目可能在3～5年内部分会转化为实际投资落地园区，对应的产业发展服务利润潜在空间很大**。随着京津冀协同发展在政府推动下加速、产业转移将更快落实，同时公司在环上海等区域的全国性布局，规模化复制扩张也将带来招商引资落地的稳定增长。2014年产业发展服务毛利占比为36%，2015年全年预计为68%，首次超过地产，成为利润贡献“大户”，经过10余年的积淀，产业发展成效卓著。

四、产业新城商业模式中的几个关键问题

（一）关于园区财政支付能力

对于企业来说，基建和招商业务的委托费用和返还金额均需政府支付，在园区发展初期，园区的财政收入大都来自于土地出让收入，如何保证政府有足够的财政实力来支付公司的相关费用呢?

根据所签区域整体委托协议，园区管委会将产生于园区内的财政收入作为支付来源。财政收入包括两部分，一是由县财政返还到工业区财政的税收收入，包括共享税的县级留成部分以及全部地方税。

另一部分财政收入来源则是土地出让金的县级留成部分。县级留成部分分为土地出让金扣除农业土地开发基金（农业土地开发基金=土地平均纯收益×15%，目前固安土地平均纯收益为25元/平方米，大厂约为30元/平方米）中的30%上缴省财政外，其余全部为县级留成部分，土地出让金收入的县级留成比例约为99%。

在园区开发初期，由于入园企业普遍享受较高的税收优惠（固安与大厂潮白河园区都是对园区企业进行所得税县级留成部分“一免两减半”的税收优惠政策）园区的财政收入主要是土地出让金。固安与大厂潮白河园区的土地出让金占园区财政收入的90%以上。也就是说，园区发展初期，园区管委会用于支付给公司的资金基本上来源于公司在园区购置的住宅用地的土地出让金。

从固安和大厂潮白河的经营情况来看，随着园区招商业务的顺利进行，非土地出让金的财政收入出现爆发式增长，固安工业园区2009年税收收入县级留成部分达到1.65亿元，较2008年增长5.1倍，可以预见，未来随着园区企业的不断入驻，税收收入将会不断持续增长。

另一方面，商品房的销售速度和规模会直接影响到园区的土地出让金收入。固安与大厂潮白河园区的房地产开发房产成功，企业根据销售速度购置土地，园区财政收入远远超当年用于支付给公司的相关费用。2009年，大厂潮白河园区管委会支付给华夏幸福的费用占财政收入的95%，2010年该比例下降到41%。

鉴于此，我们认为在园区开发的后期，基建投入的减少将使得园区管委会的支付负担减轻，同时稳定的税收收入会保持快速增长，因

此我们认为后期园区管委会支付能力不存在问题。

而在园区开发的前期，房地产销售最为关键。但房地产项目与其他项目相比，优势极大。由于低价极低，且房地产销售的资金可以通过买地，然后由政府返还给公司。因此，华夏幸福的房地产项目价格可以降低到其他竞争对手难以承受的水平，保持项目全方位的竞争优势。换句话说，房地产项目即使不挣钱，只要有一定的去化速度，园区财政的支付能力就完全没有问题。

（二）关于政府的支付意愿

从华夏幸福的实践来看，支付在有财政实力的情况下，不可能违约，或者故意延期支付。首先，几十平方公里的要求一般都是滚动开发，政府有强烈意愿加快园区的开发速度，这也是地方政府的政绩所在。

其次，之前在一些城投公司身上发生过这样的案例。即使建设资金迟迟不结算，但企业背着高负债还在不断对园区进行投入。这种情况都有一个特点，这些都是政府专门设立用于开发该区域的企业，企业对政府没有任何谈判能力。

如果开发企业是民营企业的话，一旦出现恶意拖欠行为，政府损失将是极大的。园区的整体开发都是排他性的委托协议，且要园区的经营理念全部都是由企业来运作，若政府恶意拖欠相关费用的支付返还，可能会导致园区发展停滞不前，公司也将停止要求的开发活动和服务，现有已经入驻园区的企业就可能会退出园区，园区建设前功尽弃。而由于排他性协议安排，几十年内政府也不能委托其他企业进行开发，恶意拖欠危害及极大，一个理性的政府是不会这样做的。

事实上，目前华夏幸福在固安与大厂的园区，管委会都鼓励企业加快开发速度，还会提前支付一部分的委托费用或政府补贴。

（三）关于落地投资额的高比例返还

从表面上看，园区企业的投资额和政府没有太大直接关系，政府对企业作出这么高的比例返还承诺似乎难以理解。但如果换个角度来看，政府的行为就很好理解了。对于传统的园区开发企业而言，进行区域开发的政企合作模式都是企业单纯地进行基建和土地整理，政府以土地出让金收入扣除基建和土地整理成本后的一部分作为企业的收益。然而在这种模式下，开发企业仅限于垫资从事基建和土地整理业务，并获得一定比例的较为固定的回报，后续的招商由政府负责。然而，政府招商成本较高。据统计，政府主导的招商模式平均成本约占土地出让净收益的比例的70%。

表4-14　政府留成测算

	金额	备注
开发面积（亩）	7500.0	住宅30%，工业40%，商业10%，配套20%（不可转让，即可转让80%）
单位基建成本（万元/亩）	30.0	4亿~5亿/平方公里
总投资（亿元）	22.5	7500×30
落地投资额（万元/亩）	96.0	投资强度为120万/亩，落地投资额占80%，工业用地假设成本价出让，即15万/亩
土地出让金平均单价（万元/亩）	82.5	住宅容积率为1.5，楼面地价1500元/平方米(150万/亩)
总落地投资额（亿元）	28.8	7500×40%（工业用地）×96
政府土地出让总收入（亿元）	49.5	7500×80%（可转让部分）×82.5
基建返还（亿元）	24.8	基建总投资额的110%（22.5×110%）
土地出让净收入（亿元）	24.7	49.5−24.8
落地投资分成（亿元）	12.9	落地投资额的45%（28.8×45%）
政府支付额（亿元）	37.7	企业总收入（24.8+12.9）
政府留存收入（亿元）	11.8	卖地收入（24.7−12.9）
落地投资额返还占土地出让净收入比重	52.2%	12.9÷24.7

按照华夏幸福产业新城模式，政府委托企业进行招商，并将企业的回报与招商引资的进展程度有机结合，才是企业与政府合作的最佳选择。根据华夏幸福已有招商项目情况来看，2014年落地投资返还额占政府土地出让净收益的比例约为44.3%。与传统政府主导模式相比，由企业进行招商返还比例要显著低很多，也就是说企业占用了较低的土地出让收入比例，不仅为政府带来了土地出让金，还给政府全方位打造一个产业园，政府何乐而不为。

此外，园区招商引资返还额的增长弹性不大，而随着园区的不断成熟，住宅用地和工业用地的价格将不断上升，该比例将逐步下降。继续上文，仍以5平方公里为例，假设地价每年涨幅为5%，则返还比例将快速下降。

表4-15 落地投资额占土地出让净收入比重测算

	1	2	3	4	5	6	7	8	9	10	11	12
地价（万/亩）	90.0	94.5	99.2	104.2	109.4	114.9	120.6	126.6	133.0	139.6	146.6	153.9
政府土地出让收入（亿元）	54.0	56.8	59.5	62.5	65.6	68.9	72.4	76.0	79.8	83.8	88.0	92.4
基建返还（亿元）	24.8	24.8	24.8	24.8	24.8	24.8	24.8	24.8	24.8	24.8	24.8	24.8
落地投资额的分成（亿元）	13.0	13.0	13.0	13.0	13.0	13.0	13.0	13.0	13.0	13.0	13.0	13.0
政府土地出让净收益（亿元）	29.2	32.0	34.7	37.8	40.9	44.2	47.6	51.2	55.0	59.0	63.2	67.6
落地投资额返还占土地出让净收入比重（%）	44.3	40.6	37.3	34.3	31.7	29.3	27.2	25.3	23.6	22.0	20.5	19.2

Chapter

05

| 第五章 |

打造产业新城核心能力

上一章通过对产业新城商业模式的运作进行了深入剖析，但这仍然侧重于解答产业地产做什么的问题。然而，要真正理解产业新城商业模式，并能够将其落地实施，还需要回答产业地产怎么干的问题，即重点从“五大”核心驱动能力（组织张力、研发能力、团队打造力、资金统筹力及计划运营能力）的角度对支撑产业地产商业模式成功的企业经营管理策略进行分析阐述。

一、强大的规划研发能力

要使产业新城能取得突破性成功，并且使投资开发得到快速复制，开发商强大的规划研发能力必不可少。其实，做研发工作就类似于“开车”，当驾驶员目视前方越远的时候，那么车速才会越快。研发对产业新城的快速发展就是起到了这个作用。

（一）与国内国际顶尖咨询团队建立战略合作关系

产业新城具有规模大、业态多等特点，所以产业新城的研发组织模式与万达有所不同。万达的研发主要是以自身培养的研发团队为主。而产业新城研发多与顶级咨询公司合作形式，再加上自身的研发团队，形成研发联盟，时刻待命，以对某项规划或方案进行快速、高质量、高效率的设计。

外部顶级咨询机构可以在产业新城运营商公司内部设有常驻研发团队，就像公司内部员工一样，在公司工作、开会，全过程参与研发活动。他们对公司的文化、流程、战略意图能够很有默契地意识到，并融入研发方案中去，这样既提高了研发的专业程度、又提高了效率。在研发活动中，产业新城运营商与外部咨询公司的职责分工是，产业新城运营商负责提设想、提需求，咨询公司负责将设想变为可落地的系统方案，供决策层决策。

产业新城合作研发模式最为成功的案例就是固安。固安产业园区的开发就是以制定区域产业规划为先导，整合国内、国际顶级的产业规划资源，深入研究城市产业发展的机遇和方向，为区域制定精准的产业发展规划，通过清晰的区域产业定位、发展方向、空间布局和产

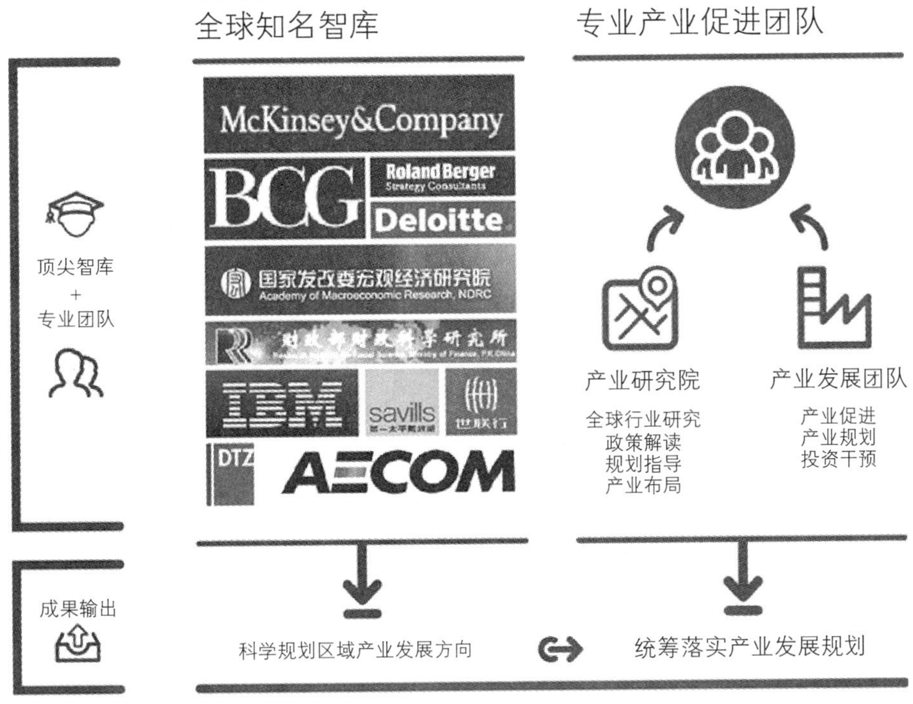

图5-1　规划研发资源整合

业发展策略，获得政府的高度认可，为后续的规划设计和产业招商提供依据和可行的方向，并推动土地增值预期。

表5-1　固安产业园区引入的外部智囊资源

	咨询公司/专家	业界声誉	服务内容
1	王志纲工作室	国内著名城市经营策划机构	园区的发展战略、策略研究及定位
2	北京和君创业研究咨询有限公司	国内顶级资本运作咨询机构	固安园区的经营模式设计、资源导入与整合专题的研究
3	德国罗兰·贝格	全球四大专业咨询公司之一	固安工业园区的产业定位研究，并确立电子信息产业、汽车零部件产业、现代装备制造业为核心的三大产业方向
4	孙成仁博士	北京新都市城市规划设计院院长、国际城市与区域规划师学会会员	城市发展理念研究，在满足人们对城市资源的高效利用的同时，充分发挥城市的基本功能，充分顾及人与自然、社会的关系
5	美国DPZ城市规划公司伊丽莎白女士	新都市主义创始人、美国DPZ建筑设计事务所创建者	率领DPZ设计团队将最先进的城市运营理念运用到园区规划中，固安工业园区也因此成为全球“新都市主义运动”的重要成员，开始了工业与人类和谐发展的伟大探索

续表

	咨询公司/专家	业界声誉	服务内容
6	天津城市规划设计院	国内优秀甲级资质规划院	在DPZ的基础上，对园区规划进一步深化，并获得国家审批核准。至此，固安工业园区的城市建设进入实质阶段
7	美国EDSA公司	世界环境景观规划设计领域的领袖企业	2003年对起步区进行总体概念规划，形成了以休闲、娱乐性典型项目为主要构成的，最大限度保留现有村庄肌理和独立发展模式的，以景观为先导的，涵盖教育、产业、居住的新型城市模式
8	华高莱斯国际地产顾问公司	跨国地产顾问咨询公司	为园区5平方公里的配套小镇完成了整体项目策划方案
9	英国阿特金斯公司	国际领先的大型专业顾问咨询公司	2004年，英国阿特金斯公司对固安工业园区电子信息产业基地14平方公里的起步区进行了整体规划方案设计。设计方案充分吸收了英式产业城市简洁明快的特点，奠定了园区生产空间布局
10	美国RTKL公司	世界上最大的建筑规划设计公司之一	固安工业园区城市总体规划深化设计，完美地体现了城市建设的十六字方针：公园城市、休闲街区、儿童优先、产业聚集
11	英国汉米敦（HMD）公司	全球领先城市空间规划公司	《固安工业园区核心区概念性规划》提出“两心四轴四区”的总体规划结构
12	深圳世联地产顾问公司	国内最早从事房地产专业咨询的服务机构	经过对全球多个成功工业园区的考察分析，提出的将永定河故道辟为永久景观区的设想，得到认同并付诸实践，形成了国内工业园区中绝无仅有的大型天然景观带

（二）建立自有专业化研发团队

一般而言，产业新城的专业研发团队主要包括两个级次：一是在公司总部设有产业研究院和战略管理中心；在各二级公司或者事业部都设有若干个策略研究中心或者是行业研究院等研发机构。以上这些研究机构共同构成了研发组织体系。他们之间既有分工、更有协作，协作多于分工，共同为公司发展指明了方向、擦亮了“眼睛”。

（三）全员研究、全员思考

在产业新城开发中，对研发的理解，不是仅限于研发工作本身，而是认为研发代表一种精神，一种敢为天下先、勇于创新的精神。其实，“研发”已经成为创新的代名词，并将“研发精神”贯穿到工作的每个环节。

在实际工作中，“研发精神”要求，每个人、每个部门、每个公司年度重点工作任务中都必须要安排若干项研究课题，该课题可以结合自身工作岗位，也可以立足所在公司或者是行业，形成研究报告，向上级领导进行汇报。其中，研究内容自己来定，要能够对未来自身工作或公司工作形成参考或指导，但需经上级审批。“想不明白，就干不明白”，要鼓励员工对工作进行创新性、前瞻性、全局性的思考、总结、研究。

要进行研发，集体会议、头脑风暴必不可少。归结起来会议主要有两大类：一是方案论证会，二是经营计划会。经营计划下文再详细介绍，本节重点介绍方案论证会。

总部作为公司战略管控中心，这就要求员工和管理层应至少拿出60%以上的时间做方案。因为任何一项工作的顺利实施落地，都需要进行周密部署、统筹安排。凡是纳入公司重大的经营方案，公司负责人应亲自带头组会，对方案一项一项地评审、批判、“挑毛病”，也可以邀请外部专家参与，建言献策。方案审定的过程如同“炼狱”，需要坚强的意志和体力。虽然过程“痛苦”，但却避免了企业在少走弯路，在未来方案执行过程中的所有可能风险点都在方案论证阶段化解掉。总体上看，是节约了时间，提高了项目运营效率，可谓“磨刀不误砍柴工”。

二、一流的团队打造能力

人是生产关系中最活跃的因素，有了一流的人才，事业基本就成功了一半。一流的人才对一个企业成长发展价值是不可估量的，古今中外概莫能外。一个企业，能否招到足够多优秀的人才，与企业高层，特别是最高管理者，是否真正重视人才息息相关，因为人力资源十分需要高层的授权。以万达为例，万达高层十分重视人才的引进。董事长王健林曾说过，“万达做商业地产是从住宅地产转型过来，刚开始就是找人，人找到了，事情才能做好；后来转型做文化旅游，也是先找人。现在万达从事金融产业，最重要的还是找人，不光找到人，还要找到合适的人。这就是我老讲的一句话，

‘人就是一切，人就是事业’。能否搞好金融产业，关键不是审批，不是资金，而是人才。”

（一）强大的人力资源管理

1. 对人资源管理充分授权

在很多公司，人力资源部的地位并不是很高。而在万达集团，人力资源部是少有的集团直属部门，拥有的权力很大。体现在人力资源部的构架方面，万达集团的设置为集团人资副总裁→人资总经理→人资副总经理→人资经理。虽然权力大，万达人资部的人也十分尽职。由于万达扩张迅速，每年光是招聘高管的数量就达400位左右。万达集团各个模块的副总裁、部门负责人，核心工作除了部门日常管理外，其他时间都在面试。据有人统计，万达的人资副总每个人每年最少要见1800个高管。

2. 人资管理人员要懂业务

人资的任务是找到合适的人才，并将其放到合适的岗位上去，可是对于很多人资来说，业务对他们来说就是无字天书。特别是公司规模已经很大，而且还在急剧扩张，各种业务模块不断涌现，人资的知识更新跟不上公司发展速度是常有的事。万达的解决之道是每个人资都钻研业务。

在面试的过程中，人资可以对面试者问出很多专业的问题，甚至一些很细节的问题，用于甄别面试者的真实水平，极大地提高了工作效率。比如，万达的人资在判断一个成本副总的工作能力时，会要求候选人自己作为成本第一负责人，全程操作项目的情况：项目的体量、业态，精装程度，结算金额为多少，总包价是多少，甚至细节到精装时地板用了哪个牌子哪个型号，价格多少，防火卷帘门是哪个牌子，价格多少。如此专业、细节的问题，没有深厚的业务知识做保障，是不可能做到的。这保证他们无论是在单独面试时，还是在与业务部门的人联合面试时，都能在考察候选人应变、逻辑能力的同时，也考察其业务能力。

（二）多元化人才引进渠道

人才引进主要渠道有通过猎头公司进行的社会招聘、校园宣讲招聘、网络招聘、报刊杂志招聘、内部推荐等多种渠道。从人才引进模式上看，社会招聘一般都是全权委托给若干家综合实力强的猎头公司在社会上猎才，为此每年企业要支付高达几千万的猎头费。

1. 社会招聘

通过猎头公司，主要寻找中高级人才。中端是指各分公司总监以上职位的人员，高端是指副总以上职位的人员。万达已和全国所有著名的猎头公司建立业务联系，每年用于猎头的费用超千万元。以致猎头圈有一句话："万达是中国猎头最大金主，抓住万达就是抓住了未来。"万达每年会从合作的100多家猎头公司里选定10家最优合作伙伴，对其颁奖；也会定期对自己公司的情况做总结，编写成PPT，给猎头学习，还要猎头发给各个候选人，以此吸引人才。在构建电商公司人力团队期间，猎头公司的网站上一度爆出多条万达招聘的消息，招募的高管包括首席执行官、财务总监和首席品牌官等。

在实践中，随着万达文化旅游城项目的推出，一般项目开工时，万达就会建立运营团队，完全是国际化的。比如，武汉要开业的汉秀电影科技乐园，CEO都是境外聘请的，比如主题公园管理团队，请的就是迪士尼国际副总裁。当然，万达也在通过万达学院做人才培养。但是，人才培养是很慢的，有时候来不及怎么办？靠猎头挖。万达现在合作猎头公司有50多个，国际猎头接近20家。比如，青岛东方影都，在项目刚开工时，青岛产业园的CEO人选很快就到位了。

CEO和首席运营官、首席技术官全部先到位，万达不怕花这点管理成本，他们现在跟设计团队、建设团队一块进去，将来可以掌握很多信息。此外，电影节业务板块的CEO也是挖了一位有全球知名度的人才。

在文化旅游项目中，每一个位置万达都要求中外搭配，有一个老外作CEO，一定会有一个常务副总是中国人，或者至少是华人。目前万达创新很多事业，靠自己培养确实比较慢，所以万达现在很国际化，办公楼电梯里经常是老外，但万达有一个条件，原则上会讲中国话的优先招聘。

2. 校园招聘

（1）管理培训生招聘和培养

人才是企业之本。产业新城企业应高度珍视人才，尤其重视应届毕业生的培养，并给予校园精英毕业生优厚的条件和极具竞争力的成长空间。华夏幸福在管理培训生的培养方面值得借鉴，管理培训生项目于2010年10月正式启动，专为优秀高校毕业生倾力打造，着眼为公司战略目标达成而输送大批人才和储备领导队伍。

为此，公司实施了管理培训生三年全生命周期管理，从选拔、培养、到任用、保留的一系列过程进行全覆盖，并制定出完备的方案：即从管理培训生入职前的训练营、入职后的培训开始，第一年在公司内部进行轮岗，鼓励了解岗位上下游并贴近一线业务，另赋予具有挑战性的工作任务。第二、三年进行在岗锻炼，并配备导师和上级教练，进行专业培训和倾力辅导。通过三年系统化的加速培养，快速提升自我，收获人生的新高度、大视野，从而使公司成为实现非凡梦想、创建广阔未来的舞台。

具体地，培养原则方面，管理培训生的成长，70%源于岗位锻炼，20%源于教练辅导，10%源于培训学习。轮岗策略方面，以了解组织及业务上下游为主旨，鼓励区域内跨序列轮岗以熟悉业务价值链，鼓励同序列跨单位层级轮岗以开阔视野。

（2）精英MBA招聘计划

该计划的出台旨在加强人才梯队建设，打造一支新老结合、能打硬仗的高管团队。该计划的目标人群是国内顶级高校MBA、中欧商学院、长江商学院MBA以及海外著名高校MBA。培养目标是公司各大区域总经理，如被录用，会分配到各大区域，担任半年到一年的储备总经理，分管工作，并全程参与区域各项事务管理，在实践中提升端到端的操盘能力及领导力。该计划从2014年启动，到目前为止，已经招聘了15名全球顶级高校的MBA，他们中已经有10人经过1年的磨炼打磨，去担任片区总经理，独当一面，为公司未来扩张以及战略目标的实现提供了高端管理人才支撑。

3. 其他招聘方式

（1）报纸、杂志、电视招聘，主要针对物业管理、保洁、保安等低端职位，因为这些人员一般很少上网找工作

（2）内部推荐。毋庸讳言，内部推荐就是员工将自己的朋友、同学、前同事等介绍到公司，只要符合万达的价值观和能够胜任特定岗位工作的优秀人才，万科保持开放的态度。但是，万达不允许直系亲属在一个公司，以便营造和谐简单的人际关系。

总体而言，一线员工90%以上都是通过报纸、杂志或者电视，高级人才招聘猎头的渠道要占到招聘人才的70%～80%，网络搜索或内部推荐只有20%～30%。整体上，形成了多渠道，齐头并进的良好态势。

4. 人才筛选方法和标准

万达招聘时采取串联的形式，应聘者要一关一关过，任何一关不能通过的话就会被淘汰。因为不同的面试官，考虑问题的角度会不一样，因此要通过所有关，应聘者需要具备十八般武艺。通常而言，一个高层职位的经理需要经过的4～5关。不过，对不同职位和层级的面试，具体操作的方式有所区分。如果面试偏业务型的人，比如招聘一个成本总经理，先由人力资源部对其进行初试，再请候选人做个笔试，这个笔试是人力资源部和公司成本部一起制定的，因此含金量非常高。候选人通过初试后，进入复试，同时面对业务部门的多个考官，比如项目总经理的复试对象是集团人力资源副总裁、集团工程副总裁、集团常务副总裁，3个人同时压力面试。

万达的面试内容主要有四个维度：一是价值观，高端人才的文化融合能力以及诚信；二是学历，原则上万达集团地产开发业务人员全体人员及其他系统一线管理至少大学本科及以上学历；三是经验，对于层级高的管理人员，一般要求有知名公司管理过知名项目的经历；四是能力，包括业务能力和专业外的综合能力。

应聘者通过面试之后，到岗前还会有背景调查。候选人必须提交一份专业的背景调查表，涵盖职业生涯的方方面面，其中有一项内容，还要填写原工作单位的推荐意见并加盖公章，十分严格。有时甚至招

聘一个酒店服务员都要求对方提供背景调查表，以及出具户口本、身份证、学历证明等诸多证件。如果某位面试者在背景调查被发现有污点，即使其在面试过程中表现非常好，万达集团也会坚定地放弃。

（三）培训机制

健全的培训体系对于提升组织战斗力以及团队端到端操盘能力至关重要。同时，在培训的过程中，还将公司企业文化以及公司核心素质模型融入每个员工，内化于心、外化于行，将企业文化理念转化为自觉行动。

1. 全面的培训体系

全面培训体系是打造强有力团队的基础。如华夏幸福2011年9月成立了自己的培训学校——华夏幸福大学，董事长亲自担任校长，并亲自授课。目前，培训学院已然成为公司的“智库”，成为公司一个又一个的光环的缔造源。现在的公司培训学院有着最全的培训体系，最专业的师资团队，讲师中70%更是来自公司内部，上至董事长、总裁、副总裁，下至有专业特长或经验的普通员工，有着把培训方案真正落到实处的灵魂思想，培训课程以实用为根本原则，更多通过模拟实战演练的方式实现，把学习和工作无缝对接。截至2014年底，公司培训学院培训时长共计279728小时；培训学员36677人次；开设课程1721次。

与此同时，与公司核心业务模式培训紧密连接，综合考虑公司业务系统与价值链两大维度设置的培训学院已在行业内独树一帜。坚持“领导者培养领导者、专家培养专家”核心理念，深度践行“721”人才培养黄金法则（研究证明，只有10%的知识是你能从培训课程中获得的，还有大约20%则来自于向有经验者的学习，剩下的70%都来自于on-job-training（实践中学习），简称“721”）的“舰长训练营”、“班子工作营”可谓高速发展企业快速打造核心领导者的标杆性实践；面向管理培训生群体的精英培养计划，尤其是标志性的扬帆、启航训练营更是凸显了公司对于打造具有自身DNA人才培养的高度重视。培训学院提供全程、全方位、一流的培训体系支持人才长期发展，聘请高水平的内、外部师资团队为员工授课。课程体系包括领导力、专业力、通用能力和入模培养，旨在整合与传承行业智慧，塑造卓越领导者。

2. 高管培训

高管的培训项目主要目的是提升领导力以及战略操盘能力。需要说明的是，公司所有培训项目都是由公司培训学院和公司各单位根据干部培养目标独立研发的。具体培训项目比较多，下面仅举例两个有代表性的培训项目。

一是舰长训练营。该培训项目主要是针对核心干部，致力于打造核心干部团队的卓越战斗力，提升各级班子经营水平。二是财务金舵手培训计划。主要是针对总监级以上财务干部的培训计划，致力于提升财务干部的经营思维和对业务的融入引领能力。

3. 管理培训生培训

一是扬帆训练营。在正式加入公司前，公司为学员们安排了为期一周的“扬帆训练营”。通过这样一个活动，学员们能够初步掌握人际沟通技巧、团队协作技巧，形成团队意识，并在职业发展初期打造良好的职业习惯基础，建立从“学生”到“职业人”的转变。

二是启航训练营。为期15天的“启航训练营”，通过严格有序的军训和拓展活动、务实有效的企业介绍、综合能力培养课程以及丰富多彩的文体活动，不断提升学员的团队协作能力、抗压能力，并进一步熟悉公司的企业文化和历史现状，帮助管理培训生们更好、更快地融入公司。

4. 培训的方法论

万达经过长期的实践在员工培训方面形成了一套行之有效的方法体系。早在2009年万达集团年会上，董事长王健林就强调，万达现阶段的短板是人才问题。要想真正解决它，真正做好培训，万达学院非办不可。因此，万达学院就肩负着补好这块短板的重任。

经过思考和摸索，万达学院形成了一条很有特色的思维路径，要想做到“有用”，那是需要把“有用”落地的，落地落在哪里?只能是落在“岗位”上，怎么体现出对岗位有用?自然就是做出“业绩”来。常言道：知者为师。按此思路分析，谁是知者?

谁是知者?才是问题的核心。经过研究发现一线中那些优秀的干部是知者。一开始认为他们虽然干得好，但可能不太会讲课，还帮助他们准备课件、备课，但后来发现，只要工作干得好，真有本事，就一定能讲出来，爱用什么方法用什么方法，有本事的人都能讲出来，而且学生爱听，都能听懂，学完了回去就能用上。这才有用。归结起来，万达的培训亮点有以下几个方面。

（1）**特色培训分七步走**。万达学院第一步工作是改课件，学以致用；第二步是课堂无眠，上课不打瞌睡；第三步是推出“能量集市”，解决个人问题；第四步为组织做诊断，会把复盘、评审、审计、法务、客户投诉等各个部门发现的问题收集上来，作为一个个独立课题，界定原因，寻找方案，跟踪解决，让犯过的错不再犯，以此优化组织效率;第五步是开发岗位宝典，实现快速胜任；第六步是传播万达精神，从心智模式的深度对业绩负责；第七步是借助网络平台，做到随时随地有求必应。

（2）**找到“知者”**。一万个学生里面就有各种各样的知者，具有各种各样的知识，关键是能不能找到知者，让知者把所知分享出来。这就要求万达学院能够搭建一个平台，让大家能够畅所欲言，让学生能把问题问出来，让知者能把智慧经验给出来。学院要给大家平台，一个鼓励大家说话的平台，但学院也不会鼓励乱说话，因为说出来的话都会被人听到，欠考虑的话对自己也不好。所以学院要做很多结构流程的策划设计工作，鼓励学员们去说，敢说、能说、会说、实说，说了就有价值，就有贡献。

（3）**做好评估**。学生对所有老师讲课要进行打分，老师对优秀的、有贡献的学员也会打分，学院会对老师的讲课风格提出改进建议，也会把学习情况反馈给各部门领导，各部门领导反过来也会给学院的教学效果进行反馈。

（4）**管理学员的妙招**。教室的格局都是学员们分组，每个小组的学员围成一个小桌，各组之内要分享、互动，各组之间还要PK，大家面对面地学习，小格局一调整，学员的注意力就提升了。另外，每个学生的问题都不一样，你需要为每个人去找他自己的问题，寻找他自己的解决方法。

（5）**将企业精神传递给学员**。行业内都觉得万达了不起，万达为什么会有今天?万达只是因为一些工作技巧就走到今天的高度吗?在有这些工作技巧之前万达已经很成功了，可见万达之所以走到今天，不只是因为那些技巧，还有企业精神，万达精神才是核心。

做培训，更宏观的目的，是要系统地研究人才与企业的关系。王健林董事长说现在的短板是人才，万达学院是要解决人才问题。那万达学院只是要解决人才的知识短板问题吗？不是，万达学院要解决的是人才与万达集团和谐相处的问题，是要解决“社会人才与万达事业相和谐的问题”。

万达学院是如何将万达精神传递到每一个学员呢？如何培训企业精神呢？世界上人是不同的，有些人是一遇到困难就有问题，有些人要是遇不到困难他就有问题了。所以，万达学院的一个职责就是帮你认清你是谁，对组织来说这是知人善任，对个人来讲，就是帮你认清你是谁。因为这样做对业绩有用，只有认清你自己，你才能是快乐的，业绩才会上升，只有你快乐，你才会自主自发地创新。

（6）**有求必应，可以临时“抱佛脚”**。目前，万达新学员的培训时间是五天，要想达到“认清你自己”这个目的，五天的时间是不够的，有些蜻蜓点水，有些肤浅，很多问题看似解决了，但实际上到了工作中又不会了，这就是因为对学到的、感受到的还不够稳固，这主要是因为五天时间太短。

搭建好网络学院，那就不一样了，来学院的五天只是贡献智慧，离开后的360天才是开始学习。在网络平台上，万达学院是一个策划者，类似一些经纪人，真正能够帮助到你的人，可能是那些遇到过同样问题的人，万达学院就是要当红娘、搭建平台，把大家连接在一起，让你找到能够帮你解决实际问题的人。以前的学习是个人化学习，网络化是集体学习、社会化学习，最新的一种学习方式。以前的学习方式是学习、积累、储存。现在这种模式就是“有求必应，可以临时抱佛脚”。

5. 案例：万达学院教学方法

万达学院根据“有用”的指导思路，创新出一套独具特色的教学方法。

（1）“万达之道”是一档以现场嘉宾访谈，学员互动为主要表现形式的新型跨界教学形式。万达之道紧紧围绕“生存之道、成功之道、快乐之道”三个主题，通过员工提问、情景解读、图画历史、看图说话、音乐解析、视频解读、嘉宾访谈等多种方式，来共同探讨、分享万达的组织智慧、文化精髓、管理技巧与工作方法。

（2）“我是潜力干部”是一档干部选拔竞聘实战模拟课程，运用了国内外科学的测评中心技术，如行为风格测评工具DISC、文件筐、案例分析、情景模拟、角色扮演等，并结合实战模拟节目制作流程、进行全程跟踪拍摄，全方位综合评估、选拔潜力干部。“我是潜力干部”整体由五部分组成：团队融合、实战模拟、视频剪辑、成果汇报与嘉宾点评。

（3）“微电影学管理”有两种具体的表现形式：一是将日常工作过程中的实践案例提炼出最佳管理手段和方法，学员结合提炼的最佳管理手段和方法，并通过对人物、场景、管理过程及冲突进行再编写成剧本，自导自演成微电影；二是节选与课程主题比较契合的电影片段，通过学员研讨、讲师对知识点的讲授、最佳实践的分享与学员现场的情景模拟以及讲师的深入点评，从电影中学习管理。

（4）“侃大山”就是通过催化师这种中立的行动学习过程设计者和研讨引导者，通过提问，引领参与者进行思考和总结，迫使参与者进行审视和判断，挖掘问题背后的真实情况，最终利用众人的智慧解决众人的问题，并将学习成果固化推广实施。

（5）“任务树”通过综合体项目计划模块化管理明确集团各部门“要做什么”，培训将落脚于“如何做”。从这一目标出发，学院在教学中应用“任务树”方法论，帮助各部门逐级进行任务分解，更好把握工作中的难点和要点。通过任务树的梳理，学员能够对全年的工作任务“心中有树”，理解年度工作目标，梳理各项工作任务，明确各项工作的关键节点，准确完成工作任务。

（6）“工作逻辑图”从具体工作案例出发，绘制出完成一项工作的动作流程，理解万达制度在具体工作中的应用，从而解决其中存在的边界不清、缺乏有效指令等业务问题。利用工作逻辑图，让学员理解在万达工作的某一类问题的标准动作和标准打法。

（7）“能量集市”中，每个学员都提出自己面对的问题、心中的纠结，让所有学员帮助自己寻找解决方案。每个问题都体现个性化，每个问题都绝对精准。在“能量集市”教学法的课堂中，每个学员都是讲师，每个人自身都充满着能量，而这种能量只有在传递的过程中，才能逐步壮大。

（8）“解决之道”能够激发群体智慧，通过结构化方法，创造性地解决业务部门中普遍的、影响程度大的、成功经验较少的、具体的难题。对问题发生原因达成共识，找到根本原因；整合不同利益相关者观点，对解决方案达成共识。

（9）“荣誉之旅”从具体工作问题出发，挖掘问题发生的根本原因、运用集体智慧寻找解决方案、结合自己的工作实际落实具体的行动计划，是万达学院的主要教学方法之一。

（四）搭建具有竞争力的激励机制

1. 薪酬体系

公司薪酬体系管理原则：一是保持领先，提供行业领先的薪酬，为有理想的人超前付薪；二是绩效导向，实行以绩效为导向的薪酬体系，重点激励高绩效、高潜力人员；三是幸福回报，为员工提供有尊严、有幸福的福利待遇。

公司极具竞争力的薪酬与福利主要包括以下方面。薪资方面，薪金构成包括基本薪酬+月度补贴+安置补贴+绩效奖金，试用期期间员工工资按转正工资100%发放；并且公司每年都会进行一次薪酬回顾、市场对比及调整，保证员工薪酬处于市场领先水平；此外，公司还提供八险一金，多重保障，360度贴心福利，使广大职工安心干好工作，无生活后顾之忧。

2. 为未来付薪

由于近几年来公司业务发展犹如乘上高速列车，为确保组织张力满足发展需要，公司根据战略超前配置组织及人员，并在薪酬上强调“为未来付薪”，让员工超前享受自身的价值。在行业内，很多人的第一反应是“高薪”。公司高薪猎才的消息，也一直在坊间流传。

在诱人的薪酬福利背后，“选才”成为公司而言最重要的事。对于心目中理想的人才，公司认为需要有“理想”、并以“卓越”要求自己的创业者与开拓者，以梦想为光，以力行铺路，相信自己能照亮一个城市或区域。具体来说，公司从“知识、能力、经验、动机”四个维度识人，用“追求卓越、激情领导、清晰思考、正直坦诚、资源整合、客户增值”的核心素质模型选人。

为选到心怀理想的精英人才，公司几乎全体总动员。据统计，公司的高管有20%或以上的时间用于为公司甄选人才，新员工70%以上经由公司中层以上级别管理者面试通过。公司还鼓励并认可来自内部员工的举荐，坚持“举贤不避亲的原则”，每年新晋员工中，超过三分之一是由内部员工推荐而来。

3. 股权激励

万达集团在股权激励方面做了大量尝试，积累了宝贵经验。在万达，能够进入中高级序列的人才，都是经过层层选拔的精英，万达也十分舍得给钱。在2012年搭建万达万达集团电子商务公司时，业内人士透露，万达为该公司CEO开出了200万元的年薪，更宣称除了马云和刘强东，其余人都能挖得动。除了电商公司，地产业务的员工待遇也不低。普遍而言，万达经理级待遇月薪在8000～16000元左右，平均年龄26～30岁；副总、主任月薪24500～36500元左右，副总可以继续向上突破；总经理出差能坐头等舱，高管可以住万达自己的五星级饭店。与此同时，万达的高层都有数额不等的配股。其在港交所最新披露的申请版本招股书显示，2014年，万达按照每股7.36元人民币的发行价，向61名公司主要管理层（包括部分现有股东、董事、高级管理层成员及雇员以及大连万达集团的若干雇员）发行共计1388万股新股份，占发行后股份总数的3.58%。普通员工没有股份，但退休时，一次性再发五年工资。

三、高超的资金统筹能力

“资金是企业的血液”，对于产业新城投资开发企业而言，尤为如此。“抓回款、促业绩”变成了产业新城财务管理的重头戏。除此之外，另一项重要功能就是战略财务，负责化战略为财务数据，全面参与公司商业模式、盈利模式的设计，从而从战略和策略两个层面推动公司战略目标的实现。

（一）财务管理体制

在公司，财务条线都由总部垂直管理，具有较强的独立性。总部财务总监由董事会任命，下级财务总监由上级财务总监任命，对上级负责；与同级总经理没有隶属关系，与同级总经理的关系是协作、支持、服务、监督、制衡的关系。这样的安排，确保了总部对财务管理（人力管理）的绝对领导权，确保各经营单元的业绩能够准确反映、避免虚增、圆满达成。所以，很大程度上，是由财务指标“牵引”着经营团队去做事。只要财务统筹制定下来的，经过董事长的审批的业绩指标，那就是军令状，如完不成的话，扣发奖金，连续两年完不成总经理“下课”。

公司财务总监、财务中心总经理的聘任、任免由华夏幸福董事长、总裁、主管人力副总裁共同考察，董事长决策。财务中层干部由财务总监、财务中心负责人共同考察，财务总监决策。中低层财务人员由分管财务中心负责人与分管部门负责人共同考察，财务中心负责人决策。

“财务人员非财务化、非财务人员财务化”的要求已经融入全体华夏干部职工的思维。“财务人员非财务化”就是要求全体财务人员要牢牢树立“经营思维”来从事财务工作，深刻理解财务工作背后的商业模式、经营模式、业务流程以及公司经营形势，这样才能真正发挥财务管理工作的对业务的引领作用，使财务工作为公司和股东创造实实在在的价值。尤其是，财务干部更应该发挥带头作用，成为“财务人员非财务化”的标杆，可以形象地说，要用“总裁”甚至“董事长”的思维模式来做财务总监，要有全局观、有宏大的格局。

“非财务人员财务化”就是要求，全体干部职工都应该深刻理解财务指标的内涵和外延，充分认识到财务指标不是财务的事，是公司整体战略的量化表现。所以，各级干部职工要把完成财务业绩指标作

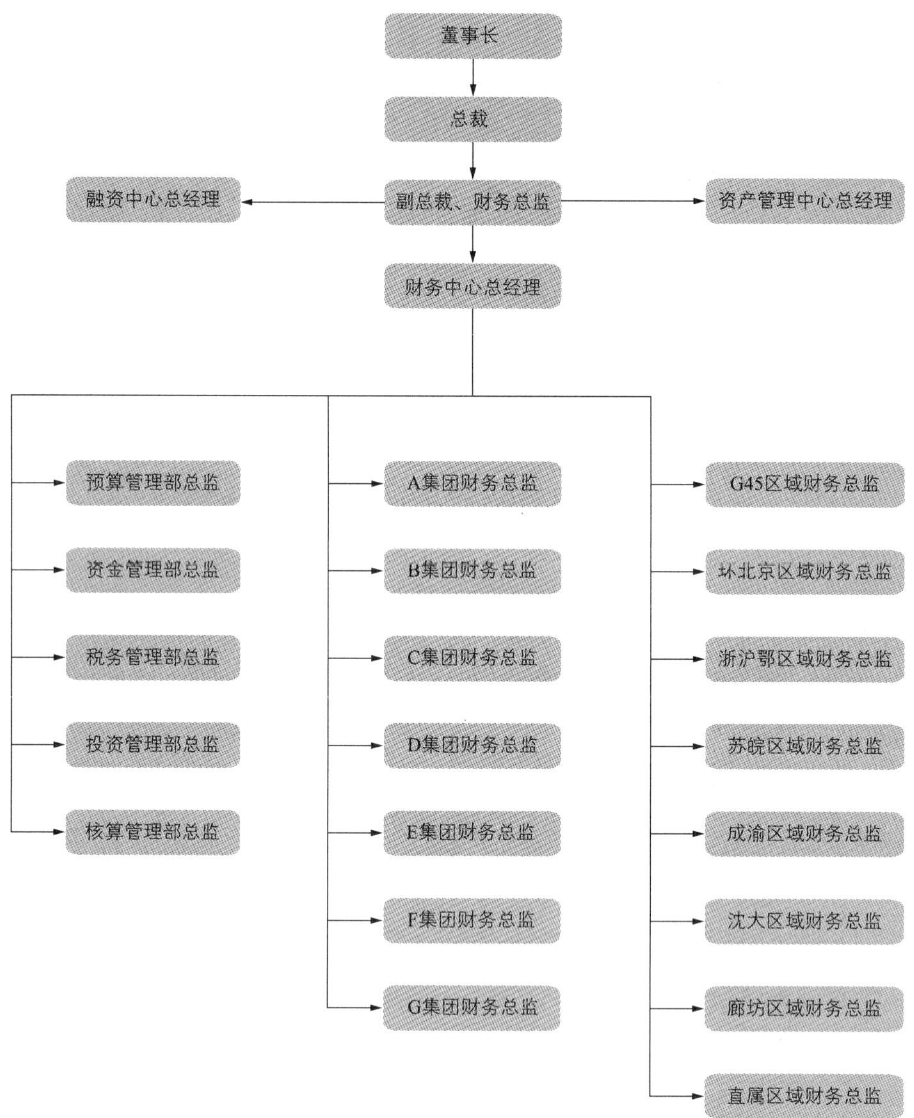

图5-2 财务管理体制

为一种油然而生的使命和职责，不是绞尽脑汁为困难找理由，而是千方百计为成功找方法。

（二）财务规划

财务管理体制定下来之后，就是化战略为行动，将公司战略目标，量化为可考核、可衡量、可执行的财务数据，分解下达，做到对公司战略执行情况做到了然于胸。

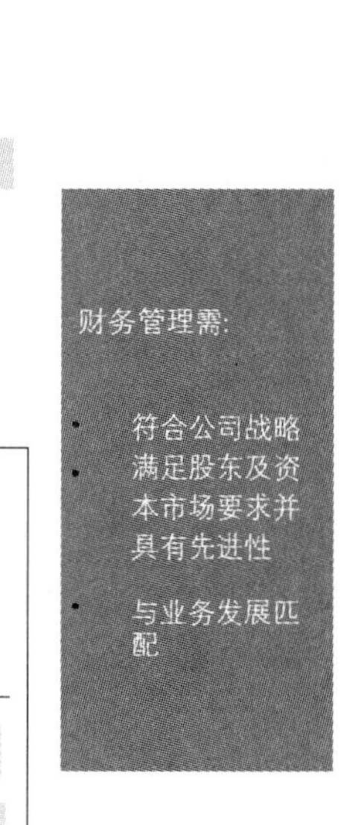

图5-3　财务规划逻辑

（三）预算管理

具体的预算编制方法就不再赘述，下面重点介绍一下产业新城投资开发企业预算管理的重点。

一是以资金预算为主线。预算以资金预算核心，按照“两上两下”的流程编制。通过资金预算，将回款、支出下达到每一个经营主体，作为业绩考核的KPI指标。只有能产生大量现金利润的企业才是真正强大的企业。所以，资金预算的管理渗透到企业经营管理的每一个细节。

二是预算执行坚持刚性原则，严格预算考核，将预算纳入经营负责人绩效考核的KPI指标。在对资金预算的执行上可谓是十分严苛。公司规定“四不付”要求，即没有立项不允许付款、没有合同不允许付款、没有预算不允许开发、没有计划不允许付款，以上都是公司财经纪律的底线，如有违背，轻则当期绩效考核为“C”（员工考核分A\B\C三等，A占10%，B占80%，C占10%，得C也就意味着留司察看），重则解聘劳动合同，没有任何人敢逾越一步。

所以，一单预算回款、支出数敲定，就要全力以赴去完成，除此之外没有他法。

三是按“周”进行预算执行监控，动态掌控经营成果。年度预算制定后，按季度调整预算，以保证预算与企业战略及年度经营策略保持高度匹配。季度预算定下来之后，分解到每个月。每月底上报下一个月的回款、支出计划，每月的预算执行情况，按周进行监控，第一时间揭示经营及财务风险。需要说明的是，回款指标必须完成，不得低于100%；经营类支出不得低于预算（计划）的80%，但也不得超预算（计划），费用类支出必须在预算控制范围内。通过预算执行率的严格控制，保证了企业经营始终都在“掌控”之中。

（四）融资创新

对于产业新城开发商而言，由于涉及业态多、开发周期长等特点，企业融资能力以及优化的融资组合对于支撑城市综合开发的有序推进至关重要。以往，轰轰烈烈的新城建设多数都是依靠地方政府和下面的城投公司、城建公司埋头苦干，不过好在有政府的信用背书，这些政府融资平台可以用土地收益权进行抵押，从银行拿到大笔的贷款，虽然债台高筑，但城市骨架总算是建设起来了。

而在华夏幸福的模式中，华夏幸福成了没有政府信用背书的“城投公司”，活还是要干，钱还是要垫，从一级开发到基础设施建设再到二级载体建设，资金吞噬量惊人，但是对于这家纯粹的民营企业而言，融资却成了大问题。尤其是在PPP日渐火热的当下，园区PPP与产业新城PPP的融资存在很大障碍，其初期投入大、回收期长、操盘风险大、政策界限模糊、不可复制性、不具标准化等特征，使得融资方对于这个领域看不太清楚，因此在融资方面捉襟见肘。

民营企业的身份，产业新城的不确定性，收益的未知性，抵押物的缺乏，再加上历年来负债率过度高企（2011~2015年的负债率分别为：85.46%、88.52%、86.56%、84.74%、84.8%）和不断增加的短期偿债压力，注定了华夏幸福不可能过多指望银行贷款。我们来看一下华夏幸福2015年财报，即便这时候的华夏幸福已经市值近800亿元，总资产近1700亿元，品牌知名度如日中天的超大型企业，但是其全年银行贷款金额却只占整体融资金额的26.94%，不到三分之一。

情势所迫，华夏幸福硬将自己修炼成了融资高手，翻阅华夏幸福的报表和公告，会感觉就是一本“花式融资百科全书”，在中国能运用的融资方式，华夏幸福几乎都尝试了一遍。连对华夏幸福很多做法嗤之以鼻的竞争对手都由衷地竖起大拇指说，“华夏幸福在融资创新方面确实有一套，值得学习！”

据统计，从2012年（2011年在A股借壳成功，不予统计）至2016年4月份这4年多间，不依靠银行贷款，华夏幸福一共从外部融得资金2974亿元，涉及融资方式多达16种。

统计显示，2012年华夏幸福非银行融资种类为4种，规模共计48.96亿元。之后，随着华夏幸福的迅速扩张和资金渴求度的迸发，华夏幸福从2013年开始融资种类和融资规模都开始迅猛增加：2013年，华夏幸福非银行融资种类为6种，规模总计204.6亿元；2014年，非银行融资种类为9种，规模总计363.31亿元；到了2015年，华夏幸福非银行融资种类猛增到14种，规模也暴增至495.8亿元。

下面，就简单梳理一下华夏幸福眼花缭乱的产业新城融资术，希望能够对参与园区PPP和产业新城PPP的社会资本有一些借鉴意义：

1. 销售输血法

首先，不得不提的是华夏幸福的“销售输血法”，那就是众所周知的住宅销售，这也是多年来华夏幸福业绩支撑和血流顺畅的关键保障。全球企业界有一句人所共知的话：“现金流比利润更重要！”由于产业新城开发旷日持久，现金流进出严重不匹配，如果没有多年来住宅销售的给力支持，别说做到如今的品牌规模，就连活下去都成问题。

以下是华夏幸福历年的住宅销售额。2015年723.53亿，2014年512.54亿，2013年374.24亿，2012年211.35亿，白花花的住宅销售回款是华夏幸福规模迅速膨胀和产业新城全国遍地开花的重要保证。

当然，这些销售额95%都来自于华夏幸福的大本营河北，尤以固安、大厂、廊坊、香河等地为甚。这里面其实造成一个巨大的

"副作用"，那就是当地居民规模根本撑不起如此大的住宅存货体量，购买力更是可望而不可即，能够购买这些住宅的基本都是北京外溢的投资需求，由此可能衍生的结果，必然就是众多睡城、鬼城林立，住宅存货压顶，价格泡沫泛滥，成为悬在京津冀上方的一把利刃，令河北省政府寝食难安。2015年下半年和2016年初，河北省政府三令五申要限制房地产过度开发和打击楼市泡沫，并已经出台了相关政策。

2. 信托借款

信托借款历年来都是占华夏幸福最大比例的融资形式，虽然信托融资成本是所有融资形式中最高的，但由于门槛较低，选择面广，数额巨大，一直是地产公司最为倚赖的融资手段。比如2015年4月，华夏幸福的下属公司大厂华夏就向大业信托有限责任公司借款金额25亿元。

据统计，2015年全年华夏幸福的信托融资总规模达到190亿元，占总体融资比例为40%，而在2014年和2013年，也分别占到44%和43%，只有2012年达到73%。由此也可以看到，早期华夏幸福必须更加依托于高成本、低门槛的信托融资，随着规模的增加、品牌知名度的提升，融资渠道也开始逐渐拓宽，高成本信托融资的比例也在逐渐降低，由此也拉低了整体融资成本。

3. 公司债

2016年3月29日，华夏幸福第二期公司债券发行完毕，发行规模30亿元，期限5年，在第3年末附公司上调票面利率选择权和投资者回售选择权，票面利率5.19%。2015年开始房地产行业的资金面宽松，整体融资成本下降是个普遍趋势，从2015年二季度开始的公司债发行大潮旧很能说明问题，很多公司债成本都在5%左右。这个趋势一直延续到2016年一季度，华夏幸福从2015年开始连续几笔低成本的公司债发行，也成功将其平均融资成本从9.64%拉低到7.92%。这对华夏幸福节省利息支出、提升利润率可是起到关键性作用的。

4. 夹层融资

所谓夹层融资，就是明股暗债，表面上看起来是股权转让，但实际约定未来回购，并以差价作为利息或支付约定利息，由于介入股债之间，故曰“夹层”。

华夏幸福非常擅长这种灵活机动的融资形式。例如2013年11月，由华澳信托募资10亿元，投入华夏幸福旗下的北京丰科建。其中向北京丰科建增资7.6亿元，向北京丰科建提供信托贷款2.4亿元。交易完成后，华澳信托对丰科建持股66.67%，九通投资持股33.33%。这样一来，华夏幸福变成了“小股操盘”的形式。

由于华澳信托变成了控股方，其有权向北京丰科建委派董事，公司对外投资、融资、担保、重大资产处置等重大事项应经全体董事一致通过方为有效，华奥信托享有表决权。同时，华澳信托向北京丰科建派驻现场监管人员，负责管理北京丰科建的证、章、印，并对其所有预售资金回款账户进行资金监管，所有的销售回款都存入监管账户，监管账户内资金只限用于北京丰科建丰台科技园东三期地块商业金融项目开发。

当然，这些仅仅是暂时的。夹层融资的灵活性在于，股债之间的变换是很容易的。在这个信托计划成立满24个月之日起，每满6个月，华澳信托都有提前退出的权利，九通投资是优先购买方。

从这里可以看出，丰科建科技园的收入既可以看作华澳信托的股东收益，也可以看作华澳信托贷款的“利息”。如果最终丰科建收益不如人意，华夏幸福可以选择不接盘继续让渡股权给别人，如果收益前景良好，华夏幸福可以优先购买锁定未来收益，可谓“进可攻退可守”，这也是夹层融资的便利性所在。

而且，这种夹层融资最大得好处还在于财务报表更漂亮。由于华夏幸福成了小股东，项目公司不再进行并表，那么项目公司的负债也不再体现在华夏幸福的合并报表之中，成为表外负债，这样无疑就优化了资产负债表，是现在很流行的一种财务处理方式。

这种夹层融资华夏幸福屡试不爽。随后几年时间，华夏幸福又分别与华鑫信托、长江财富、平安信托等众多信托公司故技重施，把旗下公司股权转让或直接增资，华鑫信托、平安信托和长江财富等都有经营收益权，并可以在相应的时间内选择灵活的退出方式。

5. 售后回租式融资租赁

这也是华夏幸福非常擅长的融资方式，绝对的“变废为宝”。名字听起来比较复杂，但一看实例大家很容易明白。2014年3月，大厂回族自治县鼎鸿投资开发有限公司以其所拥有的大厂潮白河工业园区地下管网，以售后回租方式向中国外贸金融租赁有限公司融资3亿元，年租息率7.0725%，为期两年。

也就是说，华夏幸福把工业园区的地下管线卖给融资租赁公司，该公司再把管线回租给华夏幸福，华夏幸福每年付给该公司租金（3亿元×7.0725%），并在每隔半年不等额的偿还本金，直到2年后等于实际上以3亿元的总价格回购这些管线。

2014年5月，华夏幸福又与中国外贸金融租赁有限公司做了一笔几乎一模一样的融资，以2.86亿元再次把一部分园区地下管线卖给中国外贸金融租赁有限公司，年租息率为6.15%，较上笔便宜了一些，依然是两年后回购完毕。

显然，华夏幸福以远远低于其他融资形式的成本，用没有任何现金流价值的地下管线，获得了近6亿元的真金白银，以华夏幸福项目的收益率，在覆盖这些成本的基础上还能有相当不错的收成，应该说是一笔十分划算的融资交易。

售后回租可选择的标的租赁物范围广、品种多，如通用和专用设备、移动资产（如汽车）以及其他资产（如地下管网）都可评估后出售。而通过银行融资，一般只接受房产抵押。华夏这笔交易中的工业园区地下管网银行肯定是不予接受的。况且，即使银行接受通用设备抵押，抵押率一般也不会超过50%。然而在融资租赁中，由于相关监管条例没有规定融资比例，名义上承租人可按100%的抵押率融资，也就是评估多少钱，就能拿到多少钱。

好处还远远不止这些。由于融资租赁的租金不计入企业借款，相当于降低了华夏幸福的资产负债率，优化了其资产负债结构，便于进一步用其他方式融资。另外，现行规定售后回租业务中出售资产行为，不属于增值税和营业税征收范围。不考虑其他因素，采用售后回租业务可能更节税，也调节了利润。

6. 债务重组

这也是华夏幸福一种巧妙的玩法，债务快到期了，就来个乾坤大挪移，将这笔债务转让给别家，相当于延长了还款日期，或者说就是又借到一笔新的融资。

2014年8月28日，恒丰银行对华夏幸福子公司三浦威特享有8亿元债权即将到期，经过几方商量，恒丰银行将标的债权转让给长城资管，三浦威特接受该项债务重组。债务重组期限为30个月。相当于延长了对银行的还款期限，将融资期限延长了30个月。

债务重组期限为30个月，长城资产对三浦威特的重组收益为：从2014年9月至2015年9月按照未偿还重组债务本金的8%/年计算，日利率=8%÷360；从2015年9月至2017年3月按照未偿还重组债务本金的12%/年计算，日利率=12%÷360。逾期还款的，逾期罚息利率按重组利率上浮30%计算。不能按时支付的利息，按罚息利率计收复利。

7. 债权转让

这其实跟前面的债务重组很像，这是一种较为常见的融资形式，即将自己享有的债权以一定现金作价卖给第三方，相当于以一定的成本提前回收了这部分现金，加快了债权盘活和资金周转速度，很多处于快速扩张期的公司都会倾向于采取这种融资方式。

2014年3月8日，同属华夏幸福旗下的京御地产和大厂华夏之间的债务协议就被做了这样的文章。由于京御地产还欠大厂华夏19.78亿元，大厂华夏以其中到期的18.85亿元作价15亿元卖给信达资产。这样一来，其中的3.85亿元就相当于大厂华夏提前收回现金的成本。

在大厂华夏提前收回现金兴高采烈地离场后，京御地产日子也并不难过。因为这些债务的重组宽限期为36个月，分12期偿还，且前两次都是每3个月5000万元的偿还额，还比较轻松，9个月之后要还2亿元的时候，已经是年底结算，全国项目都在回款，可以说节奏的拿捏让自己非常舒服。

3月14日发生了另一次债权融资。京御地产拟将其持有的对天津幸福100180万元的债权转让给天方资产，天方资产向京御地产支付债权转让价款10亿元。债权转让后，债务重组期限为2年。天津幸福将债务本金中的10亿万元于债务重组期限届满时一次性支付给天方资产；资金占用费由天津幸福自债务重组开始之日起按季支付至天方资产指定账户，资金占用费费率为债务重组金额的9.8%/年。这与上一笔融资除了在还债期限和方式上有别之外，基本大同小异。

8. 应收账款收益权转让

华夏幸福做过两种应收账款收益权的转让。第一种是《商品房买卖合同》项下可收取的待付购房款，这个比较容易理解。2016年3月9日，华夏幸福与平安信托签署《应收账款买卖协议》，由平安信托设立信托计划，以信托计划项下信托资金为限购买华夏幸福享有的标的应收账款中的初始应收账款，以应收账款现金流回款余额为限循环购买公司享有的标的应收账款中的循环购买应收账款。现金流回款余额指扣除由监管银行按照平安信托指令将应收账款现金流回款中的相应款项从应收账款收款账户划转至信托财产专户后的余额。初始应收账款的买卖价款为20亿元；循环购买应收账款的买卖价款为应收账款的账面值，循环购买部分累计不超过100亿元。

听起来很复杂，其实就把未来要收到的钱提前先卖给平安信托，以一定的融资成本提前回流现金，与上面的债权转让大同小异。

第二种就比较特殊了，是对地方政府享有的应收账款收益权转让。2015年7月30日，华夏幸福子公司九通投资将其合法持有的大厂鼎鸿对大厂回族自治县财政局享有的应收账款人民币8亿元，以及嘉兴鼎泰对长三角嘉善科技商务服务区管理委员会享有的应收账款人民币7亿，共计15亿元的应收账款收益权转让给汇添富资本。九通投资拟于目标应收账款收益权转让期满12个月后，向汇添富资本回购目标应收账款收益权。

也就是说，名为转让，实为抵押。了解华夏幸福模式的人都知道，这些应收账款主要是地方政府应该支付给华夏幸福招商落地投资额45%的产业发展服务费用，约定是最多5年支付，实际上什么时候还，或者说到底还不还就真不清楚了。华夏幸福用这两笔不知道什么时候能还的应收账款换来15亿真金白银用一年，绝对也是一笔超级划算的买卖，汇添富资本也不在乎这笔钱到底还不还，反正有利息赚。

值得一提的是，这么好的交易，华夏幸福这5年来只做过2笔，分别是2012年对东莞信托的一笔，以及2015年对汇添富的这一笔，在总体融资规模的比例可谓九牛之一毛。2015年底华夏幸福报表里的应收账款已经高达72亿元，是个非常危险的存在，华夏幸福肯定也希望能够多抵押一些，但是很显然，金融机构也非常担心这些“隐雷”的威胁，一旦爆炸破坏力非同小可，因此多年来敢于刀口舔血者寥寥无几。

9. 资产支持证券（ABS）

自2014年11月资产证券化备案制新规出台以来，交易所资产支持证券发行规模2015年呈现明显加速增长。由于在降息周期和金融市场“优质资产荒”的大背景下，各类投资机构对资产支持证券需求旺盛，华夏幸福也希望能够在其中分一杯羹。

2015年11月23日，上海富诚海富通资产管理有限公司拟设立“华夏幸福物业一期资产支持专项计划”，以专项计划募集资金购买幸福物业所享有的物业费债权及其他权利，以基于物业费债权及其他权利所获得的收益作为支付资产支持证券持有人本金及收益资金来源。此次专项计划将于上海证券交易所挂牌上市。

此次专项计划发行总规模不超过24亿元，其中优先级资产支持证券面向合格投资者发行，发行对象不超过二百人，规模不超过23亿元；次级资产支持证券由幸福物业认购。发行期限方面，专项计划优先级资产支持证券拟分为五档，预期期限分别为1年、2年、3年、4年及5年，次级资产支持证券期限为5年。

华夏幸福表示，此次募集资金主要用于补充流动资金。幸福物业签署《差额支付承诺函》，对专项计划资金不足以支付优先级资产支持证券持有人预期收益和未偿本金余额的差额部分承担补足义务。华夏幸福为幸福物业在《差额支付承诺函》项下的义务提供连带责任保证担保。

10. 特定收益权转让

这其实与平安信托的那一笔商品房应收账款买卖协议如出一辙，

但更规模更小更直接一些。2014年6月19日，大厂华夏、大厂京御地产、京御幸福、京御地产、香河京御、固安京御幸福分别与信风投资管理有限公司签署《特定资产收益权转让协议》，约定转让方向信风投资转让特定资产收益权，特定资产为转让方与付款人已签订的《商品房买卖合同》项下除首付款外的购房款项，转让价款分别为6300万元、1300万元、5200万元、8400万元、2200万元、8600万元。

11. 股权收益权转让

2015年7月16日，建行廊坊分行以5.5亿元的价格受让九通投资持有的三浦威特30.9%股权的股权收益权，九通投资拟于该股权收益权转让期满24个月后，向建行廊坊分行回购标的股权的股权收益权。这种融资本质上与上面的债权转让、特定资产收益权转让等等都是一样的，是一种预期收益权的抵押借款，无非是标的物的区别而已。

12. 战略引资

战略引资，不是简单的财务性融资，入资方是要实实在在参与经营管理，并按照持股比例享受经营收益的。比如2013年10月，资产管理公司天方资产就向华夏幸福旗下的孙公司九通投资其中注资30亿元，13.9亿元进入注册资本，16.1亿元进入资本公积。注资后，华夏幸福的子公司京御地产持有其55%股权，天方资产持有其45%股权。

天方资产进入后，不仅派人进驻董事会，参与经营管理，并享受九通投资的投资收益、利润分红。华夏幸福屡屡利用这种让渡股权和收益的模式增强资本实力，能够实现更快地扩张。

13. 关联方借款

华夏幸福还有几个重要的关联方，都是银行系统的，这也给自己开辟了一条更便利的融资渠道。2014年，华夏幸福的两个间接控股子公司三浦威特和大厂鼎鸿分别向廊坊银行营业部借款人民币 5800万元、3400万元，借款期限均为1年，借款利率均为9%左右。而廊坊银行正是华夏幸福的关联方：公司董事长王文学担任廊坊银行董事，公司董事郭绍增担任廊坊银行副董事长。

同样的借款还有很多次。比如2015年9月9日，三浦威特向廊坊城郊联社借款人民币1亿元，借款期限为1年，借款利率为6.955%。公司董事郭绍增任廊坊城郊联社理事，因此廊坊城郊联社同样是华夏幸福的关联方。

14. 特殊信托计划

2015年5月26日，华夏幸福的两家下属公司，三浦威特对廊坊华夏享有3亿元债权，三浦威特以这3亿元债权作为基础资产，委托西藏信托设立信托计划，信托项目存续期预计为12个月，西藏信托同意受让标的债权，转让对价为3亿元，三浦威特承诺将于信托终止日前的任一核算日按《债权转让协议》约定支付标的债权回购款项。

15. 夹层式资管计划

华夏幸福非常擅长和资产管理公司达成这种资管计划，来进行短期的融资。2015年，华夏幸福及两家下属公司京御地产、华夏新城与大成创新、湘财证券这两家公司签署相关文件，涉及大成创新发行的专项资产管理计划向华夏新城增资4亿元，湘财证券管理的集合资产管理计划或推荐的客户将认购大成创新发行的专项资产管理计划。大成创新有权自出资日起满12个月后，与京御地产签署《股权受让合同》退出华夏新城。

资管计划的整体形式与上述的战略引资模式相似，本质也是一种夹层融资。类似这种资管增资，仅2015年一年时间华夏幸福就运用了15次之多，涉及资管公司包括歌斐资产、金元百利、平安大华、恒天财富等。

16. 定向增发

2016年1月18日，华夏幸福渴盼已久的定向增发完成了资金的募集，最终为华夏幸福拿到了69亿元的真金白银。定向增发这种股票类融资没有利息成本支出，增加了净资产规模，又能够快速填补资本缺口，堪称“一本万利”。

17. 委托贷款

委托贷款名为贷款，却不是银行贷款。说直白一些就是“私人借款”，但经过银行这一道口使得借贷合法化。比如A给B钱，有2种方法，一种是A委托银行放贷款，银行找到B，银行收取中间业务费和账户管理费，A拿到高于银行的利息，B拿到钱；另一种是AB委托银行成为中介人以使借贷合法化，银行收个手续费，A拿到协定利息，B拿到钱。由于这些年委托贷款屡屡用于地下融资、助推股市和楼市泡沫，自身也蕴含着很多潜在风险，故而一直受到银监会的强烈打压。

2013年之前，华夏幸福较少使用这种贷款形式，但随着2014年资金需求量爆发，华夏幸福也开始频频使用委托贷款，如2015年11月，大厂孔雀城与金元百利、上海银行股份有限公司北京分行签署《人民币单位委托贷款借款合同》，借款金额7亿元。

18. 银团贷款

银团贷款是一家或数家银行牵头，多家银行与非银行金融机构参加而组成的银行集团（Banking Group）采用同一贷款协议，按商定的期限和条件向同一借款人提供融资的贷款方式。对于产业地产商而言，这些抱团银行对你的信心，往往比成堆的黄金更值钱。

银团贷款在海外融资市场上比较常见，不得不说，华夏幸福又开了产业地产商的一个先河。2014年10月，华夏幸福间接控股子公司三浦威特从固安县农信社、廊坊城郊农信社、永清县农信社、大城县农信社及三河市农信社组成的社团贷款人贷款1亿元，期限为 1 年，借款利率为8.5%。

19. 银行承兑

这是华夏幸福在2015年新开发出的一种融资手段，也称为“银承”或“银票”，英文叫作“Bank’s Acceptance Bill”。华夏幸福在2015年一共用了3次，如2015年3月11日，华夏幸福下属公司三浦威特与沧州银行股份有限公司固安支行签署《银行承兑协议》，票面金额共计2亿元，承兑金额1亿元。

很多人会对银行承兑这个概念感到陌生。其实通俗一点讲，银行承兑有点类似于企业版的信用卡。办理的银行首先会对华夏幸福有一个极为苛刻的审核，通过审核后就会给一个信用额度，华夏就可以在这个额度内办理银行承兑汇票，预存一定（一般是50%）的资金，还要付一定的手续费，但总体来讲比其他融资便宜些。银行承兑汇票最长期限为六个月，办理完银承，华夏幸福就可以用银行承兑汇票去付它的货款或者工程款，但是等到银承到期日时，华夏幸福必须需要把剩下的50%的款还上，不还的话银行很生气，后果会很严重。

20. 短期融资券

和银承一样都是短期融资的利器。2015年5月26日，华夏幸福控股子公司九通基业投资有限公司拟向中国银行间市场交易商协会申请注册发行不超过人民币28亿元的短期融资券，发行期限1年。

21. 股票质押和对外担保

严格来讲，这个股票质押和对外担保都不算华夏幸福的融资行为，前者是它的控股股东华夏控股的行为，后者是华夏系公司之间为了融资而进行的担保行为。但是由于这些行为都与华夏幸福的融资息息相关，我们也在最后把它们列入进来。

在华夏幸福及其下属公司的很多融资中，华夏控股以及实际控制人都附有连带担保责任，再加上华夏控股自身的产业和投融资也需要大量的质押融资和各类担保。拿什么担保？主要靠华夏控股与公司实际控制人手中持有的华夏幸福股票。

在融资高峰时期，如2015年1月，华夏控股将持有华夏幸福股票中的88%都质押了出去，当时也正是处于华夏幸福股票的高峰期（约50元/股），在5月份之前的整个大牛市中，华夏控股的这个质押比率一直处于80%以上，道理显而易见，股价越高，就越应该质押更多的股票以套取更多的真金白银。

而到了2016年3月，华夏幸福的股价处于低谷期（约23元/股），再加上大量公司债发行与定向增发的完成，现金充沛，华夏控股也明显减少了股票质押的规模，持有华夏幸福股票的质押比例只剩下40%。

由此，也不能不佩服华夏幸福游刃有余的精湛财技。然后就是错综复杂、眼花缭乱的对外担保，这些担保是保证华夏幸福各类融资顺利进行的重要依托。截至2016年4月，华夏幸福及公司下属子公司对外担保累计金额为351.42亿元。正是华夏幸福高超的融资能力保障了其在产业新城领域“攻城略地”、快速布局、快速战略卡位，为做到“以快制胜”、抢占先机提供了极其有力的金融资源支撑。

华夏幸福作为国内产业新城投资开发运营的龙头，大规模地开展融资创新也是在公司上市之后，然而其融资经验也不是放之四海皆准，但却也基本代表了产业新城开发运营商融资的较高“境界”。对于其他中小型产业新城开发商来说，要达到如此“境界”，至少要练好如下几项“基本功”:

一是健全的公司治理结构和较为完善的管理体系。健全的治理和管理体系，是公司经营模式和管理模式逐步成熟的标志，这是金融机构对借款人风险评估的重要内容。如果一家公司管理混乱、模式不清，可想而知，几乎没有金融机构愿意与之合作，这也是广大中小企业和创业企业难以得到金融机构支持的重要原因之一。

二是组建强有力的融资团队。融资工作本质上就是资源获取，在于金融机构谈判、沟通、洽商的过程中，融资团队的综合素质几乎上就代表着公司实力和形象。因此，打造一支业务精、沟通能力强、综合素质高的融资团队至关重要。

三是较高的资源整合能力。要实现公司融资规模大、成本低的目标，就需要公司优化融资组合。这就需要公司整合国内、国外包括基金、信托、投行、证券公司、商业银行等各类金融机构，搭建以直接融资为主的多元化融资平台。

（五）资产证券化

商业不动产作为产业新城业态组合的重要组成部分，对完善产业新城城市功能发挥了重要作用。然而，不动产投资回报期长、资金占有率大的特点，将制约产业新城开发的快速统筹推进。为解决资金回流问题，商业地产资产证券化的需求出现。商业地产资产证券化不仅能拓展商业地产直接融资渠道，还带来了商业地产经营模式的转变，为实现资产规模扩张、提升商业地产品质、最大程度发现商业地产价值创造了条件。

1. 商业不动产需要证券化

（1）资产证券化满足商业地产发展所需要的长期资金支持

商业地产开发周期长、投资额大、回收期长。建成之后，从初始招商到形成稳定租金和80%以上的出租率，至少需要3～5年时间。这就是通常所说的，商业地产需要“养”，需要经过多年培育，才能带来稳定的、可持续的租金回报。目前，我国开发企业主要以银行贷款融资为主，但银行贷款期限较短，在商业地产尚未培育成熟之时就需还款，在资金压力下，多数商业地产只能以快速销售（特别是散售）的方式回笼资金。而散售又造成了商业地产管理难度加大，经营水平难以提升，租金回报率较低，不利于资产升值。

商业地产这种“慢周转”的特性决定了它对长期资本的高度依赖。为解决这一难题，在海外房地产市场上，较为成功的模式是私募基金与REITs的结合。即：在商业地产建成后的培育期，由于风险高、资本升值的潜在回报空间大，引入私募基金介入。而到了商业地产的成熟期，由于风险小，收益稳定，引入房地产投资信托基金产品（REITs）介入，私募基金退出。这个结合成为商业地产实现“轻资产”战略的核心。如果说私募基金在商业地产价值提升时期起到了桥梁作用，那么REITs则在商业地产后期经营持有期间的长期资金的需求提供了通道作用，为商业物业持有人实现长期稳定的持续性经营提供了更大的便利。

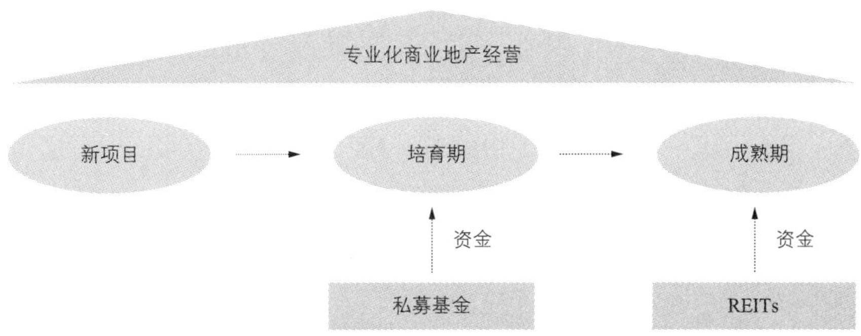

图5-4　资产证券化对商业地产的金融支持

（2）资产证券化保持了物业经营权的完整性

商业地产是一个兼具地产、商业与金融三重特性的综合型产业，它的三重特性既区别于单纯的金融或商业，又区别于单纯的住宅房地产，商业地产更加注重后期的经营管理，收益更依赖于持续性的租金收入。商业地产的这种特性决定了其必须委托专业的管理团队进行统一经营才能确保整体综合效益不断提升。而与此相矛盾的是，迫于资金回笼的压力，商业地产开发商和商业地产私募股权基金当前的退出方式还是以散售为主，如无统一管理，极易造成经营混乱。

通过资产证券化运作，可以有效解决资产的固定性与权益的流动性、经营的统一性与资金的多元性的矛盾。在统一的、专业的资产管理团队经营下，保持了商业地产物业经营权的完整性。通过提高商业地产品质和管理水平，进一步提升商业地产租金水平。这样，良性的资本运作使商业地产实现了专业化经营管理和创造资产稳健增值的可能。

（3）资产证券化拓展了商业地产直接融资渠道

当前商业地产开发商直接融资比例普遍较低，融资方式主要以银行贷款为主，许多商业地产项目银行贷款高达70%～80%。这就直接导致了商业地产企业过高的资产负债率，从而抑制了企业的财务灵活性，约束了企业财务预算，加大了运营风险。资产证券化可以为商业地产开发商提供更灵活、更有效、期限更长的融资方式，拓展了商业地产直接融资渠道。通过资产证券化，可以提高商业地产企业的融资效率，实现融资结构的多元化，优化资产负债结构。资产证券化为商业地产发展带来的长期资金，更有助于实现商业地产由出售向持有经营的转型和升级，进一步提高商业地产经营品质。

商业地产资产证券化主要包括商业地产抵押贷款证券化（CMBS）、以商业地产租金收入和应收账款等未来稳定现金流为支持的非信贷资产证券化（ABS）以及以成熟商业物业为基础资产发行股票、信托受益凭证的房地产投资信托基金（REITs）三种形式。在美国，2013年，抵押贷款支持证券（MBS）规模达到8.72万亿美元，其中，商业地产抵押贷款支持证券占比为6%。抵押贷款证券化扩展了银行贷款能力，分散了银行风险，提升银行的资金周转率和经营效率。而REITs，特别是权益类REITs不仅解决了商业地产长期股本融资的问题，还有助于推动商业地产经营模式的转变。

表5-2　商业地产资产证券化的主要种类

基础资产	证券化产品
商业地产抵押贷款	商业地产抵押贷款证券化（CMBS）
商业地产租金收入、应收账款等未来稳定现金流收入	非信贷资产证券化（ABS）
能产生稳定租金收入的成熟商业地产	REITs

（4）REITs是商业地产证券化的主流形式，代表着商业地产融资发展的方向

REITs最早于20世纪60年代美国推出，产品形式是房地产投资信托基金。它是一种通过公司、信托等形式募集资金并投资持有，在多数情况下经营具有稳定收入的购物中心、写字楼、公寓、仓库等房地产，并将大部分收益分配给投资者的金融工具。通过发行REITs，原本流动性差的房地产被份额化，成为具有流动性的股票、信托受益凭证。从这种意义上，REITs可以理解为房地产资产的IPO。当前，全球的REITs市值规模约1.35 万亿美元，其中，美国市场份额最大，约占60%。REITs兼具了股票和债券两者的特性。和其他投资产品相比，具有如下四点优势。

一是，公开性、透明性和流动性好。由于REITs和股票一样公开上市，因此具备了公开透明的治理和账务管理制度。同时，具备了较好的流动性。

二是，较高的收益水平。1993～2013年20年间，美国REITs年化收益率达到10.2%，超过了标普500年化收益率9.2%、黄金5.8%、债券5.7%等资产的收益。此外，从一个房地产周期的数据看，公开交易的权益型REITs年均收益率达到13.4%，比直接投资物业、投资核心型开放式房地产共同基金、房地产私募基金都要高。

三是，稳定且高额的分红收益。一般来讲，REITs有较高比例的强制派息的要求，使得该产品具备了一定债券的特性。从美国数据来看，REITs的分红率在3%～5%之间，在过去40年内，分红率的年化增长率超过了8%。这种较高的分红率，使REITs具备了较强的抗通胀能力。1992～2011年间，除了2009年金融危机时期，其他年份REITs的分红收益均远远高于CPI。

四是，稳健的财务杠杆。在许多国家和地区，对于REITs的负债率往往设有限制，如香港规定REITs负债率要低于45%，新加坡规定负债率要低于35%，最高不超过60%。在美国，虽然没有负债率的限制性规定，但实际负债率并不高。2014年1季度，REITs的负债率为46.7%，其中，权益性REITs负债率仅为34.4%。

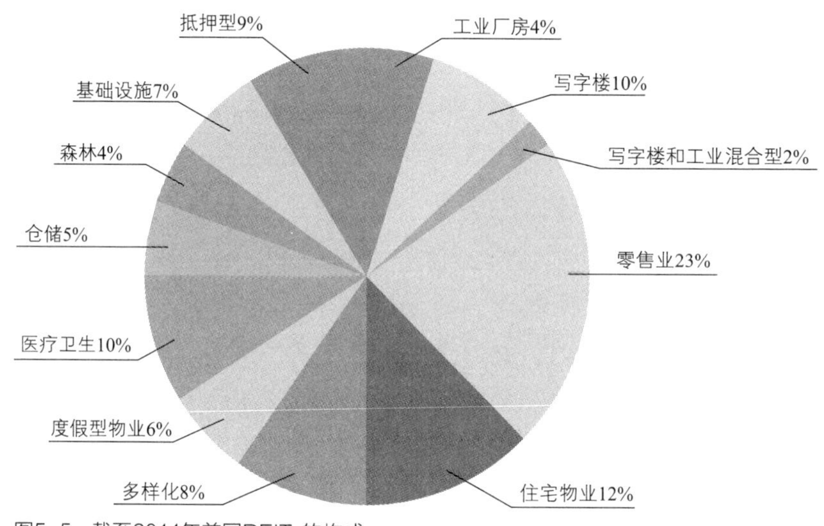

图5-5 截至2014年美国REITs的构成

2. 国外资产证券化发展

国外商业地产资产证券化虽然经历了诸多波折，但是已经形成了比较成熟的模式。由于有比较完善的法律体系作为支撑，各国和地区REITs发展较快。

（1）世界各国和地区REITs发展迅速

世界各国和地区支持REITs的法律大多数是在最近十多年出台的。除了美国早在1960年便颁布《国内税收法典》和《房地产投资信托法案》并标志着REITs正式创立之外，大多数国家和地区REITs法律都是最近十多年出台的，如新加坡《财产信托指引》（1999）；日本《投资信托及投资公司法》（2001）；香港《房地产投资信托基金守则》（2003）；台湾《不动产证券化条例》（2003）等。

从份额上看，美国REITs独占鳌头。目前全球REITs市场的份额来说，美国遥遥领先占55%，澳大利亚占10%，法国约占8%，日本占6%，英国占5%。目前，美国有200多支公开交易的REITs产品，其中权益型REITs持有超过7000亿美元的不动产资产，大概占机构所持商业地产总价值的15%。尽管全球REITs市场在2008 年遭受了金融风暴的严重打击，但是2009 年下半年便开始了较快的恢复性增长。

亚洲REITs成为新亮点。亚洲REITs市场从2000年起步，发展较快，如日本（2001）、新加坡（2002）、泰国（2003）、中国香港（2005）、马来西亚（2005）、中国台湾（2005）以及韩国（2006）都已经开始发展。日本、新加坡、中国香港地区REITs市场在亚洲REITs市场的份额几乎占到90%。同样，受2009 年金融危机的影响，亚洲REITs市场有所回落，但是近年来资金筹集量已经超过历史最高水平。

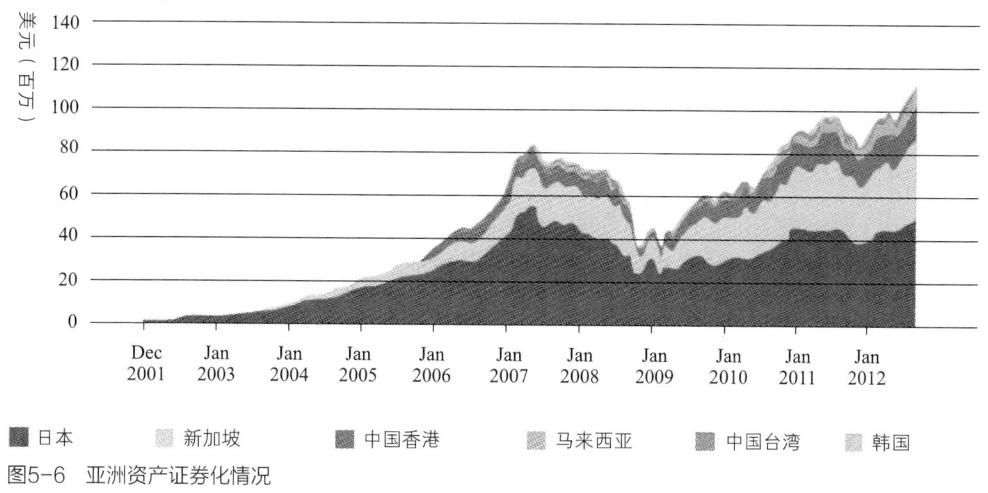

图5-6 亚洲资产证券化情况

表5-3 亚洲各国及地区资产证券化规模

国家（地区）	市值（单位：10亿美元）	在亚洲REITs市场占比
日本	47.28	40%
新加坡	37.68	32%
中国香港地区	19.78	17%
泰国	4.78	4%
韩国	0.58	<1%
总计	118.48	100%

（2）REITs是各国促进房地产市场复苏的重要工具

①美国。从历史上看，REITs的数量和市值规模在20世纪90年代以前呈低水平徘徊，此后迅速壮大。20世纪80年代末期的美国商业银行危机很大程度源于商业银行过度放贷给商业房地产。70年代末的通货膨胀引发了商业房地产开发市场的空前繁荣（特别是办公用房地产），造成了较高的空置率。商业银行深度参与其中，1980～1990年对房地产总放贷额增长了两倍以上，从2690亿美元增至8300亿美元；而对商业房地产开发的贷款额则增长了3倍，从640亿美元涨至2380亿美元。由于价格下跌，1992年商业房地产开发贷款净损失升至历史最高峰2.1%（FDIC研究报告，2007）。面对危机，政府出台了《1986年税制改革法》和《1993 年收入调节法》大幅度减低个人边际税率，取消了对长期资本利得的优惠税率，取消机构投资者的限制性规定，增强了REITs的吸引力，使得REITs获得了前所未有的发展机遇。REITs不断收购价格下跌的商业地产用于出租，获得了稳定回报的机构投资者不断为商业地产注入了新的大量资金，进而房地产市场重新走向复苏。

②日本。日本REITs起步于20世纪80年代中后期，当时在法律上存在诸多限制，致使REITs无法被投资者广泛接受。直至1997年亚洲金融风暴后，日本金融市场在遭受重创的现实压力下，从间接金融体制向直接金融体制转变，于1998 年通过《特殊目的公司法》，并于2000年修正为《资产流动化法》，至此才为日本REITs市场的全面开展清除了法律上的障碍。此外，《投资信托及投资公司法》、《抵押证券法》、《证券投资信托法》、《投资信托法》、《关于不动产投资信托证券的有价证券上市规定之特例》等法律也对推动日本REITs市场的发展起到了很大作用。2001年9月“日本建筑基金投资法人”，“日本不动产投资法人”在东京证券交易所上市，成为日本第一支REITs（日本证券经济研究所，2013）。

③韩国。在1997年之前基本上未开展过与REITs相关的业务，也没有制定相关的法规。1997年金融危机之后韩国政府希望通过REITs在银行不良贷款率较高的情况下解决房地产企业的融资问题，同时吸引市场中各类投资者进行投资以尽快恢复韩国经济。因此，韩国在1998年7月颁布了《资产证券化法案》，该法案也是唯一对REITs经营

管理进行规范的法律。2006年韩国正式建立了REITs。

④新加坡。1998年亚洲金融危机后，为了给广大投资者增加市场投资品种和促进房地产市场的发展，新加坡证券交易所审核委员会提出设立上市财产信托（Listed Property Trusts），即新加坡房地产投资信托基金（S-REITs）。新加坡金融管理局（MAS）采纳并颁布了《财产信托指引》。2002年7月，新加坡推出了第一支REITs。

（3）各国REITs基本管理架构大致相同

房地产投资信托基金是依照商业信托原理设计出的投资工具。依照其原理，由信托机构面向公众公开发行或定向私募发行房地产投资信托受益凭证筹集资金，将其投向房地产项目、房地产相关权利或房地产证券等，投资所得利润按比例分配给投资者。其基本管理框架如下。

第一，股权多样化的要求。美国REITs的股东或受益人不得少于100人，并且在每一个纳税年度至少有335天符合这一规定（百人规则）；要求在一个纳税年度的后半年中，5个或者5个以下的个人间接或者直接持有REITs的股票或者受益凭证的市值不得超过其发行在外的股票或者受益凭证总市值的50%（5/50规则）；德国规定单个股东不能持有超过10% 以上的股份，且至少25%股份必须公开发放。这种规则是为了确保中小投资者获益，并设置了防止大财团垄断收益的措施，也符合我国倡导的普惠金融原则。

第二，收入主要来源于不动产。如美国REITs的总收入中至少有95% 来自：股息、利息、不动产租金；转让或以其他方式处分股票、证券和不动产的收入等。

第三，资产主要由不动产组成。如美国在每一个纳税年度的每一季度末，其总资产中至少有75% 是由不动产资产组成（75%资产原则）。法国规定附加业务必须低于公司总资产的20%，收入主要以出租为主，且来源于多个物业。英国要求REITs75%资产用于房地产出租业，至少用于3个物业，单一物业不超过资产的40%。收入原则和资产原则是为了使REITs从事与房地产辛迪加和房地产公司相反的长期投资，最大限度地平衡房地产市场的发展方向，这样便于控制开发规模，减少资产组合风险。

第四，绝大部分收入要分配。如美国REITs要求在每一个纳税年度至少将其应税收入的90%向股东或者受益人分配；德国和日本均要求REITs的90%以上收益要分配。该项分配原则是为了确保普通投资者获益。美国REITs已经经历60年的发展，非常成熟。而欧洲REITs和亚洲REITs都在最近十多年时间中借鉴美国经验发展起来，其管理架构与美国大致相同，但某些方面仍有些差异。如各国和地区对杠杆率要求各不相同，特别是亚洲和欧洲的REITs，如香港地区要求不超过资产总值45%，新加坡要求不超过资产价值35%；德国要求不超过55%。但澳大利亚和美国对杠杆率均无要求。

比较	美国REITs	德国REITs	英国REITs	新加坡REITs	日本REITs
对收入和资产结构的要求	75%资产为房地产或现金等价物;95%收入来自房地产投资。非REITs 公司股票不得超过资产的10%;单一投资不得超过5%；投资REITS 股票不得超过资产的20%	至少有75%的资产和收入是租金收入/营业性租赁/资本收益	至少有三种资产(除了自有资产);每种资产不能超过40%;75%的收入和资产必须是资产租赁业务	开发性项目小于10%;至少75%的收入来源于房地产	严格限制开发性项目；95%的资产必须是房地产资产以及相关资产
股权持有的限制	最低为100名股东，前五大股东持股合计不超过50%	单个股东不能持有或超过10%的股份。IPO发售必须超过25%	单个股东不能持有或超过10%的股份，违反者将处以对分配征税的惩罚	至少500名股东持有25%以上的REITs	10个最大股东必须持有低于75%股分，上市REITs持有人数必须大于1000人
可支配收入分配的最小值	应税收入的90%;出售利得无最低分红要求	90%	90%	90%	90%

图5-7　各国资产证券化管理架构

（4）各国和地区对REITs均有不同程度的税收优惠

虽然各国和地区自身税收框架不同，但对REITs在各层面均有不同程度的税收优惠。并特别注意投资者分红所得税和项目公司所得税的税收平衡，避免双重征税。从国际REITs税收优惠的惯例看，大多数国家向投资者分红征税，项目公司所得免税或者项目公司分红部分免税。与之相比，香港REITs在项目公司层面征税，则投资者分红和出售利得免税。在投资者分红所得上，许多国家也有优惠，如美国若分红已缴纳公司所得税，个人投资者分红适用税率从35%下降到15%，新加坡个人投资者分红收入和出售利得均免税。

表5-4　各国和地区的REITs税收优惠基本框架

	REITs投资者税收	REITs层面税收（交易环节）	项目公司层面税收（持有环节）
美国	企业投资者缴纳35%；已缴纳公司所得税，个人投资者分红适用税率从35%下降到15%	一般收入和出售资本收入部分免税	租金收入用于分红部分免税；项目公司产生收入仍须缴纳相应所得税
英国	企业投资者23%、个人投资者所得分红按20%税率纳税；出售REITs利得需正常纳税	出售利得所得税免税；出租收入免税，其他收入可征23%的公司税；REITs自行开发且持有期短于3年的需纳税；无转让税收优惠	所得税免税，但投资其他REITs收益不免税
德国	企业投资者分红及资本利得税率为25%；个人投资者分红及资本利得税率为26.37%	出售利得所得税免税	所得税免税；房地产税、贸易税无优惠
日本	个人投资者分红收入税率2013年为10.147%；2014年为20.315%，之后年份为20%	转让税优惠税率1.3%（正常税率为4%）；契税优惠税率1.7%（正常税率为5%）	分红计入税前成本
新加坡	个人投资者分红收入原则上免税；个人投资者出售利得免税	印花税、出售利得所得税均免、出租收入免税	分红部分免税；出售利得免税；但房产税无优惠
香港地区	企业投资者、个人投资者分红及出售利得均免税	出售利得所得税免税	SPV层面利润征税；来自SPV的分红免征；境外取得的收入免税

在REITs层面，也就是交易环节，各国和地区REITs一般也有税收减免。如英国、德国、新加坡、中国香港地区均对出售利得免税；美国对出售利得用于分红的部分免税。另外，一些国家在设立REITs时有税收优惠。如美国房地产公司变更为 REITs时，持有期超过10 年的资产所产生的重估增值可免税；德国房地产公司变更为REITs时或向REITs出售资产（需满足特定条件）产生利得可享受50% 的所得税优惠。但是有的国家如英国、日本等国REITs设立期没有税收优惠。

3. 我国资产证券化实践与探索

目前，我国在商业地产资产证券化领域已开展了一些探索。在已有案例中，大致可分为三类：一是标准REITs，如开元REITs和春泉REITs，均在香港上市；二是准REITs，以中信启航专项资产管理计划和高和资本的中华企业大厦案例为代表；三是其他通过专项资产管理计划形式实现的资产证券化，如欢乐谷主题公园入园凭证收入专项资管计划、海印股份专项资管计划等。

（1）标准REITs

如开元REITs和春泉REITs，以国内酒店、写字楼为基础资产，通过REITs打包在香港上市。开元REITs。2013年7月在香港上市，基础资产为浙江开元集团旗下4家五星级酒店和1家四星级酒店。实际发行25% 的基金份额，发行价为3.5港元，募集资金6.75亿港元，预期回报率为7.8%，由开元集团做担保，如达不到预期收益率，则由开元集团补足。从投资人的结构来看，公众持有人比例为32.42%、凯雷28.39%、浩丰国际39.20%。春泉REITs。2013年11月在香港发售，管理人为春泉资产管理有限公司，基础资产为北京华贸中心两座写字楼及地下停车位，发售定价为每单位基金份额3.81港元，募集资金规模为16.74亿港元，预计年化收益率为4.94%~5.23%。

（2）准REITs

典型案例包括高和资本的中华企业大厦案例和中信启航资管计划，其在部分运作环节上所呈现的方式已与私募REITs非常接近。

①**高和资本中华企业大厦案例**。中华企业大厦系位于上海南京西路上的一栋老旧的写字楼，高和资本通过非公开方式向高净值人群募资，门槛一般在3000 万元以上，同时还利用了较高的金融杠杆。中华企业大厦的总投资金额约9 亿元，资金结构是3：2：1，即3 指银行并购贷款，2 指信托公司的夹层融资，1 指高和持有的劣后级。收购中华企业大厦后进行整体改造，汰换租户，提升品质，并引入国际的物业管理公司，将项目打造成南京西路一栋稀缺的精品写字楼。国内由于REITs迟迟不能推出，如何在物业的流动性和物业整体价值的完整性两者之间取得平衡是商业地产行业的一个重大难题。高和资本通过深入的资产管理（包括设定投资人门槛，统一物业管理，统一出租，流动性支持等一系列最长可达10年的资产管理服务）确保物业自身运营管理的完整性。同时，通过整层的出售给民间投资人使产

权可以自由流动。如此，一方面保证了基金的退出，另一方面保持了物业运营的完整性和品质。该类探索实际上是一种类私募REITs的安排，是向标准REITs方向的一种有益探索。

②**中信启航专项资管计划**。2014年1月，中信启航专项资产管理计划设立，管理人为中信金石基金管理有限公司，基础资产为北京中信证券大厦第2～22层和深圳中信证券大厦第4～22层房产及对应的土地使用权。募资规模52.1亿元，其中优先级36.5亿元，次级15.6亿元，比例为7：3，优先级份额存续期间获得基础收益，退出时获得资本增值的10%；次级份额存续期间获得满足优先级份额基础收益后的剩余收益，退出时获得资本增值的90%。优先级的评级达到AAA。期限不超过5年，投资人全部为机构投资者。中信启航专项资产管理计划通过在深证交易所系统挂牌交易，在流动性提升方面实现了非常重要的突破。

（3）专项资产管理计划

目前来看，专项资管计划是实现企业资产证券化的一种可行途径。如欢乐谷主题公园入园凭证收入专项资管计划、海印股份专项资管计划等。

①欢乐谷主题公园入园凭证专项资管计划。2012年11月，欢乐谷主题公园入园凭证专项资管计划发行，管理人为中信证券，募资总规模为18.5亿元，其中优先级受益凭证规模为17.5亿元，信用评级为AAA；次级受益凭证规模为1.0亿元，由华侨城A 全部认购，期限不超过5 年。华侨城A的母公司华侨城集团公司为该资管计划提供不可撤销连带责任担保。

②海印股份专项资管计划。2014年8月，广东海印集团设立专项资产管理计划，以旗下15家商业物业经营收益权为基础资产，募资总规模15亿元。其中优先级资产支持证券14亿元，由符合资格的机构投资者认购；次级资产支持证券1亿元，由公司代表原始权益人全额认购。海印集团对该资产管理计划进行担保，如基础资产未来现金流不足以偿付本金和预期收益，则由海印集团进行差额补足。2014年9月，海印股份专项资管计划在深交所挂牌交易。

（4）专项资产管理计划和标准的REITs的区别

第一，基础资产不同。REITs的基础资产是能够产生稳定现金流的物业资产。而专项资产管理计划的基础资产则可以包括不动产，如中信启航资产管理计划，其接近于私募REITs，除可取得租金收益外，还可取得资产增值收益；也包括收益权、债权等依附于某资产之上的权利，如欢乐谷主题公园入园凭证专项资产管理计划的基础资产为入园凭证收入。

第二，存续期不同。专项资产管理计划有存续期，如中信启航资产管理计划的存续期不超过5 年，中信某物业租金资产管理计划的存续期为10 年，欢乐谷入园凭证资产管理计划的存续期为5 年，这些资产管理计划到期后需向投资人还本付息；而REITs是永久持有某资产组合，在不考虑退市的前提下不存在存续期的问题。

第三，原始权益人需求不同。对于原始权益人而言，国内的专项资产管理计划是企业资产的证券化，是以企业资产产生的现金流来实现融资。而真正意义上的REITs对原始权益人来说主要则是实现退出，回收资金。

第四，投资人的群体不同。标准REITs持股比较分散，个人投资人大规模参与，流动性较好；国内的专项资产管理计划目前仍以机构投资人为主，有待于投资人的多元化以及交易机制的创新来提升流动性。

（5）基础资产要求特定化和有稳定的现金流

第一，基础资产特定化。从所调研的几个案例来看，基础资产包括如下几类：一是在海外发行的REITs，其基础资产为酒店、写字楼和商业等。二是以租金收入为基础资产的准REITs和资产管理计划，如中信启航资产管理计划、海印资产管理计划和中信某物业租金资产管理计划为商业物业的租金收入；三是华侨城资产管理计划为主题公园入园凭证收入。上述基础资产的共同特征是相对稳定和清晰，并具有明确的权属边界。

第二，现金流稳定。上述资产证券化的基础资产都有可预计的稳定的现金流，包括租金收入、门票收入等。

第三，在较大程度上对基础资产进行独立监管或隔离。资产证券化的一个关键前提是基础资产的独立性和风险隔离，对于标准REITs和准REITs产品，可以将作为基础资产的商业物业真实出售给SPV，实现了与原有企业的破产隔离，更大程度上阻断了风险。

（6）通过多种方式进行增信

一是结构化信用增级。产品结构分为优先级和次级。由原始权益人持有次级份额的这种结构化信用增级方式，一是有助于提高优先级的信用评级；二是原始权益人留存适当份额，可以缓解其他投资人对道德风险的顾虑；三是可满足优先级的收益率要求；四是原始权益人也可通过持有次级份额，可能获取高额剩余收益，也可能承担较大风险。如中信启航资产管理计划，分为优先级和次级，二者比例为7：3，优先级存续期间获得基础收益，退出时获得资本增值部分的10%；次级份额存续期间获得满足优先级收益后的剩余收益，退出时获得资本增值的90%。

二是原始权益人担保。如果所产生现金流不足以达到预期收益率和偿还本金的要求，则由原始权益人对差额部分进行补足。如海印资产管理计划、开元REITs等，都采取了这种方式。开元REITs的预期派息率为7.8%，开元做担保，如达不到预期收益率，则由开元补足。

三是实际现金流高于融资额及预期收益之和，覆盖率在1以上。以收益权为基础资产的资产管理计划，其现金流要大于所发行资产管理计划的本金和收益。如欢乐谷资产管理计划，根据历史门票收入和对未来的预期，估测2013～2017 年（该资产管理计划的存续期）可以取得的现金流（门票收入）可达30.9 亿元，而发行的资产管理计划规模仅为18.5 亿元，仅为其基础资产可产生现金流规模的约60%。

四是优质租户。如中信启航资产管理计划，其优质的租户也有助于为该资管计划增信。

此外，目前专项资产管理计划的投资人基本是机构投资者，尚未对中小合格投资者开放。如中信启航资产管理计划的发售对象为合格机构投资人。而标准REITs的投资人包括机构投资者和中小合格投资者，REITs事实上是个人投资者投资房地产的一个重要渠道。

从国内资产证券化的案例来看，发行主体多以开发商和大的金融机构为主，独立的资产管理公司较少，与香港较为相似。从美国来看，其发行主体既包括如铁狮门一类的实行纵向一体化的地产公司，也包括独立的资产管理公司。

4. 商业不动产资产证券化技术要点

REITs的估值是资产证券化的重要技术要点。

作为一种权益型投资产品，REITs有着与其他公开市场交易的股票类似的估值方法。但是，REITs也有其特殊的属性。一方面，REITs实质上是以持有房地产为目的的投资实体，从这个意义上讲REITs股票的价格应当反映REITs所持房地产的现值；另一方面，REITs通过管理人的主动管理，能够实现积极的资本扩张和价值提升，与证券市场上的其他经营性公司也有相似之处，应当根据其自身的潜在盈利能力估值。因此，REITs的分析师和投资者倾向于将传统的股票估值方法和房地产估值方法结合在一起使用，估算出REITs的基本价值。REITs估值方法主要有：现金流贴现法、收入资本化法和相对倍数估值法。

（1）现金流贴现法（DCF）

REITs作为一种房地产证券化产品，在发达国家已有几十年的历史。在美国，以公司形式设立的REITs，其资产至少要将75%投资于不动产，收入中至少有75%应来源于不动产的相关收入；应税投资收益扣除资本利得与确定的非现金可纳税收益之外，以股利方式分配给投资者的比例不得低于90%。上述对资金投向、收益来源和分红政策的规定，均使租金收益成为REITs定价的核心。研究表明，过去20年中，美国权益型REITs的价格指数与租金指数的相关系数达到0.72。因此，REITs的价值在很大程度上取决于其租金收入产生的现金流。基于此，在一定条件下通过现金流贴现的方法可以对REITs产品的内在价值进行评估。

DCF估值是对物业产生的现金流采用一定假设构建财务模型，贴现加总经营物业后续各期现金流量以及预测期末终值的估计金额。与制造业企业的厂房设备在生产经营中不断耗损不同，REITs持有的物业在大多数年份中升值，但每个会计期末对物业计提的折旧大大降低了净利润，对REITs业绩构成了损害，因此净利润、每股盈余和市盈率指标并不适用于REITs价值的衡量。取而代之的是通过在期末净利润基础上，通过调整折旧、资本性支出以及非经常性损益等对不会影响REITs可持续支付股息能力的因素，分别得出营运现金流（FFO），调整后营运现金流（AFFO），以及无杠杆自由现金流（UFCF）。调整后营运现金流和无杠杆自由现金流都反映了股东最终能够获得的剩余现金流，可以用于评估REITs的价值。因此，DCF方法计算物业各期现金流的调整起点一般为净利润，估值的关键是给出一系列合理的假设条件，其中包括：加权资本成本（贴现因子）、现金流增长率、折现期限以及REITs的贝塔值等。

（2）重估净资产价值（RNAV）—收入资本化法

RNAV估值法适用于房地产企业或有大量自有物业的公司。其意义为：公司现有物业按市场价出售应值多少钱，如果买下全部REITs份额的支出少于REITs按市场价格卖出其持有物业的金额，那么表明该REITs的价格在二级市场上被低估。RNAV法基于全部物业的租金收入，将公司的全部租金收入以一定的贴现率加以资本化，选取的资本化率一般为可比物业真实交易的租金收益率。

由于重估资产价值法衡量REITs持有物业的价值，不考虑该REITs的运营效率、资本结构和税收，因此RNAV法中的贴现因子偏高。以上原因会导致RNAV 的估值结果较DCF估值偏高。

四、周密的计划运营能力

（一）计划体系在战略执行过程中的作用

支撑产业地产多业态、全价值链发展的计划体系对公司的运营起着十分重要的作用。计划体系处于战略规划执行阶段，是战略从规划到实现的过程。计划体系以战略实现为目的、以项目实施为支撑、以计划管理为实施方法、以绩效考核为评价、以KQA/KMA（季度/月度关键任务考核）为过程控制手段，形成PDCA循环。

（二）计划体系的实施步骤

1. 工作计划的编制

传统上，目标由上级制定，然后落实到下级，是一种单向过程。

由于缺乏沟通，目标制定中可能存在不合理性，且目标在自上而下的分解过程中可能丧失一致性，如此种种，直接导致执行力不足。为使目标能制定得科学、分解得合理，执行得有效，必须注重上下级的沟通。华夏幸福基业集团与各事业部/大区之间形成“二下二上”的沟通流程，确定、分解目标，编制工作计划表。

“一下”：集团将确定的集团年度预算目标分解并下达至各下级单位；

“一上”：下级单位基于已实施项目的盘点和新增项目的预测编制并汇总本事业部/大区计划表（回款额、支出额及净现金流），上报集团审核；

“二下”：集团审核各事业部/大区计划表，关注计划表指标与集团目标的一致性以及项目进度、费用支出和销售回款预测的合理性，出具并下达审核意见；

“二上”：各事业部/大区根据集团审核意见调整并再次上报，完成并确认计划表。

2. 保证计划表目标达成的过程控制

为保证项目目标与集团战略规划目标的一致性，集团通过立项管理程序进行过程控制，由项目投资委员会和各专业评审小组对各环节进行评审。

对各类项目开发进度的把控，集团通过控制项目关键节点来实现，针对开发类、基建类、产业园区等不同类型的项目分别控制不同关键节点。

该阶段主要工作成果包括资源匹配计划表、项目成功标尺、项目进度计划（关键节点计划）以及职能部门工作计划等。

3. 绩效考核指标的确定

在运营过程中，必须通过组织绩效考核监控战略实施过程，保障公司战略目标的达成。通过计划表、KPI指标库形成各利润中心年度KPI考核指标及权重，通过项目进度计划、部门日常工作事项提取KQA /KMA考核指标（计划任务考核）。考核中，执行定量与定性相结合的考核机制。

定量考核： KQA/KMA考核结果由集团计划运营中心根据考核实际结果计算得出；KPI考核结果由集团计划运营中心负责数据收集，并根据业绩合同约定的评分标准计算得出。

定性考核： 由董事长进行评价，评价维度包括战略、运营、组织发展、工作质量等。

（三）计划实施的关键点

1. 确保项目指标切合实际且与集团整体目标一致

集团下达目标后，各利润中心基于项目进行测算，并通过现有资源匹配来检验目标的可实施性。对于无法实现的目标，各利润中心提出资源匹配方案和计划上报集团，集团从全局角度进行资源协调或目标调整，保证集团和各利润中心对最终目标的一致认可，避免分歧。

2. 通过项目成功标尺保证项目目标的实现

每个项目的目标各不相同，这就需要通过项目成功标尺对项目目标加以引导和明确，避免盲目进行项目开发，使每个项目目标都在集团战略的指导之下，都是集团战略目标实现的支撑。

3. 通过项目关键节点控制现金流量和计划表的实现

计划表关注的是回款额、支出额及净现金流，而回款和支出与项目开发进度紧密相关，通过项目开发关键节点的控制，就在总体上把控住了资金的支出与流入，也就确保了计划表目标的实现。

计划体系实际是“战略执行＋计划管理＋绩效考核”三位一体的管理体系，关键在于单个项目目标符合战略目标、项目实施符合项目既定目标、以考核为手段控制项目实施节奏。

计划体系以战略目标为出发点制定项目计划，避免项目投资与战略脱节，保证战略的执行，并以绩效考核为手段促进目标达成。“二上二下”的沟通过程，保证各利润中心目标与集团整体战略目标一致，降低下级单位对指标的抵触，避免集团“强制摊派”。通过项目成功标尺和关键节点控制，保证每个新开发项目的目标都在集团战略的指导之下，都是集团战略目标实现的支撑。

（四）案例：万达“2342”计划管理体系

万达广场从拿地到开业的开发周期为20-24个月，最快18个月，平均为22个月，这种速度在商业综合体开发中是相当惊人的，那么万达是如何做到的呢？本文试图从万达计划管理层面进行解读，研究发现，“强管控、超常规运作及严考核”是万达强执行力的有效法宝，概括起来就是“2342”计划管理模式。

1．权责2条线：纵向强管控，横向强协同

（1）**纵向强管控：三级管理，逐级盯**。针对商业综合体项目，进度就是现金流，进度就是生命线，为强化对进度的管控，首先万达针对不同的节点类别确立了不同的管控和监控方式。万达计划根据项目差异（如是否含酒店）共制定了8类模板，开发期均按20个月、22个月、24个月、26个月进行编制，整体项目计划模板共325个节点(含酒店353个)，根据不同节点类别，万达确立了不同的管控方式，具体管控关系如表5-5所示。

表5-5　万达的纵向三级管控

节点类型	节点个数	节点内容	管控主体	监控主体
一级节点	一级节点53个（含酒店63个）	项目开工、开业和需要各部门密切配合的重要节点	各系统、各主管部门和项目公司管控	分管副总裁督办落实，执行总裁跟踪检查
二级节点	二级节点85个（含酒店94个）	项目公司发起、集团各相关部门配合的节点	各系统、各主管部门和项目公司管控	分管副总裁督办完成
三级节点	三级节点187个（含酒店196个）	项目公司自行完成的节点	各责任公司管控	主管系统跟踪检查、督办完成

（2）**横向强协同：责任一条线，劲往一处使**。纵向管控关系明确后，在落实具体某个节点责任主体的时候，万达采取的不是落到某一个部门或者人员身上，而是责任一条线的方式，比如施工图设计单位的确定，责任人就分别有项目公司设计主管、项目公司设计部经理、项目公司分管设计副总经理、项目公司总经理、规划院项目负责人、规划院分管建筑所长、分管项目副院长、规划院院长及分管规划副总裁，如果该节点延误，该节点责任人就要共同受罚。为什么要采取这种方式?主要是因为万达采取集团强管控模式，对进度要求异常

严格，因此强化集团及下属公司高管的管理责任，便于项目层面进度出现延误风险时，能够及时协调资源来共同解决。如下表所示：

表5-6 万达横向责任一条线体系

级别	阶段	业务事项	责任人						
			责任部门			分管领导			
1	筹备	班子组建			人力资源部分管招聘副总经理			人力资源部总经理	分管人力副总裁
2	设计	规划启动会	项目负责人	建筑分管所长	分管建筑副院长			规划院院长	分管规划副总裁
3	设计	施工图设计单位确定	项目公司设计部经理	项目公司分管设计副总经理	项目公司总经理	规划院分管建筑所长	分管项目副院长	规划院院长	分管规划副总裁
1	筹备	编制人员到岗	项目公司人事主管	项目公司行政部经理	项目公司总经理			人力资源部总经理	分管项目副总裁
1	摘牌	摘牌	发展部发展经理	发展部区域副总经理	发展部区域总经理			发展部总经理	分管发展副总裁
3	设计	移交摘牌条件	发展部发展经理	发展部区域副总经理	发展部区域总经理			发展部总经理	分管发展副总裁

2. 流程3要点：编制方式合理，调整规则清晰，调整程序严格

（1）**编制方式合理：多部门协商，群策群力推演完成。**在计划编制时，为保障计划的合理性，所有综合体项目都参照8类计划模板，以项目摘牌信息中明确的交地之日，作为计划有效工期的起点时间，结合项目实际情况(地质情况、严寒冬施、超高层等)，由项目管理中心计划部组织召开项目启动会，并牵头组织项目计划的编制工作，在项目摘牌后30天内完成计划编制，具体流程如下：

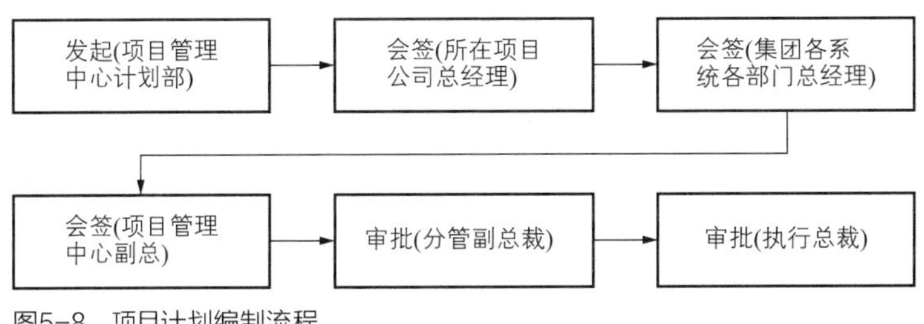

图5-8 项目计划编制流程

通过各部门共同参与和推演的方式，各部门工作节点、勾稽关系及相互配合支撑关系就最大程度的明确下来，为后续执行奠定了基础。

（2）**明确调整规则：让计划执行无借口**。在计划明确以后，过程中就必须严格执行，但在很多企业日常工作中，假如节点延误，往往能够找出一大堆理由要调计划，万达为保障计划的严肃性，原则上不予调整，明确规定只有发生如下七类情况下才可以调整，其他一律不可调整。

表5-7 万达允许计划变更的七类情况

序号	计划变更原因	发起部门
1	因调整开业时间而导致的整体计划调整	项目管理中心计划部
2	因土地拆迁而导致的计划变更	项目公司
3	因地质灾害原因导致的计划变更	项目公司
4	集团董事长批准的成本单项金额在2000万以上的调整 集团总裁批准的1000m^2以上的业态调整；或步行街10个及以上的商铺调整	造成变更的责任部门
5	因前序节点滞后（出现红灯）而导致后序节点无法按时完成	后序节点责任部门
6	因设计变更而导致后序节点无法按时完成	造成设计变更的责任部门
7	因招商调整而导致的计划变更	商管总部

（3）**严格调整程序：层层加码，传递压力**。在明确了调整规则后，发起调整流程审批时也会根据节点级别定义不同的流程终端，加大流程审批难度，反向迫使责任人尽力赶工。

3. 业务4前置：超常规工作，缩短前期工作时间，拿地即开工

万达一级计划规定，交地后75天土方开挖，融资证件交地后60天完成，主力店、次主力店与步行街商铺的业态规划在交地后90天完成……按照正常操作，即使有严密的计划，万达也很难在规定时间内完成商业广场中酒店与大商业的开业。因此，为完成计划，万达在各地的操作中采取了一系列的超常规手段，其实最主要是要抢前期时间，做到拿地即开工，提高资金周转率。

（1）**团队组建前置**。为保障项目工作正常开展，项目团队的搭建是首要前提，万达要求项目班子组建在项目摘牌前60天就开始进行，在摘牌前30天完成，而财务、成本、工程和设计等编制人员的

最终到岗留出两个月招聘时间，要求在摘牌后30天全部到岗。

（2）**设计前置**。万达在摘牌前20天即召开规划设计启动会，在交地后5天即完成总图指标签批移交，交地后25天即完成单体方案签批移交，速度比常规企业快了3~4个月。另外正常项目是全部或基础图纸完成后进行施工，但22个月的工期不允许万达这样做，为此万达在管理上采取分段出图，保证施工如先完成土方开挖图再完成桩基图而不是上部设计完成后才进行基础与围护的设计。

（3）**报建超常规**。由于良好的政府关系，及项目对当地的影响，万达拿地前就与地方政府进行深入沟通，双方约定好开业时间后，万达与政府相关部门对接，政府为万达开辟绿色通道，以倒计时方式让各项报批获得快速通过。这种待遇不是一般开发企业能享受的，背后是万达过去的信誉与商业开发为地方带来的税收、就业及周边土地升值利益。

（4）**招标前置**。万达总包招标在摘牌后5天即开始，在摘牌后45天即完成，由总部成本部完成，同时与图纸设计穿插进行，确保在交地后50天就可以实现总包进场。

4. 考核2个灯：黄灯预警，红灯“杀人”

为保障进度目标的达成，严考核是一种有效的驱动方式，为此，基于计划模板权责矩阵，万达明确了集团及项目公司层面各责任主体需要负责的节点，如下：

表5-8　万达各责任主体节点分工

人员划分	责任人	责任节点
项目公司	总经理	职责范围的所有节点
	副总经理	分管工作所有节点
	责任部门责任人	具体负责的所有节点
规划院、酒店、院线、百货等各系统	院长、各系统总经理	所有分管项目的一、二级节点
	副院长、责任部门总经理	所有分管项目的所有节点
	责任部门责任人	具体负责的所有节点
总部各部门	分管总裁、总裁助理	所有分管项目的一、二级节点
	责任部门总经理	所有分管项目的所有节点
	责任部门负责人	具体负责的所有节点

在明确了责任人后，万达针对每个节点赋予不同的考核分值，其中一级节点15分，二级节点10分，三级节点5分，针对这些节点万达出台了红黄两大亮灯机制：

表5-9 万达红黄亮灯机制

亮灯类别	定义	处罚	特别措施
黄灯	未按计划达成节点，且延误少于一周	不扣分	如果出现一个黄灯，下一步补上后黄灯会自动消失，变成绿灯；但是一年之内有三个黄灯出现，就等同于一个红灯，一年出现三个红灯则下课
红灯	黄灯出现后一周工程量没有补上去或者工作量没有达到，则变成红灯	按节点类别扣分，出现三个红灯相关责任人下课	

在这样的情况下，每个人特别紧张自己的工作，生怕误了节点，每个人都知道下一步要干什么，一定不能耽误，耽误了在信息化系统中全集团都可以看得到，红灯数量还会在总裁办公会上通报，这是很大的压力。所以在横向一条线考核的情况下，出现一个黄灯大家都一起研究解决，出现一个红灯是很大的事，大家一起摆平，抢回来。

另外，万达每年底还会针对各责任人计划达成情况得出各自分值，形成每个人的年度计划系数，与年度奖金挂钩，通过这种强考核的机制，有效驱动了万达计划执行效果。

综上所述，万达自上而下通过清晰的权责划分，科学的流程管理，前置与超常规的业务操作以及严格的考核四大机制，有效地提升了计划达成率，成就了万达强执行力和速度传奇，值得业内企业学习和借鉴。

Chapter

06

| 第六章 |

发展趋势展望

随着我国经济步入新常态，经济发展逐步从高速增长转为中高速增长，地产开发也从过去十年的“黄金”时代过渡到了“白银”时代。随着新型城镇化的快速推进，传统地产开发模式的发展“瓶颈”越来越明显，越来越不能满足市场需求以及社会发展要求。2015年，中央城市工作会议要求，未来城镇化要走“以产兴城、产城一体”的新型城镇化之路。这就要求传统地产开发商积极适应发展趋势，优化商业模式，在进行地产开发的同时，高度重视产业的植入和产业的培育，打造和谐宜居的产业新城。笔者认为，如果将传统地产开发商比作本科生的话，那么商业地产开发商则是硕士生，产业地产（新城）开发商才是博士生！

一、新常态下中国房地产市场分析

（一）国内外经济形势分析

1. 国际经济环境的复杂性和不确定性依然存在

2015年以来，世界各大经济体的复苏情况总体较为疲软。美国基于国内较好的经济基本面，率先复苏、进入加息周期，而欧元区、日本的复苏则较为疲软。以中国为代表的新兴经济体的经济增长则面临下行压力。在全球局部的反恐战争愈演愈烈、地缘政治冲突不断升级、美元加息及欧元区和日本的持续量化宽松政策的大环境下，2016年世界经济的持续复苏仍存在较大的挑战。对中国而言，出口、汇率和资金流向等方面仍可能呈现波动性，经济运行依然面临较为严峻的考验，房地产投资筑底回升对中国经济稳增长意义重大。

（1）美国经济复苏，率先进入加息通道

从主要经济指标的走势来看，2015年美国的GDP、就业、消费者信心指数等数据在持续好转。从GDP增速来看，前三季度环比增速分别为0.6%、3.9%和2.1%，表明其经济运行逐步向好。从消费和投资的角度来看，国内个人消费支出稳步上升，第三季度的增速达到了3%，消费者信心指数和投资者信心指数总体也处在较高的水平。从房地产走势看，新屋销售面积和成屋销售量11月的累计同比分别增长13.9%和6.2%，且住房价格不断攀升，成屋库存也在不断下降，市场总体形势在不断的好转。

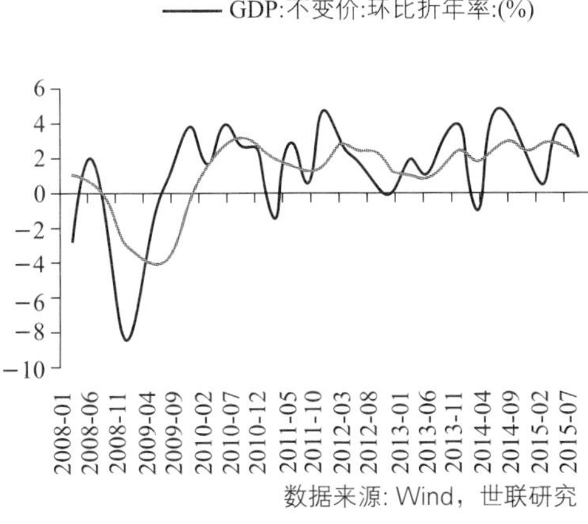

图6-1 美国GDP增长率

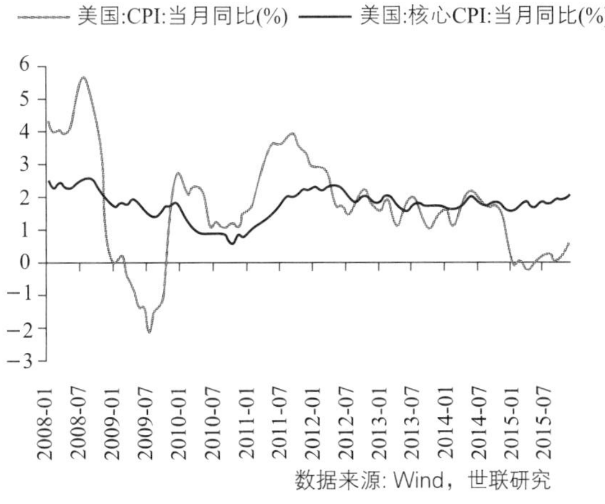

图6-2 美国CPI和PPI

就业市场的持续复苏，失业率的持续回落，也在一定程度上支持了美联储12月加息的决定。2015年12月FOMC会议上，美联储宣布加息25个基点，市场预期得以兑现。联储预计2016年底利率可能达到1.375%，所以按每次加息25个基点来计算，2016年可能加息四次。此次加息周期的启动，我们可以预见的是，之前美国通过QE释放的庞大流动资金将会回流一部分，对全球资金成本会有推高的作用，对其他经济体而言，一是增加了资金的外流风险，二是由于大宗商品价格将遭受更大的下行压力，增加了其他经济体通缩的风险。但对于中国来说，其带来的影响是有限的。其原因一是近期的外汇市场已消化了较多加息带来的影响，且我国经济基本面仍处于稳健状态，人民币近期虽存在一定的贬值压力，但长期来看并不会出现大幅度的贬值；二是我国的资本市场并未完全开放，资本的进出相对可控。

（2）欧元区仍处于弱复苏状态，增长乏力

总体上看，欧元区整体经济一直在改善，复苏程度也较为温和。近期欧洲的通胀水平、经济景气指数正在逐步好转，2015 年第三季度的GDP同比增长1.6%，较一季度上升0.3个百分点，与第二季度持平，其中德国和西班牙的增速表现较为强劲。PMI 和工业生产指数基本企稳，CPI数据显示核心成员国的CPI增速大多数徘徊在0%，增长势头较弱，表明欧洲央行实行了一年多的量化宽松政策未能刺激到通胀，总体需求依旧低迷。制约欧元区经济复苏最主要的还是欧元区各国的经济复苏差异大，财政及货币政策难以协调各国，使得量化宽松计划在欧洲央行内部难以统一意见，雪上加霜的是劳动力市场僵化、美元的加息以及希腊的债务危机将进一步增大其经济复苏的不确定性。2016年欧元区经济仍会持续弱复苏状态。

（3）日本经济复苏缓慢，内需萎靡不振

2015 年，日本的各项经济数据表现并不如意，整体经济仍然呈现下行的趋势。安倍晋三为刺激经济而推出的货币宽松和财政扩张措施均无法重振日本低迷的经济，第三支箭——结构改革也没有取得很大的进展。消费税上调改革重创了国内的消费意愿，使得通胀仍然处于低位水平，而日本央行最近又将2%的通胀目标推迟到了2017 年3月，表明了“三支箭”政策并未达到预期的效果。由于近几个月外部环境的不断恶化，世界经济复苏的不确定性及美元的加息，日本经济

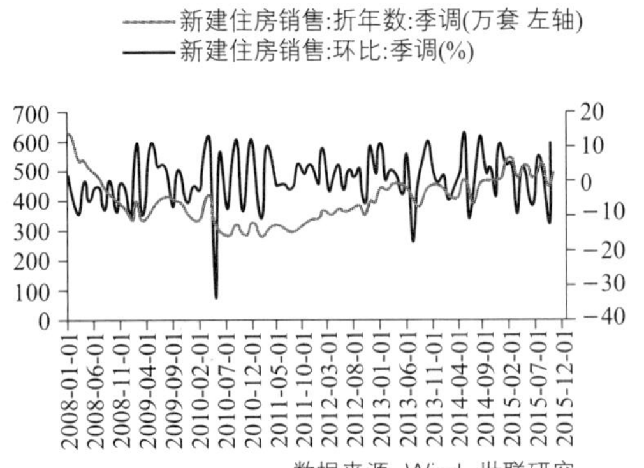

图6-3 美国新建住房销售

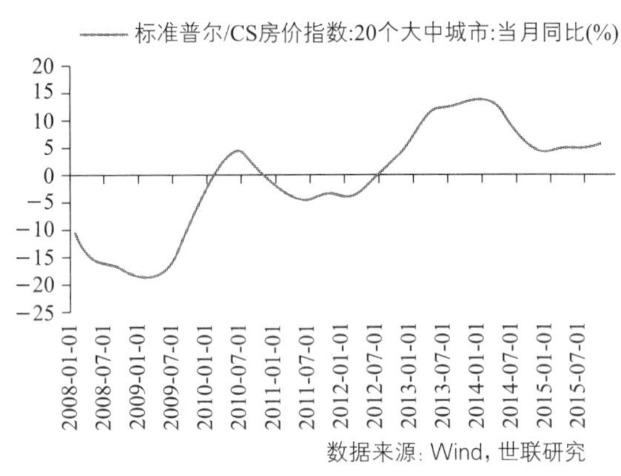

图6-4 美国房价持续上涨

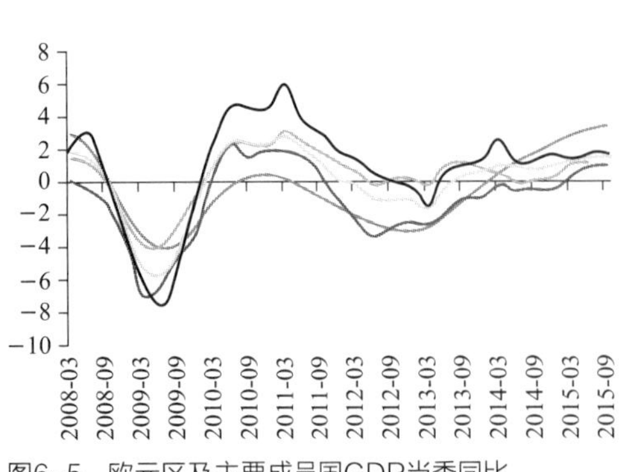

图6-5 欧元区及主要成员国GDP当季同比

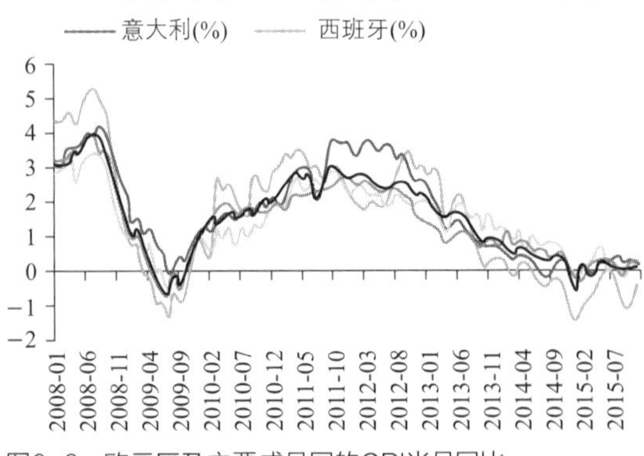

图6-6 欧元区及主要成员国的CPI当月同比

复苏在2016 年将面临更大的挑战。如果不能重振国内的私人消费，一味地加大财政和量化宽松政策只会徒增总体风险，中国对日本的出口也将遭受日元持续贬值的冲击。

（4）新兴经济体增速放缓，迎来更大挑战

新兴经济体的经济增长速度普遍开始放缓，以俄罗斯、巴西为代表的资源出口国经济下挫严重，2015年三季度俄罗斯和巴西GDP同比分别下降4.1%和4.5%，通胀情况也十分严重，分别高达15.77%和9.5%。主要原因是大宗商品价格下行，对其出口造成了极大的影响。考虑到美元的加息和大宗商品价格持续下行，这些依赖资源出口型的新兴经济体在未来将会遭受到本国货币贬值的压力和资金外流的风险。

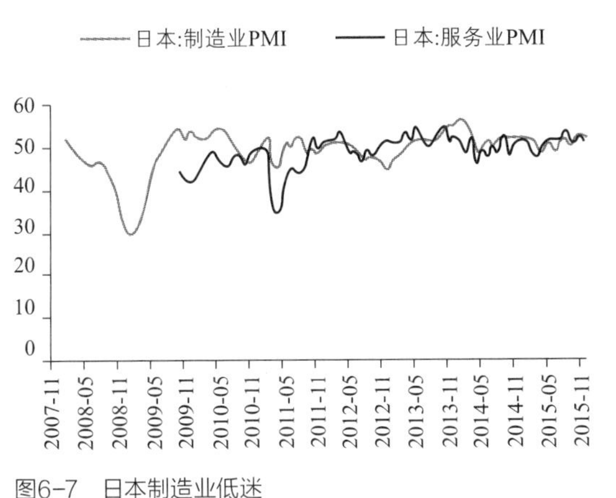

图6-7　日本制造业低迷

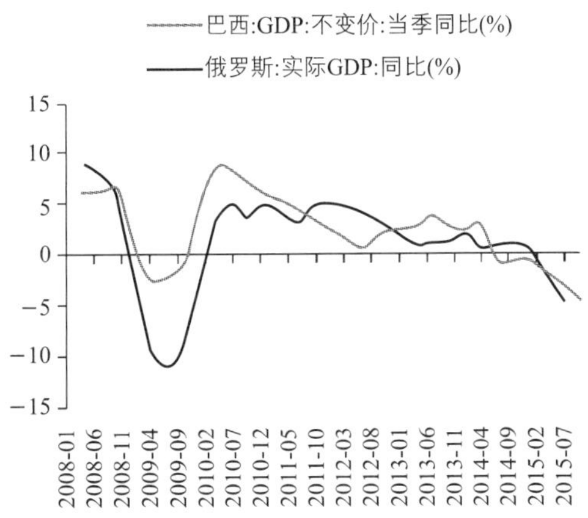

图6-8　新兴经济GDP增速

2. 中国经济稳增长，房地产仍发挥重要作用

2015年，是中国经济步入新常态的第一年，回顾经济发展状况，总体呈现出低通胀、低增长的特点。数据显示2015年12月CPI同比增长1.4%，持续在低位运行，PPI同比下降5.9%，连续45个月为负值。受经济的低迷和大宗商品价格下跌的影响，整体通缩风险较大；12 月中采制造业PMI为49.7，持续走低，PMI指数连续五个月低于荣枯线，制造业投资累计同比增长8.1%，比上半年回落1.6个百分点；拉动经济增长的“三驾马车”越来越显得力不从心，虽然上半年的GDP增速仍达到了7%的增长目标，但三四

季度增速均破“7”，全年增速下降至6.9%，经济运势持续下行。具体来看；投资下滑明显，2015年全年固定资产投资完成总额同比增长12%，较去年下跌了3.1%；进出口双双受挫，全年进口和出口金额同比分别下降14.1%和2.8%；消费增速持续放缓，全年社会消费品零售总额同比增长10.7%，较去年同期增速下降了1.3 个百分点。

图6-9 中国GDP增速下行

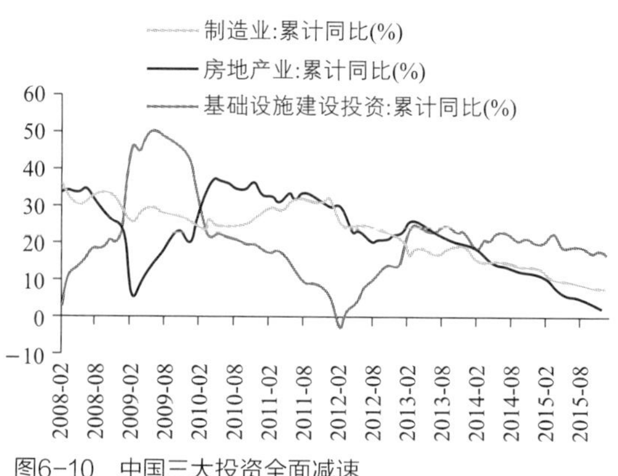

图6-10 中国三大投资全面减速

从“三驾马车”对GDP的贡献率来看，2015年三季度资本形成总额对GDP累计同比的贡献率持续下降至23.5%，而消费支出的贡献率则上升明显，这是由于固定投资和出口的下滑幅度较消费大，所以造成消费支出贡献率提升。2014年三季度固定资产投资完成额累计同比增长16.1%，而2015年三季度的累计同比则下降至10.3%。固定资产投资完成额对GDP 增速的贡献大，但其增速的下滑也会直接拖累经济的增长。而房地产投资占固定资产投资完成额的23.5%，其三季度的增速为3.81%，较2014年同期下跌接近9个百分点，下滑在三大投资中最为显著。由此可见房地产投资下滑是GDP增速放缓的重要因素。

展望未来，消费增速难以在短时间内爆发，增速仍可能继续放缓。加上欧元区和日本是我国出口的主要地区，在欧元区和日本经济复苏持续疲软的环境下，明年的出口仍可能继续拖累经济的增长。所以中国经济的稳增长最终还是会由固定资产投资来承担。考虑到制造业产能过剩庞大，难以在短时间内完成出清和转型，明年制造业投资增速仍可能持续下滑，而基建投资增速仍会保持在相对的高位。我们认为，未来3～5年房地产仍会在中国经济的稳增长中发挥重要的作用，支撑固定资产投资增速，从而实现中国经济的持续稳增长。

（二）中国房地产面临的机遇

长期来看，中国房地产业起步于20世纪90年代初，至今已有近30年的历史了。在30年的长期发展之后，中国的房地产业从起步、摸索、动荡、调整的过程中逐步趋于理性和成熟。这一过程又一次印证了发达国家已经总结出的一条规律——当一个国家的人均GDP达到800～1000美元时，房地产业开始起步；达到3000美元时，行业发展开始加速；达到7000美元左右时，行业进入稳定增长期；达到12000～13000美元时，行业发展进入饱和期。2015年底，我国的人均GDP已经达8000美元，与发达国家房地产市场发展规律基本契合。

再过10年，我国人均预计将GDP超过13000美元时，我国的房地产市场将达到供需的饱和点，行业的发展也将从顶峰开始回落。可是，作为近14亿人口的大国，我国的城镇化率2015年为55%，如不包括2.5亿非户籍人口，也只有36%，离实现70%的城镇化目标，还需要大约20年的时间。因此，有理由相信，作为城镇化推进的主要载体，我国房地产业在未来的15～20年内，仍有持续可观的增长空间。

短期来看，2015年11月习近平总书记在中央财经领导小组会议上指出“在适度扩大总需求的同时，着力加强供给侧结构性改革，着力提高供给体系质量和效率，增强经济持续增长动力”。其中“要化解房地产库存，促进房地产业持续发展”被列入供给侧改革的重点内容。这表明国家解决房地产库存问题的出发点从需求端的刺激开始转向了供给侧的改革。我们认为，未来3～5年房地产市场，政策环境将延续宽松，短期内仍以运用货币、金融和财政政策从需求端刺激为主，而中长期将在制度层面对供应端进行改革。

表6-1 供给侧改革相关会议政策

日期	会议	要点
2015年11月10日	中央财经领导小组第十一次会议	在适度扩大总需求的同时，着力加强供给侧结构性改革
2015年11月11日	国务院常委会议	部署以消费升级促进产业升级，培育形成新供给新动力扩大内需
2015年11月17日	“十三五”《规划纲要》编制工作会议	要在供给侧和需求侧两端发力促进产业迈向中高端
2015年11月18日	APEC会议	要解决世界经济深层次问题，单纯靠货币刺激政策是不够的，必须下决心在推进经济结构性改革方面作更大努力，使供给体系更适应需求结构的变化
2015年12月14日	中央政治局会议	着力加强结构性改革，在适度扩大总需求的同时，提高供给体系质量和效率，提高投资有效性
2015年12月18~21日	中央经济工作会议	推动经济发展，要更加注重提高发展质量和效益。稳定经济增长，要更加注重供给侧结构性改革

1. 加快户籍制度的改革，鼓励农民工进城

2014年7月30日出台的《国务院关于进一步推进户籍制度改革的意见》中规定，要进一步调整户口迁移政策，统一城乡户口登记制度，全面实施居住证制度，加快建设和共享国家人口基础信息库，稳步推进义务教育、就业服务、基本养老、基本医疗卫生、住房保障等城镇基本公共服务覆盖全部常住人口。到2020年，基本建立与全面建成小康社会相适应，有效支撑社会管理和公共服务，依法保障公民权利，以人为本、科学高效、规范有序的新型户籍制度，努力实现1 亿左右农业转移人口和其他常住人口在城镇落户。根据国家统计局发布的2014年全国农民工监测调查报告，2014年全国农民工总量为27395万人，但在务工地自购房的农民工仅占1%。我们认为，在加快户籍制度改革的同时，应深化住房制度的改革，如把公租房扩大到非户籍人口，降低农民工进城务工的住房成本，把购房和落户契税减免、财政补贴等政策挂钩。

2. 从人口结构来看，改善型置业需求的释放仍将持续

根据UNdata（联合国数据库）对中国人口年龄结构的统计及测算，2015年、2020年、2025年，中国25～34岁的人口（即首置型购房者集中的人群）分别2.4亿、2.4亿、1.9亿，分别占总人

口比例为17.3%、17.3%、13.6%，整体呈现下行趋势。而35-49岁的人口（即改善型购房者集中的人群）在2015年、2020年、2025年均达到3.1亿以上，占总人口的比例保持在23%的高位，表明未来10年，中国房地产改善型置业市场容量将会持续放大。

本文把产品类型按面积段做如下划分，90平方米以下为首置型户型、90～140平方米为首次改善型户型、140～160平方米为再次改善型户型、160平方米以上为高端产品户型，世联行的全国代理楼盘成交数据显示：今年，五次降息、降准的货币政策及“3.30政策”、“9.30政策”信贷政策相继出台后，一线城市高端产品户型成交占比出现较大幅度上升，160m^2以上的户型占比分别上升了2个百分点；二线城市首置型和再次改善户型成交占比出现抬升趋势，90m^2以下、140～160m^2的户型占比上涨了3.61和0.39个百分点；三线城市首置型户型成交占比出现较大幅度上升趋势，三线城市90m^2以下上涨了4.54个百分点。总体来看，一二线城市改善型、高端产品置业出现了向好的趋势。

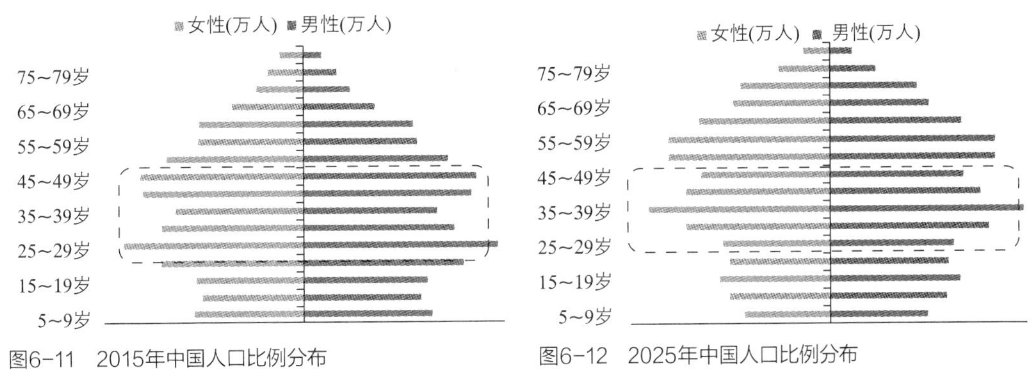

图6-11　2015年中国人口比例分布

图6-12　2025年中国人口比例分布

年份	90平以下	90-140	140-160	160以上
2010	62.60%	16.90%	6%	14.50%
2011	68.50%	18.80%	3.90%	8.80%
2012	60.10%	26.70%	5.10%	8.10%
2013	64.10%	24%	4.40%	7.50%
2014	68.89%	21.65%	4.11%	5.35%
2015	66.98%	21.56%	4.11%	7.35%

图6-13　一线城市不同面积区间的户型成交套数占比

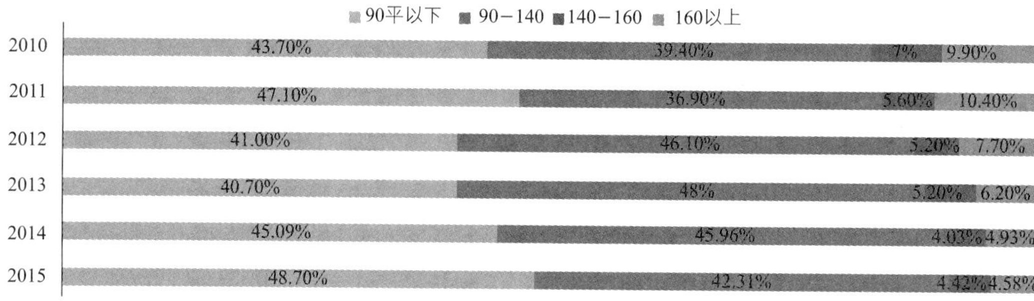

图6-14　二线城市不同面积区间的户型成交套数占比

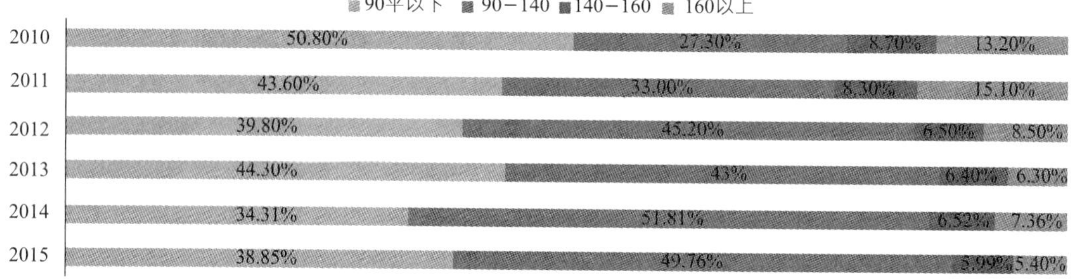

图6-15　三线城市不同面积区间的户型成交套数占比

3. 加快农地流转，从根本上解决农民缺钱问题

根据国家统计局公布的数据，2012年我国农村人均住宅面积37.09平方米，按照我国农村人口6.7亿推算农村住房总面积近250亿平方米，宅基地市场价值（含农房及其附属设施）超过20 万亿。一旦农民土地、房产能够依法流转，将为我国农村人口带来大量财富，形成新型城镇化的重要驱动力量。661个地级市中，近630个三四线城市占据了全国商品房交易额的50%。随着我国农地确权试点的不断扩大，农村土地“两权”流转的放开，农民财富的增加将为这部分城市房地产市场带来不可小觑的增量。对于开发商而言，慎重选择、择机进入三四线城市值得研究。

4. 一线城市推进租赁市场资产证券化，解决白领生存问题

由于一线城市的房价不断上涨，生活在一线城市的白领压力越来越大。以深圳为例，数据显示，深圳上车盘的总价为285万元，在岗职工月平均工资仅为7449元，按照三成首付后进行按揭贷款的月供来看，大多数白领首次置业的压力是非常巨大的。城市的发展与人才

表6-2 加快农地流转的相关政策

时间	事件
2008年10月	中国共产党十七届三中全会发布《中共中央关于推进农村改革发展若干重大问题的决定》，提出“健全严格规范的农村土地管理制度”，要求“搞好农村土地确权、登记、颁证工作”
2011年2月	“十二五”规划纲要中指出“在依法自愿有偿和加强服务基础上完善土地承包经营权流转市场，发展多种形式的适度规模经营”
2011年3月	农经发2011[2]号文件《关于开展农村承包经营权登记试点工作意见》中明确了承包经营权登记的主要任务
2013年12月	中央一号文件《中共中央、国务院关于加快发展现代农业，进一步增强农村发展活力的若干意见》提出要全面开展农村土地确权登记颁证工作
2014年11月	国务院办公厅印发《关于引导农村土地经营权有序流转发展农业适度规模经营的意见》，提出“以尊重农民意愿为前提引导土地规范有序流转；计划用5年左右时间基本完成土地承包经营权确权登记颁证工作”
2015年8月	国务院印发《关于开展农村承包土地的经营权和农民住房财产权抵押贷款试点的指导意见》，提出“赋予‘两权’抵押融资功能，维护好、实现好、发展好农民土地权益，落实‘两权’抵押融资功能，盘活农民土地用益物权的财产属性”
2015年12月	全国人大常委会授权国务院常委会在北京大兴区等232个县（市、区）行政区域暂时调整实施《中华人民共和国物权法》、《中华人民共和国担保法》关于集体所有的耕地使用权不得抵押的规定；在天津市蓟县等59个试点县（市、区）行政区域暂时调整实施《中华人民共和国物权法》、《中华人民共和国担保法》关于集体所有的宅基地使用权不得抵押的规定，并在2017年12月31日前试行

据2015年农业部统计的数据，自从2009年开展土地承包经营权确权登记颁证试点工作以来，截至到2014年年底，全国试点县数已达1988个涉及1.3万个乡镇，19.5万个村，3.3亿承包耕地，此前已经过了以村、乡镇、县为单位的三个推进阶段，现已进入以“省”为单位的第四阶段，新增9省份纳入到“整省推进”的试点。未来将用5年时间在全国范围内完成土地确权登记颁证工作。

的流入息息相关，但一线城市高企的房价和租金，在一定程度上制约了人才的吸引和流入。在解决城市人口居住问题上，成熟的市场已有应对的策略，如香港的公屋和美国纽约的租金管制制度。对此我们认为一线城市可以打破划拨用地、工业用地等入市障碍，通过资产证券化的方式引入社会资金参与建设和管理，扩大租赁市场，进而满足白领的租房需求。

5. 从省市层面上看，加快区域的协同发展

对于一线城市及人口流入较多的部分二线城市，基本不用担忧去库存的问题。库存真正严重过剩的是大多数三四线城市及部分二线城市。在解决这些城市的库存问题上，单纯通过加快户籍制度改革，深化住房制度及推进农民工市民化，作用是十分有限的。缺少

产业的支撑，城市配套设施不完善，人口净流入少导致房地产的需求不足是这些城市的问题所在。解决这些城市的去库存问题，最终还是要落到产业的发展，城市配套设施建设上。我们认为，对于处在城市群核心大城市周边的三四线小城市，必须依托核心城市进行发展，一方面要通过大城市的产业迁移引入更多的产业，做好产业功能的定位，加快自身的经济发展和城市设施配套的建设，另一方面则要建立和完善与周边城市间的交通体系，形成区域一体化，带来更大的产业集聚和人口集聚，进而拉动房地产市场的需求。纵观日本三大都市圈的发展历史，正是由于良好的城市布局规划、城市间的产业定位及交通体系建设，三大都市圈占据了三分之一的国土，却集聚了三分之二的人口和经济总量。

6. 从企业层面做足功课

对企业而言，要在三方面做足功课。

（1）**拿地**。拿地的选择在一定程度上决定了房企的生死存亡。从我们监测的库存来看：在住宅方面，非核心城市群的三四线城市库存较严重，所以开发商在三四线城市的拿地需更有选择性；在商办方面，全国的库存普遍严重，一线城市也不例外，所以商办用地的购置需更慎重。

（2）**产品**。从产品的角度上看，一方面，开发商需精准定位，提升产品品质，将产品配套做好做全；另一方面，一线城市产品豪宅化趋势明显，以深圳的数据来看，200 平方米以上的大户型供应量大幅增加，产品开发的功能，空间尺度还存在很大的优化空间，所以在豪宅开发方面，可借鉴国际化大都市（香港、纽约等）成熟的豪宅市场经验。

（3）**营销**。在互联网大潮来临之际，房企的营销也需从传统模式转向“互联网+”模式，如大数据营销、场景营销、O2O营销等。

（三）中国房地产面临的挑战

1. 开发模式的挑战

中国房地产未来模式的创新可能是企业的核心竞争力，因为城市化率还要再提高，房地产企业要改变视野和立足点，不在于地产，而在于城市；不在于开发，而在于整体运营。传统地产投资模式无法再支撑新的浪潮，我们必须开展城市综合运营模式。从战略层面来讲，一是推动大城市圈的新生项目；二是一二级联动开发方式要坚持；三是要坚持综合性的发展，引入大量产业服务机制和产业内容；最后一个就是全面整合，包括经济、商业、民生、社会、人文等。

有些地方已经发生了商业地产的过剩，有些被套牢，在自我淘汰，有些在洗牌。中国的大城市圈，比如京津、长三角、珠三角还是很有前景的。但是在这种挑战中，要做商业地产，就要先做商业人，先有商业的竞争力。有很多经验和教训，如果要做商业地产的话，要把握好，才能应对挑战。

2. 融资模式的挑战

资金、土地作为房地产企业的命脉来讲，房地产企业从银行到资本市场的各种融资途径都出现了困难，特别是中小企业。通过银行贷款之外的直接融资比重虽然有所提高，但还是一个很大的挑战。基本上，政策现在没有完全松口，下一步会有什么样的金融环境，对每个房地产企业肯定还是一个大的挑战。如果从调整层面来讲，发达国家的开发商与投资商实际上是分开的，有长期的养老金等资金支撑，银行间间接融资的比重可能只有20%多一点，而我们正好倒过来了。那么下一步该怎么办？首先，需要核心型的基金，这种基金可能区别于机会型基金、投资型基金，是以长期回报为目的的。在未来五年中，房地产企业的预售、贷款、证券、信托、债券、基金、保险资金、租赁等渠道，可能还要打组合牌，私募股权资金也是一种大的方向。以越秀地产为例，其通过“地产+基金”的新方式，以最小的投入获得项目。

2013年，越秀地产一口气拿下了广州海珠区、萝岗、武汉“地王”，虽说这三宗地王总地价款很高，但其实越秀地产真正需要支付的土地款项估计只有10%左右。近几年，越秀地产在拿地时都是采取合作模式，并多次尝试利用“地产+基金”的新方式，企图实现以最小的投入撬动大项目。以广州萝岗地王为例，2013年10月，越秀以43.5亿收获萝岗巨无霸地块，刷新萝岗区域地王纪录。根据越秀地产公布信息显示，该项目由旗下附属公司广州宏景与母公司广州越秀旗下仁达五号基金合作中标，双方占股比例分别为10%及90%，这意味着，越秀地产总出资额最多不过才4.35亿元，便拥有了这块土地的开发使用权。而武汉"地王"——江汉区精武路地块，则是由越秀集团旗下的地产基金越秀仁达四号实业投资合伙企业以90.1亿元联合竞得，双方各自持股比例分别为8%和92%，依此计算，越秀地产在这块土地上出资约为7亿元。与投资基金进行合作开发的新模式不仅大大提高了公司的财务灵活性，保持较低的负债比率，还可加快实现规模效应，实现"小投资撬动大项目"。

此外，越秀地产在资本市场上另外一个大动作就是成功收购香港创兴银行，是近几年以来首宗内地企业对香港银行的并购。银行牌照不仅将给越秀地产带来新的发展机遇，也为其进军香港或是扩大内地市场带来极大推进作用。自房托基金后，银行也将成为越秀地产未来发展的强大引擎。一方面资金密集型房企参股银行后，在融资方面可以获得一些便利，有利于拓宽房企的融资渠道，支持房企拿地与快速扩张。另一方面，进入银行业可以获得较为丰厚的投资回报，成为房企业务多元化的投资方式之一。

其次，房地产企业除了通过降低融资成本之外，还需要提高资产周转率。当前上市房企资产周转率呈下降趋势；高地价使地产企业的前期投资压力增大，投资回收期延长、周转速度减缓；此外，投资物业占比的上升也减慢了地产行业的资金周转速度，由于商业地产的投资回收周期普遍在10年以上，即使采用租售并举模式，投资回收周期也要达到4～5年。地产行业整体的周转效率呈下降趋势。大企业最关注的就是现金流，在行业一片繁荣的时候大家的现金流都不会有太大的问题。但是现在货币政策开始逐渐收紧，定下了以后货币政策的基调，而且整个地价上升的比房价要快，现在不理性地获取项目，很容易成为以后企业治理的风险，拖垮企业的现金流。因此，市场行情向下时，短期内提高资产周转率的有效途径是降价跑量，恒大地产就是降价跑量的典型代表。

3. 利润回归的挑战

2010年以来，行业销售净利率呈下降趋势，土地成本、融资成本和人力成本快速攀升是侵蚀房企利润的三把利剑。房地产行业经过了十五年高增长后有所回落，在这种情况下，先前行业中某些不合理的利润可能要下来了，代表着优胜劣汰的理性市场规律也使得利润下跌。将来可能有两类企业具有明显的优势，一类是形成规模效应，周转速度很快的企业；另一类是在土地价值深度挖掘方面有独特方式的企业。土地成本将成为行业利润下降的情况下，衡量企业利润经营业绩水平的核心指标之一。

图6-16　房地产行业利润与汽车行业利润对比

虽然整体上房地产行业利润在下滑，但是对比制造业来看，房地产利润率目前还是处于市场较高水平的。

二、产业新城的发展前景

（一）世界城镇化发展趋势

1. 世界城市群的发展规律

从世界城市群经济圈的发展规律来看，工业化前期，由中心城市经济内生吸附，包括人力、资本、生产设施均向城市聚集，形成若干城市副中心；到工业化中期，中心城市经济开始外延辐射，资本、人力外迁，形成多个卫星城；到工业化后期，卫星城自生发展，与中心城市有机联系，构筑城市群经济圈。

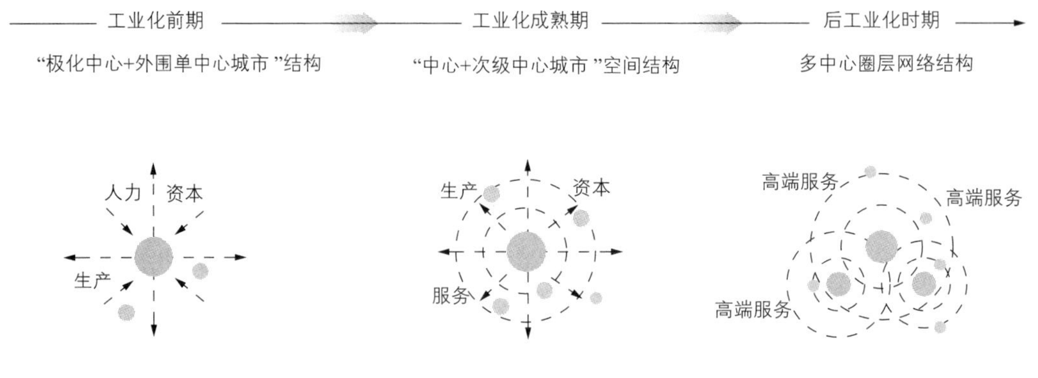

图6-17　世界城市群经济圈发展演变规律

2. 东京都市圈城镇化进程

从国际性大都市的发展历程来看，在其周边往往均会形成一批功能各异的城市群落，从而形成国际大城市圈。以日本东京为例，二战之后，东京经历了由中心向周边区域人口外迁、低端产业外溢以及高端功能扩散等三个发展阶段，最终形成了多中心、多圈层的城市格局。

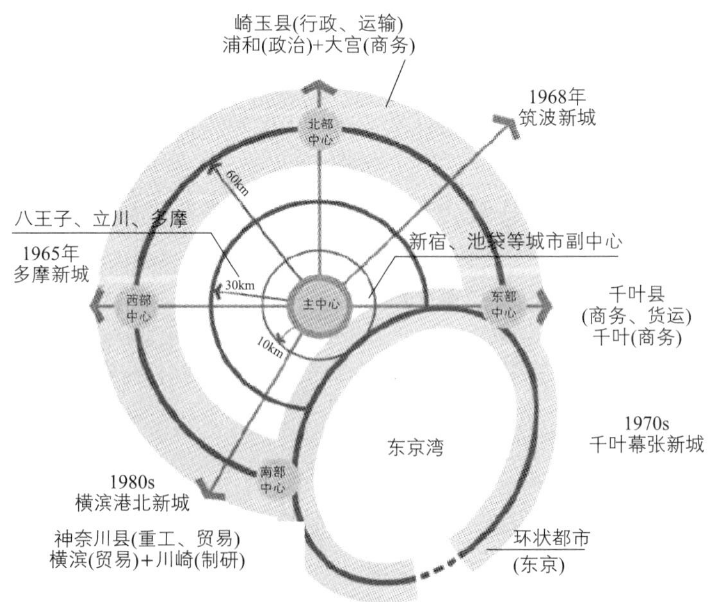

图6-18　东京都市圈多中心多圈层城市结构

从东京都市圈的发展过程看，1956年之前战后经济的迅速发展使得城市化率快速提高，由1945年的27.8%上升至56.1%。1956年之后，政府通过政策引导逐渐将东京中心区部分功能分解出去，改变东京一极集中的结构为多极、多圈层的城市结构。最先迁出的是第二产业（工业）的工厂区和居住区，并将其迁至（东）京（横）滨工业区和东京周边卫星城多摩市（位于东京市中心以西80公里）。随后，东京的城市运输功能、科研功能、办公以及首都功能也进行了疏解，形成了以交通运输为主的千叶幕张新城（位于东京市中心东南50公里）、以科研为核心的筑波新城（位于东京市中心东北100公里）、以办公和首都功能为主的埼玉县。需要说明的是，日本东京周边新城的规划、建设、运营均由政府主导。

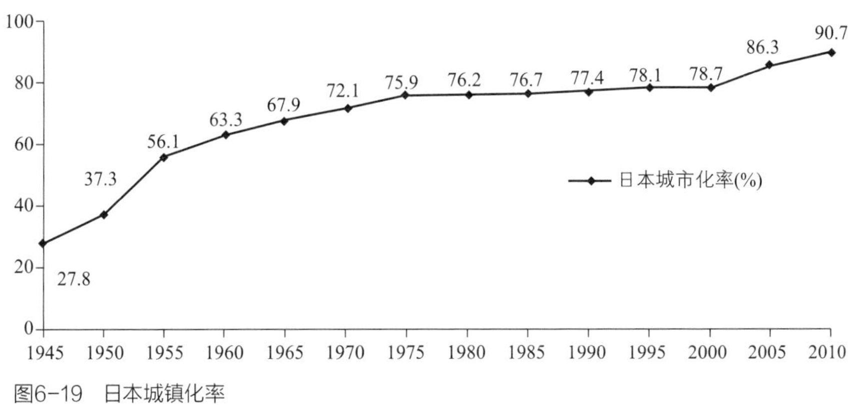

图6-19 日本城镇化率

3. 美国都市区发展的启示

图6-20为美国主要都市区位置，这些都市区基本成片出现，其中以波士顿、纽约、费城、华盛顿都市区最为密集。2014年全年美国GDP为17.35万亿美元，根据美国经济分析局数据显示，美国381个都市区合计GDP为15.68万亿美元，占有全国90%的GDP总值。表6-3为2014年美国都市区GDP排名前十的都市区，合计占比全美都市区的39%。其中纽约都市区遥遥领先，占比全美大都市统计区GDP的10%，共15585亿美元、同比增长5%；紧随其后的是洛杉矶都市区，占比全美都市区GDP的6%，2014年GDP总值为8667亿美元，同比增长4%；芝加哥都市区GDP占比全国

4%，排名第三，2014年GDP总值6106亿美元，同比增长4%。

目前，全美共计929个核心统计区（Core Based Statistical Areas，缩写为CBSAs）和166个联合统计区（Combined Statistical Areas，缩写为CSAs），其中核心统计区被划分成

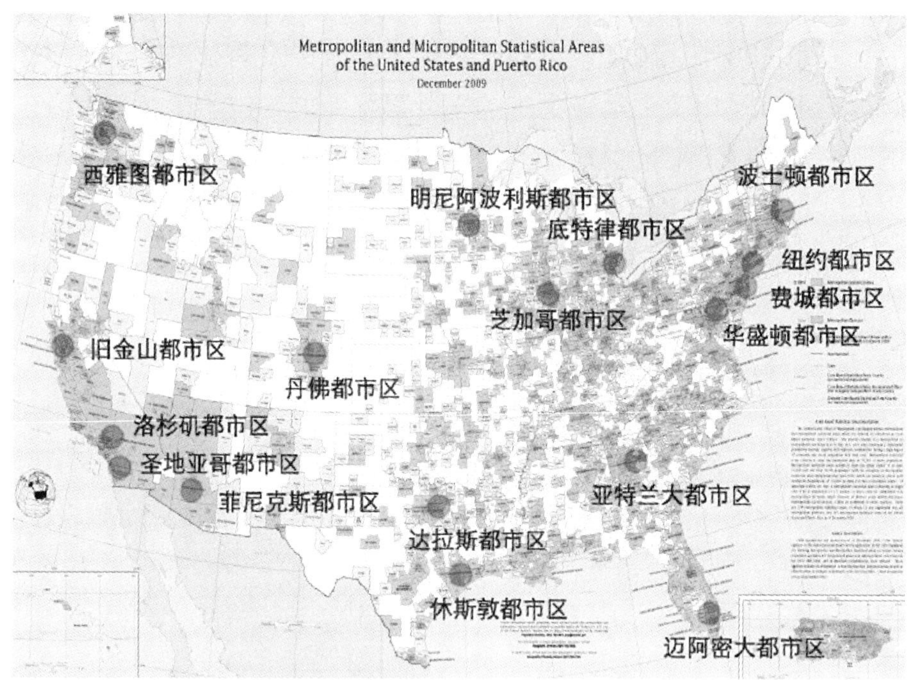

图6-20 美国主要都市区分布示意

表6-3 2014年美国大都市区GDP排名（亿美元）

排名	都市区	2013	2014	增长	占比
1	纽约-纽瓦克-泽西城	14,910	15,585	5%	10%
2	洛杉矶-长滩-阿纳海姆	8,338	8,667	4%	6%
3	芝加哥-内伯维尔-埃尔金	5,898	6,106	4%	4%
4	休斯敦-伍德兰-舒格兰	5,152	5,254	2%	3%
5	达拉斯-沃斯堡-阿灵顿	4,613	5,044	9%	3%
6	华盛顿-阿灵顿-亚历山大	4,622	4,716	2%	3%
7	旧金山-奥克兰-海沃德	3,870	4,120	6%	3%
8	费城-卡姆登-威尔明顿	3,799	3,911	3%	2%
9	波士顿-剑桥-牛顿	3,661	3,825	4%	2%
10	亚特兰大-桑迪斯普林斯-罗斯韦尔	3,091	3,249	5%	2%
	合计	57,953	60,476	4%	39%
	全美381大都市统计区	150,742	156,788	4%	100%

381个大都市统计区（Metropolitan Statistical Areas，缩写为MSAs），联合统计区包含两个或以上相邻的核心统计区。我们主要分析大都市统计区（MSAs）数据，美国的三大都市区中心城市分别为纽约、洛杉矶和芝加哥。这些城市向外辐射，形成纽约—纽瓦克—泽西城大都市、洛杉矶—长滩—阿纳海姆大都市和芝加哥—内伯维尔—埃尔金大都市。美国经济分析局发布的2010～2014年381个大都市统计区的数据中，选取前十的大都市，GDP总值总体呈现逐年缓慢上升趋势，其中纽约、洛杉矶和芝加哥三个核心城市所在的都市区GDP产值一直处于高位，纽约都市区排名第一，紧随其后的分别为洛杉矶和芝加哥，亚特兰大都市区在这几个都市区排名靠后。

纽约—纽瓦克—泽西城都市区的核心城市是纽约，纽约是世界上最重要的商业和金融中心之一，是一座全球化的大都市。表6-4为纽约都市区2014 年中GDP占比排名前五的行业数据，其中金融与保险行业和房地产与租赁业的占比均为该都市区GDP总值的17%，增幅分别为8%和5%。众所周知纽约是美国乃至全球经济金融中心，其金融与保险行业的GDP增幅和占比也表明该行业在这个都市区的重要地位，紧随其后的是房地产与租赁业，表明发达的金融产业汇聚的高端人才和财富创造能力，也催生了活跃的房地产购买和服务需求。

洛杉矶—长滩—阿纳海姆都市区中心城市是洛杉矶，20世纪80年代，成为美国第二大综合性工业城市，在高新科技产业的支持下，洛杉矶开始往服务业发展，金融业、信息服务、专业技术服务等服务性行业发展迅速，使得洛杉矶成为仅次于美国纽约的第二大服务业中心。作为一个化工、海洋、航天工业和电子业最大的基地，洛杉矶是拥有科学家和工程技术人员数量最多的城市。人才的流入和产业的转型使得洛杉矶有很大的房地产市场，而洛杉矶2014年行业GDP占比排行第一的就是房地产与租赁业。

芝加哥—内伯维尔—埃尔金都市区有大约955万人口，仅次于纽约和洛杉矶都市区，是美国第三大人口都市区。芝加哥是美国重要的金融、文化、制造业中心，芝加哥证券交易所是美国境内仅次于纽约市的最大的证券交易所，此外，芝加哥还拥有芝加哥商业交易所、

表6-4 美国五个都市区2014年GDP占比TOP5的行业对比（亿美元）

都市区	行业	2014GDP	占比	增幅
纽约-纽瓦克-泽西城都市区	金融与保险	2,727	17%	8%
	房地产与租赁业	2,587	17%	5%
	政府	1,436	9%	2%
	信息业	1,202	8%	5%
	医疗与社会补助	1,034	7%	4%
洛杉矶-长滩-阿纳海姆都市区	房地产与租赁业	1,548	18%	5%
	信息业	955	11%	1%
	制造业	819	9%	3%
	政府	788	9%	4%
	专业及科技服务	695	8%	6%
芝加哥-内伯维尔-埃尔金都市区	房地产与租赁业	902	15%	4%
	制造业	770	13%	3%
	金融与保险	606	10%	6%
	专业及科技服务	553	9%	—
	政府	524	9%	-1%
旧金山-奥克兰-海沃德都市区	房地产与租赁业	684	17%	5%
	专业及科技服务	550	13%	12%
	制造业	430	10%	-2%
	政府	376	9%	4%
	信息业	337	8%	17%
底特律-沃伦-迪尔伯恩都市区	制造业	452	19%	6%
	专业及科技服务	386	16%	4%
	房地产与租赁业	317	13%	4%
	医疗与社会补助	182	8%	3%
	政府	180	8%	1%
	所有行业	2365	100%	4%

芝加哥期货交易所和芝加哥交易局。2014年行业GDP占比中，制造业、金融与保险排名靠前，而房地产与租赁行业在2014年的经济总量占比最大。

旧金山—奥克兰—海沃德都市区有世界闻名的硅谷，硅谷是美国知名的电子工业基地，谷歌、苹果、惠普等大公司均在此设立总部。其从业人员有高水平的知识和技能，科学家和工程师的比例很大，吸引许多高科技行业人员在此聚集。该地区房地产与租赁业的GDP总值占比在2014年高达17%，接着是专业及科技服务、制造业和信息业，硅谷的房地产与租赁业的市场兴旺正是由于这些产业吸引了大量的高收入人才聚集于此而形成的。

上述的美国都市区均是从一个核心城市向外辐射形成的，核心城市形成以金融业和以房地产为主的服务业，以及高新技术、科技信息业为主的高端制造业，并向周边城市辐射，我们可以看到，在这些区域，房地产与租赁业（Real estate and rental and leasing）在当地的经济贡献占比一直居高不下。目前，中国城市化也正在经历以发达城市为核心的多个大都市区格局。

（二）中国新型城镇化发展要求

《国家新型城镇化规划（2014-2020年）》（下简称《规划》）于2014年3月16日正式公布。这个被定义为指导全国城镇化健康发展的宏观性、战略性、基础性的规划，通篇以“人”的城镇化为核心展开，也成为十八大提出“新型城镇化”的最大亮点。在《规划》出台之后，伴随着我国经济结构转型和产业转型与升级，产业地产在生态园区、智慧城市、物流地产等方面会迎来新一轮的市场发展机会。

1. 提升城镇化发展质量

从世界各国城镇化规律来看，城镇化的过程大致是农村人口向中小城镇转移、中小城镇人口向城市转移、各城市人口向核心城市转移的过程，人口增加使得城镇规模不断扩大，由此既出现了随城市更新而来的改善型存量需求，又产生大量随外来人口市民化而来的城市增量购房需求。

《规划》显示，目前我国常住人口城镇化率为53.7%，户籍人口城镇化率只有36%左右，不仅远低于发达国家80%的平均水平，也低于人均收入与我国相近的发展中国家60%的平均水平，中国的城镇化，还有较大的发展空间。

为了能够实现《规划》中提出的城镇化率和农村人口市民化目标，针对过去“土地城镇化”快于“人口城镇化”的弊端，必须着力提升城镇化的质量。《规划》制定了多层次措施，保证人口城镇化真正落实。提出改革户籍制度这一造成城乡二元化的原始障碍，全面放开建制镇和小城市落户限制，提出了保障随迁子女平等享有受教育权利、完善公共就业创业服务体系、扩大社会保障覆盖面、改善基本医疗卫生条件、拓宽住房保障渠道等一系列举措推进农业转移人口享有城镇基本公共服务。这些制度的完善落实，将提升城镇转移人口的融入感和归属感，吸引更多农业人口进入城镇，最终在未来一个时期将形成源源不断的新增城镇住房需求。

改革开放以来，国内主要形成的是以京津冀、长江三角洲、珠江三角洲等为代表的一批超大型城市群。这些城市群的优势在于产业联动、分工协作，更有利于规模化经济增长的形成，但与此相伴随的则是基础设施、公共服务和资源环境对人口的承载能力捉襟见肘，大型城市的“城市病”大有蔓延之势。

相对于国际城市的发展进程，我国城市圈还有巨大潜力，目前我国主要形成了环上海、珠三角、环北京、环沈阳、环成都、环武汉等数个城市圈。2013年12月全国城镇化工作会议的召开，由发改委牵头、多部委参编的《国家新型城镇化规划》提出，城镇化建设中要更多地采用市场化方式，企业将成为城市基础设施的建设主体，政府则主要负责城市建设的管理创新。《规划》还要求东部三大城市群发展要以盘活存量土地为主，今后将逐步调减东部地区新增建设用地供应，除生活用地外，原则上不再安排人口500万以上特大城市的新增用地。

2015年12月召开的中央城市工作会议提出，要统筹空间、规模、产业三大结构，提高城市工作的全局性，优化提升东部城市群，在中西部地区培育发展一批城市群、区域中心城市；同时，还要注重统筹城市规划、建设、管理三大环节，提高城市工作的系统性。

鉴于此，特大城市，尤其是未来中西部地区的区域中心城市周边的卫星城发展将迎来新纪元，即随着工业用地价格的上涨，产业升级的加速，工业园区将加速进行“腾笼换鸟”，产业外溢和人口外迁将在政策推动中加速，城市周边将形成由各具产业特色的卫星城组成的城市群，未来新型城镇化将以都市经济圈的形态出现，产业新城必将不断涌现。

2. 在产城融合上下功夫

人口的城镇化，最终必须体现在提升中小城镇的就业容量上。推进农业转移人口市民化，主要任务是解决已经转移到城镇就业的农业转移人口落户问题，努力提高农民工融入城镇的素质和能力。而推进农业转移人口市民化的关键是在新型城镇化过程中实现产城融合。

《规划》指出，将强化城市产业就业支撑，改善营商环境，增强经济活力，扩大就业容量，促进青年就业和农村转移劳动力、城镇困难人员、退役军人就业。稳定的就业带来持续可预期的稳定收入，才能给城镇新增人口实现购房需求的转化提供了可能。

由此可见，未来新型城镇化的政策着力点将在城市群内的中小城市和具有产业优势的其他中小城市，以产业为支撑，增强人口的附着力。要发展各具特色的城市产业体系，强化城市间专业化分工协作，增强中小城市产业承接能力。

不过针对目前城市“摊大饼”式的扩张，过分追求新城新区、开发区和工业园区占地过大，建成区人口密度偏低等问题，未来单纯以住宅为主的新城新区规划将受到严格限制，而对于现有的新城新区，未来将加强功能改造，推动单一生产功能向城市综合功能转型，推进功能混合和产城融合，在集聚产业的同时集聚人口，逐步纠正新城新区空心化。

如此，与传统的住宅和商业地产相比，产业地产在新型城镇化过程中显现出更大的优势。比如生态工业园，在产业转移过程中，合理规划和运作生态工业园，发展循环经济，可以有效避免污染同步转移，因此生态工业园的需求更为强烈，将迎来更多的机会。

同时由于当前城市化进程中面临诸多问题，如交通拥堵、环境恶化、能源紧张等，给未来的深度城镇化带来了挑战。这样使得物联网等与“智慧城市”相关的产业综合体项目也将会越来越多地受到具有综合开发能力的产业地产开发商的关注。

除此之外，在“新型城镇化”的过程中，农资流通渠道的扁平化和下沉成为趋势，土地流转过程中在农资流通、新城镇化带来的相关市场需求等领域具有良好渠道和优秀品牌的企业有望获得更好的发展，这些企业势必会关注“新型城镇化”的过程中农资流通过程中仓储、物流、运输等问题，物流园区将获得长足的发展空间。

3. 加快智慧城市建设

智慧城市就是运用信息和通信技术手段感测、分析、整合城市运行核心系统的各项关键信息，从而对包括民生、环保、公共安全、城市服务、工商业活动在内的各种需求做出智能响应。其实质是利用先进的信息技术，实现城市智慧式管理和运行，进而为城市中的人创造更美好的生活，促进城市的和谐、可持续成长。

随着人类社会的不断发展，未来城市将承载越来越多的人口。目前，我国正处于城镇化加速发展的时期，部分地区“城市病”问题日益严峻。为解决城市发展难题，实现城市可持续发展，建设智慧城市已成为当今世界城市发展不可逆转的历史潮流。

智慧城市的建设在国内外许多地区已经展开，并取得了一系列成果。如国内的智慧上海、智慧双流；国外的新加坡“智慧国计划”、韩国“U-City计划”等。

（1）**建设智慧城市的重要意义**。随着信息技术的不断发展，城市信息化应用水平不断提升，智慧城市建设应运而生。建设智慧城市在实现城市可持续发展、引领信息技术应用、提升城市综合竞争力等方面具有重要意义。

一是建设智慧城市是实现城市可持续发展的需要。改革开放30多年以来，我国城镇化建设取得了举世瞩目的成就，尤其是进入21世纪后，城镇化建设的步伐不断加快，每年有上千万的农村人口进入城市。随着城市人口不断膨胀，“城市病”成为困扰各个城市建设与管理的首要难题，资源短缺、环境污染、交通拥堵、安全隐患等问题日益突出。为了破解“城市病”困局，智慧城市应运而生。由于智慧城市综合采用了包括射频传感技术、物联网技术、云计算技术、下一代通信技术在内的新一代信息技术，因此能够有效地化解“城市病”问题。这些技术的应用能够使城市变得更易于被感知，城市资源更易于被充分整合，在此基础上实现对城市的精细化和智能化管理，从而减少资源消耗，降低环境污染，解决交通拥堵，消除安全隐患，最终实现城市的可持续发展。

二是建设智慧城市是信息技术发展的需要。当前，全球信息技术呈加速发展趋势，信息技术在国民经济中的地位日益突出，信息资源也日益成为重要的生产要素。智慧城市正是在充分整合、挖掘、利用信息技术与信息资源的基础上，汇聚人类的智慧，赋予物以智能，从而实现对城市各领域的精确化管理，实现对城市资源的集约化利用。由于信息资源在当今社会发展中的重要作用，发达国家纷纷出台智慧城市建设规划，以促进信息技术的快速发展，从而达到抢占新一轮信息技术产业制高点的目的。为避免在新一轮信息技术产业竞争中陷入被动，我国政府审时度势，及时提出了发展智慧城市的战略布局，以期更好地把握新一轮信息技术变革所带来的巨大机遇，进而促进我国经济社会又好又快地发展。

三是转变城市发展方式。我国在“十三五”规划中也明确将战略性新兴产业作为发展重点。一方面，智慧城市的建设将极大地带动包括物联网、云计算、三网融合、下一代互联网以及新一代信息技术在内的战略性新兴产业的发展；另一方面，智慧城市的建设对医疗、交通、物流、金融、通信、教育、能源、环保等领域的发展也具有明显的带动作用，对我国扩大内需、调整结构、转变经济发展方式的促进作用同样显而易见。因此，建设智慧城市对我国综合竞争力的全面提高具有重要的战略意义。建设智慧城市，也是转变城市发展方式、提升城市发展质量的客观要求。通过建设智慧城市，及时传递、整合、交流、使用城市经济、文化、公共资源、管理服务、市民生活、生态环境等各类信息，提高物与物、物与人、人与人的互联互通、全面感知和利用信息能力，从而能够极大提高政府管理和服务的能力，极大提升人民群众的物质和文化生活水平。建设智慧城市，会让城市发展更全面、更协调、更可持续，会让城市生活变得更健康、更和谐、更美好。

（2）**实施智慧城市的关键因素**。有两种驱动力推动智慧城市的逐步形成，一是以物联网、云计算、移动互联网为代表的新一代信息技术，二是知识社会环境下逐步孕育的开放的城市创新生态。前者是技术创新层面的技术因素，后者是社会创新层面的社会经济因素。由此可以看出创新在智慧城市发展中的驱动作用。清华大学公共管理学院书记、副院长孟庆国教授提出，新一代信息技术与创新2.0是智慧城市的两大基因，缺一不可。

智慧城市不仅需要物联网、云计算等新一代信息技术的支撑，更要培育面向知识社会的下一代创新（创新2.0）。信息通信技术的融合和发展消融了信息和知识分享的壁垒，消融了创新的边界，推动了创新2.0形态的形成，并进一步推动各类社会组织及活动边界的“消融”。创新形态由生产范式向服务范式转变，也带动了产业形态、政府管理形态、城市形态由生产范式向服务范式的转变。如果说创新1.0是工业时代沿袭的面向生产、以生产者为中心、以技术为出发点的相对封闭的创新形态，创新2.0则是与信息时代、知识社会相适应的面向服务、以用户为中心、以人为本的开放的创新形态。北京市城管执法局信息装备中心主任宋刚博士在“创新2.0视野下的智慧城市与管理创新”的主题演讲中，从三代信息通信技术发展的社会脉络出发，对创新形态转变带来的产业形态、政府形态、城市形态、社会管理模式创新进行了精彩的演讲。他指出智慧城市的建设不仅需要物联网、云计算等技术工具的应用，也需要微博、维基等社会工具的应用，更需要Living Lab等用户参与的方法论及实践来推动以人为本的可持续创新，同时他结合北京基于物联网平台的智慧城管建设对创新2.0时代的社会管理创新进行了生动的诠释。

（3）**国际实践**。2008年11月，在纽约召开的外国关系理事会上，IBM提出了“智慧地球”这一理念，进而引发了智慧城市建设的热潮。欧盟于2006年发起了欧洲Living Lab组织，它采用新的工具和方法、先进的信息和通信技术来调动方方面面的“集体的智慧和创造力”，为解决社会问题提供机会。该组织还发起了欧洲智慧城市网络。Living Lab完全是以用户为中心，借助开放创新空间的打造帮助居民利用信息技术和移动应用服务提升生活质量，使人的需求在其间得到最大的尊重和满足。

2009年，美国爱荷华州东部城市迪比克市（Dubuque）与IBM合作，建立美国第一个智慧城市。利用物联网技术，在一个有6万居民的社区里将各种城市公用资源（水、电、油、气、交通、公共服务等等）连接起来，监测、分析和整合各种数据以做出智能化的响应，更好的服务市民。迪比克市的第一步是向所有住户和商铺安装数控水电计量器，其中包含低流量传感器技术，防止水电泄漏造成的浪费。同时搭建综合监测平台，及时对数据进行分析、整合和展示，使整个城市对资源的使用情况一目了然。更重要的是，迪比克市向个人和企业公布这些信息，使他们对自己的耗能有更清晰认识，对可持续发展有更多的责任感。

韩国以网络为基础，打造绿色、数字化、无缝移动连接的生态、智慧型城市。通过整合公共通信平台，以及无处不在的网络接入，消费者可以方便地开展远程教育、医疗、办理税务，还能实现家庭建筑能耗的智能化监控等。

新加坡2006年启动“智慧国2015”计划，通过物联网等新一代信息技术的积极应用，将新加坡建设成为经济、社会发展一流的国际化城市。在电子政务、服务民生及泛在互联方面，新加坡成绩引人注目。其中智能交通系统通过各种传感数据、运营信息及丰富的用户交互体验，为市民出行提供实时、适当的交通信息。

美国麻省理工学院比特和原子研究中心发起的Fab Lab（微观装配实验室）基于从个人通信到个人计算再到个人制造的社会技术发展脉络，试图构建以用户为中心、面向应用的用户创新制造环境，使人们即使在自己的家中也可随心所欲的设计和制造他们想象中的产品，巴塞罗那等城市从Fab Lab到Fab City的实践则从另外一个视角解读了智慧城市以人为本可持续创新的内涵。

欧洲的智慧城市更多关注信息通信技术在城市生态环境、交通、医疗、智能建筑等民生领域的作用，希望借助知识共享和低碳战略来实现减排目标，推动城市低碳、绿色、可持续发展，投资建设智慧城市，发展低碳住宅、智能交通、智能电网，提升能源效率，应对气候变化，建设绿色智慧城市。

丹麦建造智慧城市哥本哈根（Copenhagen）有志在2025年前成为第一个实现碳中和的城市。要实现该目标，主要依靠市政的气候行动计划——启动50项举措，以实现其2015年减碳20%的中期目标。在力争取得城市的可持续性发展时，许多城市的挑战在于维持环保与经济之间的平衡。采用可持续发展城市解决方案，哥本哈根正逐渐接近目标。哥本哈根的研究显示，其首都地区绿色产业5年内的营收增长了55%。

瑞典首都斯德哥尔摩，2010年被欧盟委员会评定为“欧洲绿色首都”；在普华永道2012年智慧城市报告中，斯德哥尔摩名列第五，分项排名中智能资本与创新、安全健康与安保均为第一，人口宜居程度、可持续能力也是名列前茅。

虽然我国智慧城市建设起步较晚，但是政策支持力度大、发展速度快。2012年，国家公布了90个智慧城市建设试点城市。2014年8月29日，经国务院同意，发改委、工信部、科技部、公安部、财政部、国土部、住建部、交通部等八部委印发《关于促进智慧城市健康发展的指导意见》，要求各地区、各有关部门落实本指导意见提出的各项任务，确保智慧城市建设健康有序推进。意见提出，到2020年，建成一批特色鲜明的智慧城市，聚集和辐射带动作用大幅增强，综合竞争优势明显提高，在保障和改善民生服务、创新社会管理、维护网络安全等方面取得显著成效。

4. 推进海绵城市建设

海绵城市，就是能够像海绵一样吸水的城市。这样的城市，能够最大限度地留住雨水。具体来说，就是在城市小区里布置若干地块，用吸水材料建设，作为海绵体，平时是市民的休闲公园，暴雨的时候就作为蓄水的地方。无论是泥地、草地还是树林、湖泊，都能吸收大量雨水。这样，可以把水消化在本地，避免汇集到一起形成洪水。当大量的雨水都被海绵体吸收之后，城市的积水也就无从谈起。那些被海绵体充分吸收的雨水还可以再次利用，如浇花、洗车等，在一定程度上可以缓解水资源紧张局面。中国拟3年内投资865亿元建设“海绵城市”。

（1）**构建海绵城市的经济效益不可小觑**。海绵城市建设非常注重对天然水系的保护利用，大大减少了建设排水管道和钢筋混凝土水池的工程量。调蓄设施又往往与城市既有的绿地、园林、景观水体相结合，“净增成本”比较低，还能大幅减少水环境污染治理费用，降低城市内涝造成的巨额损失。

对于老旧城区占比较大的特大型城市，相对新城区，老旧城区确实面临空间条件有限、改造难度大等问题。但相比建设大型地下调蓄池、大规模改造雨水管线等方案，多添置一些“海绵体”反而更具可行性。

设计建设过程中，既有的老旧建筑可通过雨水管断接技术，利用社区内部的花坛、绿地等空间布置雨水花园、下沉式绿地；市政道路

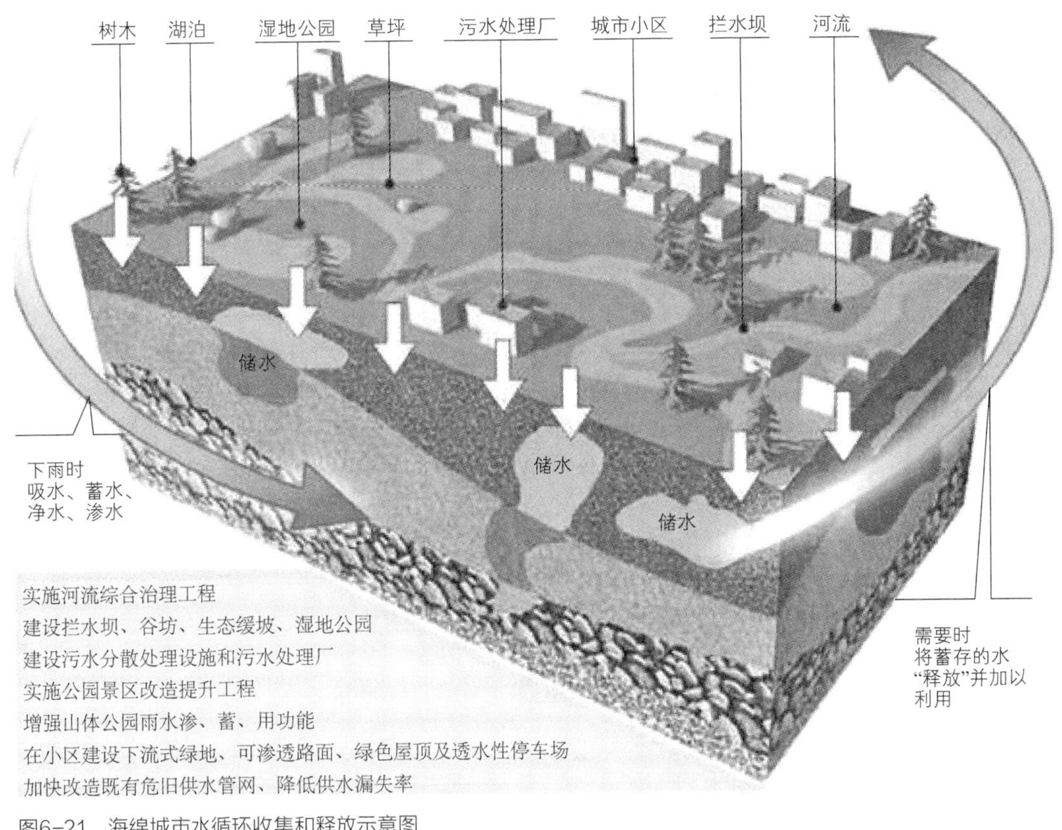

图6-21 海绵城市水循环收集和释放示意图

可结合道路绿化带、树池等绿化空间布置生态树池、植草沟等低影响开发设施；也可将老旧社区雨水管线接入周边公园、水体、集中绿地。

（2）**海绵城市设计理念**。传统海绵城市建设模式，处处是硬化路面。每逢大雨，主要依靠管渠、泵站等“灰色”设施来排水，以“快速排除”和“末端集中”控制为主要规划设计理念，往往造成逢雨必涝，旱涝急转。逢雨必涝逐渐演变为我国大中城市的痼疾。然而，不再“城中看海”却不仅仅是管道扩容这么简单。目前（2014年）中国99%的城市都是快排模式，雨水落到硬化地面只能从管道里集中快排。强降雨一来就感觉修多大的管道都不够用，而且许多严重缺水的城市就这么让70%的雨水白白流失了。以深圳光明新区举例，这个年均降雨量1935毫米、汛期暴雨集中的城区，一方面有26个易涝点，内涝严重；另一方面又严重缺水，70%以上的用水靠从区外调水。这说明城市排涝抗旱的思路必须调整，把雨水这个包袱变成城市解渴的财富。根据《海绵城市建设技术指南》，城市建设将强调优先利用植草沟、雨水花园、下沉式绿地等“绿色”措施来组织排水，以“慢排缓释”和“源头分散”控制为主要规划设计理念。

（3）**海绵城市载体组成**。建海绵城市就要有“海绵体”。城市“海绵体”既包括河、湖、池塘等水系，也包括绿地、花园、可渗透路面这样的城市配套设施。雨水通过这些“海绵体”下渗、滞蓄、净化、回用，最后剩余部分径流通过管网、泵站外排，从而可有效提高城市排水系统的标准，缓减城市内涝的压力。

对于建筑与小区，可以让屋顶绿起来，在滞留雨水的同时起到节能减排、缓解热岛效应的功效；人行道、广场可以采用透水铺装；有条件的小区绿地应“沉下去”，让雨水进入下沉式绿地进行调蓄、下渗与净化，而不是直接通过下水道排放；可将小区的景观水体作为调蓄、净化与利用雨水的综合设施。

城市道路是径流雨水及其污染物产生的主要场所之一，对城市道路径流雨水的控制尤为重要。人行道可采用透水铺装，道路绿化带可下沉，若绿化带空间不足，还可将路面雨水引入周边公共绿地进行消纳。城市绿地与广场应建成具有雨水调蓄功能的多功能“雨洪公园”，城市水系应具备足够的雨水调蓄与排放能力，滨水绿带应具备净化城市所汇入雨水的能力，水系岸线应设计为生态驳岸，提高水系的自净能力。

（4）**海绵城市的建设方法**。“海绵城市”建设试点示范工程中，在缺水地区将优先利用透水砖铺装、下沉式绿地、生物滞留设施、植草沟等措施，补充地下水、削减地面径流；其他地区则优先利用湿塘、雨水湿地、蓄水池等措施，调蓄、净化雨水，削减径流峰值。

一是保护已有海绵体。原有的“海绵体”要有效保护。过去，城市建设追求用地一马平川，往往会填湖平壑。根据《海绵城市建设技术指南》，各地应最大限度地保护原有的河湖、湿地、坑塘、沟渠等“海绵体”不受开发活动的影响；受到破坏的“海绵体”也应通过综合运用物理、生物和生态等手段逐步修复，并维持一定比例的生态空间。

二是新建一定规模海绵体。有条件的还应新建一定规模的“海绵体”。根据《海绵城市建设技术指南》，海绵城市建设要以城市建筑、小区、道路、绿地与广场等建设为载体。比如让城市屋顶

“绿”起来，“绿色”屋顶在滞留雨水的同时还起到节能减排、缓解热岛效应的功效。道路、广场可以采用透水铺装，特别是城市中的绿地应充分“沉下去”。

三是城建规划布局。维持和恢复城市绿地与水体的吸水、渗水、净水能力，是建设海绵城市的重要手段。因此，在保证城市道路、绿地原有功能的同时，还要合理规划用地布局与竖向设计，使低影响开发雨水设施与城市雨水管渠系统、超标雨水径流排放系统有效衔接，充分发挥城市“绿色”基础设施与“灰色”基础设施协同作战的能力。

（三）打造产业新城的必要性

1. 产业升级是产业地产发展的坚实基础

产业新城作为产业地产的高级形式，是中国产业升级的重要平台，新经济需要新园区。产业地产发展的第一个根本动力来自于中国产业升级，继2013年第三产业在GDP中的占比首次超过第二产业之后，继续保持良好的发展态势，金融、信息技术、软件、商务服务、医疗、教育等现代生产服务业和生活服务业的增长动力进一步增强。

新经济的发展对新型城镇化产生巨大的推动作用，在《国家新型城镇化规划（2014-2020年）》中明确指出“城镇化是载体和平台，承载工业化和信息化发展空间，带动农业现代化加快发展，发挥着不可替代的融合作用，服务业与城镇化密切相关。城镇不断集聚经济和人口，就需要提供生产性服务，也要提供生活性服务”。而对于服务业而言，过去远在郊区、交通不便、配套落后的工业园区已经不能适应其业务发展与员工工作的基本需求，新经济需要新的载体，房地产企业作为新型城镇化建设的推动者，尽力满足市场需求是企业的天职。根据协信产业研究院测算，2020年中国服务业将较2013年增长1.25倍，2025年规模将超过百万亿元大关，平均每年将产生1亿平方米以上的新增物业需求，将形成一个万亿级的市场蛋糕。

2. 产业地产是中国深化改革的重要抓手

产业地产是中国深化改革的重要抓手，新体制需要新的商业模式。产业地产发展的第二个根本动力来自于中国政府政治体制的改革。一方面，李克强总理持续推动行政审批改革，以及上海自贸区的设立等事件均说明未来政府将主动放开经济微观层面的管理，相关职能将逐步弱化，在园区建设、招商、运营以及企业服务管理等方面需要市场提供相关解决方案；另一方面，在互联网经济时代，小微企业是经济发展的重要推动力，同时企业发展极为不稳定，新经济的企业小、变化快等特征对过去行政化的园区管理服务提出挑战，政府也被动需要市场提供园区开发运营的综合解决方案。同时，存量土地、园区政策、国企改革等改革红利的不断释放，将盘活产业资源的价值，成为未来产业地产发展的动力与机遇。

3. 实践证明产业发展是地产需求的第一推动力

都市区（城市群）是指在城市中出现的以大城市为核心，辐射并带动周边一定范围内的城市，使其成为在世界范围内有一定影响力、竞争力的区域。近几年来，中国的城市化进入快速发展期，并初步形成几大城市群。我们选取以下九个城市群作为样本，分别是长三角、珠三角、京津冀、山东半岛、中原、长江中游、海峡西岸、成渝、东三省。这些城市群的划分有三类，一类是政府已规划的城市群；一类是核心城市带动的省域范围；还有一类是地缘关系较密切的多省份。这些城市群的商品住宅销售额、GDP和人口如表6-5所示，与全国数据对比，所分析样本GDP 合计占比达到85%、人口合计占比为71%、商品住宅合计销售额占比也高达83%。从表中可看出，GDP总值排名靠前、人口数量排名也是处于较前位置的城市群，其商品住宅销售额占比也相应较高。

比较城市群之间的产业竞争力，我们选取了A 股上市公司作为一个核心比较视角。截至2015 年12 月中旬，全国A 股上市公司共2791 家，市值共537804 亿元，其中制造业市值占比42%，高达225615亿元人民币。所分析的九个城市群中，合计市值占全国89.7%，上市公司数量占全国85.4%。其中京津冀在A 股上市的公司市值在全国中占比最大，总市值占比高达全国31.2%，其次是长三角和广东省，占比分别为24.6%和15.1%。

表6-5　城市群GDP、人口与住宅销售的关系

城市群	2015（1~9月）GDP（亿元）	占比	2014人口（万人）	占比	各城市群2015（1-11月）商品住宅销售额（亿元）	占比
长三角（沪苏浙）	98 753	20%	15,848	11%	15 087	24%
广东省	52 522	11%	10,644	8%	8 632	14%
京津冀	49 604	10%	10,409	7%	5 841	9%
长江中游（鄂湘赣）	52 242	11%	17,012	12%	5 752	9%
成渝（川渝）	33 373	7%	11,077	8%	4 854	8%
山东半岛（鲁）	45 713	9%	9,579	7%	3 781	6%
东三省（黑吉辽）	38 092	8%	10,924	8%	3 075	5%
中原（豫）	26 927	6%	9,413	7%	2 680	4%
海峡西岸（闽）	16 399	3%	3,774	3%	2 478	4%
全国	487 774	100%	139,661	100%	62 532	100%
占比	85%		71%		83%	

表6-6　主要城市群A 股上市公司及市值

城市群	市值（亿元）	占比	上市公司数	占比	占比最大行业大类	市值（亿元）	占比	占比最大行业公司数
京津冀	167 546	31.2%	356	12.8%	货币金融服务	57 795	34.5%	9
长三角（沪苏浙）	132 501	24.6%	788	28.2%	货币金融服务	8 693	6.6%	4
广东省	81 238	15.1%	419	15.0%	计算机、通信和其他电子设备制造业	10 644	13.1%	81
长江中游（鄂湘赣）	23 298	4.3%	200	7.2%	计算机、通信和其他电子设备制造业	2 845	12.2%	17
成渝（川渝）	19 215	3.6%	143	5.1%	化学原料和化学制品制造业	1 927	10.0%	19
山东半岛（鲁）	18 110	3.4%	160	5.7%	化学原料和化学制品制造业	2 353	13.0%	21
东三省（黑吉辽）	18 030	3.4%	148	5.3%	医药制造业	1 871	10.4%	12
海峡西岸（闽）	14 198	2.6%	97	3.5%	货币金融服务	3 039	21.4%	1
中原（豫）	8 060	1.5%	72	2.6%	电气机械和器材制造业	680	8.4%	5
合计	482 195	89.7%	2383	85.4%		89 847		
全国	537 804	100%	2791	100%	货币金融服务	75 377	14.0%	16

从行业大类来看，在全国上市公司市值中，占比最大的行业是货币金融服务业，占总市值的14.0%。而京津冀、长三角（沪苏浙）和海峡西岸（闽）也是如此，货币金融服务占比分别为34.5%、6.6%和21.4%。其中货币金融服务业A股上市公司均为银行，其中京津冀有9个，四大国有银行占据总市值前四位；长三角（沪苏浙）和海峡西岸中有一个大型国有银行、其余均为全国性股份制银行和城市性商业银行，海峡西岸仅有一家A股上市银行，但是其市值占比为21.4%。其余地区暂时均以制造业为产业导向，广东省有81家从事计算机、通信和其他电子设备制造业的A股上市公司，该行业总市值占比全广东省总市值的13.1%；长江中游地区，17家A股上市公司属于计算机、通信和其他电子设备制造业，其市值总值合计2845亿元人民币，占比12.2%，且该地区是著名的高校聚集地，能提供源源不断的大学生资源；对于其他几个省份来说，其主要行业为化学原料和化学制品制造业、医药制造业和电气机械和器材制造业，高端产业的集聚效应尚不明显。

综上所述，产业地产面临企业、市场与政府市场的多重需求，未来空间极为广阔，目前仍处于快速发展期，前景广阔。

三、产业地产（新城）的发展趋势

趋势，是事物发展的动向。把握趋势即是我们对在这个领域前行所将会面对的未知与不确定性的探索。

（一）行业市场化

不得不承认，作为我国市场化程度较高的房地产行业，也在之前相当长一段时间内冠之为“政策市”。我们可以想象产业园区这个行业的市场化可谓“步履蹒跚，一路艰辛”。土地，政府抓着；产业，政府管着；市场，政府看着；这产业园区自然是步履蹒跚。要感谢这个时代，更要感谢那些先行者，是他们“筚路蓝缕，以启山林”，是他们给予了行业的新生。他们有的来自体制内，不安于坐享其成，而是主动进入市场搏击；他们有的来自民间，潜心市场，十年磨一剑，就是他们持续的由下而上的努力推动着这个行业的市场化进程！

当前产业地产行业迎来了重大转机，这是自由上而下的改革红利释放！工业用地集约化、工业用地弹性出让、工业用地存量盘活等一系列中央及地市用地法规政策相继出台，为产业园区的市场化加速提供了更加公开透明的外部环境；国务院43号文，政府投融资体制破冰，地方平台企业特权不再，基础设施及公共服务领域大门向社会资本公平开放，其后财金[2014]76号文及系列配套政策，更是保障了政府与社会资本可持续合作推入。

自上而下，政府谋发展；自下而上，企业是推手。双重驱动下，未来的产业园区将真正实现“市场化意识深入人心，市场化运作持续发展”。短期内，会有两个方面的体现。一方面，今年产业园区领域，会有增量的民间资本持续进入及转型政府平台企业积极进入；另一方面，产业园区开发实施过程中的各环节将真正全面开启市场化运作，比如涉及的项目前期基础设施建设、项目后期产业招商运营等。

（二）主体多元化

在过去的一年，于这个领域，我们不再仅仅关注“根正苗红”的政府平台型企业；不再仅仅关注“腾笼换鸟”的产业制造型企业；也不再仅仅关注“外来和尚”的境外公司资本。

在过去的一年，越来越多的传统房企“逼山梁山”投身于此，如万科、绿地、中信地产等都开始逐鹿产业园区领域；“专业深耕”的产业园区企业，如华夏幸福、亿达、宏泰等，依然继续攻城拔寨，项目储备不断再创新高。

在过去的一年，产业园区领域涌现越来越多的“创达新人”，如聚焦中国高端电商及零售领域的仓储设施开发与运营的易商集团获取了荷兰最大养老基金汇盈资本6.5亿美金的投资；如专注产业创新与服务的飞马旅开始了“线上走向线下，软件到硬件”，产业园区开发与运营成为重板块。的确，产业园区的春天来到了。一枝独秀不是春，百花齐放春满园！

（三）产业垂直化

毫无疑问，产业园区的开发成败，核心取决于产业发展的成败。伴随着中国产业结构优化与转型升级这一波浪潮，“春江水暖鸭先知”的产业园区开发运营企业对产业的理解越来越深入，与产业发展的更加深度融合，其前所未见地将呈现出“产业垂直化”趋势。

一是结合传统产业升级，如专注三四线城市物流商贸的毅德控股，通过提供系统的解决方案迅速获取了各地主政府及市场的认可；如专注农产品流通领域的中国供销集团(中农批)，在传统农产品批发市场开发运营的基础上，更加注重大数据电商的应用、更加强调冷链仓库物流的导入，从而形成了独特的竞争力。

二是前瞻新兴产业发展，如立足上海及长三角区域的德必集团，始终聚焦在文化创意产业领域，已成功运营超过20个文化创意产业集聚区，已发展成中国领先的专业文化创意产业发展服务商；如前述所提及的易商集团，一直聚焦高端电商及零售领域的仓储设施开发与运营商，在2014年成为京东在中国除了其自建之外的最大的仓储合作伙伴。

可以预见，像大数据云计算、物联网、消费电商、智能机器人、可再生能源、工业互联网等领域将会有更多的产业园区企业进入。

（四）分工专业化

市场经济，还其本原，就是对效率最大化的追逐。伴生国内产业园区市场不断趋于规范，参与其中的各类市场运作主体在迅速提高自身专业能力的同时，也呈现出来越来越多的分工及协同。在以往产业地产商什么都得干的混沌的格局下，产业园区投资、产业园区开发及产业园区运营三者分离的趋势越来越明显，在这趋势中产业投资商的涌现及专业运营商的崛起成为关键。

产业投资商涌现。当下资本时代，产融结合大势所趋。一方面是产业与金融的深度融合，另一方面是产业资本与金融资本的双驱互动。这同样于产业园区领域得到体现。这里面有两个代表，一类是成熟的境外资本，也是目前国内市场运作较为成功的主体，像美国的普洛斯、澳大利亚的嘉民、迪拜的盖斯理、新加坡的腾飞等在中国产业园区领域运作得风生水起，一类是成长中的本土资本，如弘毅资本、天赋资本、复星资本等也在逐步加速进入。像复星资本无疑走在最前面，其于金融、文化、物流商贸、健康、旅游等产业细分领域，提出产城一体化的蜂巢城市系列，其落地的作战团队有星浩、星豫、星颐、星泓、星健等“星”字号资本平台。

专业运营商崛起。一类是进入行业就专注运营层面的企业，如专注产业孵化器运营的创星园集团，深耕上海，结合各区及产业细分，成功运营了新能源新材料孵化器、LED照明产业孵化器、电子物联孵化器、创意设计孵化器、低碳产业孵化器等一系列项目；如零点咨询袁岳创建的飞马旅，一直持续关注新兴服务企业的创新与运营，成为众多产业园区开发商的战略合作伙伴；如前文所提到的德必集团，同样专注于文化创意设计领域的园区运营，成为这个领域的卓越领先者。还有一类是由产业园区开发商转型提升而成的，比如上海的市北高新公司由传统的园区开发建设商转型为服务集成商、综合运营商，其产业服务收入已接近公司主营收入的一半；如普洛斯集团“基金投资、物业开发、设施管理”的三大核心业务架构中，设施管理板块收入在主营业务收入中虽占30%，但却贡献50%以上收益。

（五）布局中心化

根据中国指数研究院数据，从过去五年全国省会城市工业用地的成交来看，一线省会城市出让的工业用地与均价均遥遥领先于二、三线省会城市；从张江高新、华夏幸福、华南城、电子城等19家典型产业园区上市企业的项目布局来看，大多数项目仍然分布在东部城市带，不论是项目数还是项目规模累计均超过总量的70%以上。这就意味着，过去五年来中国产业园区的发展并没有伴随着中国产业的梯度转移而实现同步下沉。

究其根源，还是缘于产业园区运作的内在规律特性所决定的。可以说，除了中国东部沿海率先开放的几大城市以及其他优秀的一线城市，中国大部分城市依旧处于工业化初期或者成长阶段，其既无法产生因传统产业升级所带来的大量服务性需求，也局限于无法承载新兴产业契机所带来的增量空间。自然，这些城市也就无法支撑按市场化运作要求所支撑的产业地产发展。

可以预见的2016年，乃至更长的几年内，未来产业园区的项目布局依旧将会呈现出“中心化”特征。这里的中心，可作两方面的理解。一方面，项目依然会落地于几大区域经济中心圈内，会更加出现在环上海、环北京、环广深区域内；另一方面，项目会重新加速回归一线城市等城区内，因为这些城市的旧改及更新，将带来大量原有产业用地存量的盘活；当然还有不少城市享受进一步改革红利所带来的机会，如几大自贸区。从这个角度上而言，企业落地布局的项目会趋于呈现出专而精的产品。

（六）产品标准化

标准化，即专业化。面临市场竞争，抢占市场份额，越来越多的产业园区企业注重自身专业能力的提升，其更加重视专注前提下的产品（服务）导向的核心竞争力塑造。纵观市场，产业园区已呈现出四种典型的产品解决方案，产业新城（镇）模式、产业基地模式、产业综合体模式、产业办公模式等，而这些模式实践，各家表现可谓“各显神通”。

如专注产业新城发展的华夏幸福基业公司，其进入的区域主要聚焦于环北京及环上海两大都市圈区域，而定位为产业市镇先行者的宏泰集团在扎根河北区域的基础上则更加下沉，甚至在安徽滁州都有项目落地。再比如在产业办公模式方面，德必集团是典型的结合城市更新，对原有物业进行改造提升形成特色适宜的办公环境；而金桥集团的Office Park产品系列则是在城市新兴区域重新开发形成高品质的低密度商务花园；最近崛起的华鑫置业，则有别于前两者，其在存量工业用地盘活及二次开发中提出及丰富了“商务不动产”新型产业办公产品模式。

同样，在产业综合体方面，联东集团是率先提出及进入，其项目大多布局环渤海及长三角区域，其主要两种产品，一个是以城区总部办公为核心的商务综合体；一个是以郊区高端制造为龙头的园区综合体。而同样是产业综合体模式的毅德集团，在聚焦三四线城市的商贸物流领域，形成了“一招鲜，吃遍天”的单一解决方案，其产品一般用地2000～3000亩，都会与当地的汽车站（运输中心）结合，形成商贸、物流、办公、公建、配套五大标准模块。

（七）收益服务化

也就是说未来产业园区的盈利模式将越来越考虑长周期回报，注重收益可持续性，将会由之前依赖的物业产权性收益向产品服务化收益转型提升。

在过去几年的高速发展，产业园区的盈利越来越清晰明朗，像最典型的就是“配套物业销售+园区服务收入”模式，也就是通常我们所说的搞开发卖房子的做法。据产业园区上市企业公开数据综合分析，租赁收入占比总收入超过50%的也就仅浦东金桥这一家，绝大部分低于10%。迈入中国经济发展及房地产市场的新常态时代，靠卖房子这一做法无疑不是应对未来之策。

华夏幸福通过强化招商能力与产业孵化能力的双驱动来实现自身盈利模式的升级；市北高新的园区载体销售收入占比已不到总体收入的30%；越来越多的产业园区企业不断强化提升项目产业招商、项目物业设施管理、项目入驻企业服务、项目孵化与创新、项目产业投资促进等各种精细化的服务能力来获取可持续的回报。

在历经了产业园区的混沌发展，产业园区市场化持续深入、产品标准化及盈利明朗，如今越来越多的资本青睐及进入产业园区领域。同样，完成一定积累的产业园区企业亦将积极主动地通过资本渠道将手中的资产转化为进行新一轮扩张的资本，进而获取更好的市场地位及利润回报。

（八）运作资本化

在历经了产业园区的混沌发展，产业园区市场化持续深入、产品标准化及盈利明朗，如今越来越多的资本青睐及进入产业园区领域。同样，完成一定积累的产业园区企业亦将积极主动地通过资本渠道将手中的资产转化为进行新一轮扩张的资本，进而获取更好的市场地位及利润回报。

在过去几年，业内称为产业园区公司的“上市年”。先后有武汉光谷联合、大连亿达、河北宏泰三家公司先后登陆港交所。当然，引进私募基金同样成为重要的资本化渠道，像普洛斯获取了来自中银投资、中国人寿与厚朴基金共同出资23.5亿美元，上海宇培强强联手RRJ及狮城控股，引来2.5亿美元强势注资，易商集团获取了荷兰最大养老基金汇盈资本6.5亿美金的投资。

此外，产业地产必须在原有开发贷、信托等房地产的传统融资模式的基础上，加强与政府以及实体企业的合作共赢，重视产业发展基金、新型城镇化政策性贷款、企业与园区经营性贷款等新兴融资方式的运用。同时，在国内REITS逐步开闸，保险与信托资金投资写字楼不断增多的情况下，对园区自持物业进行资产证券化设计，也是未来产业地产融资的主要方向。这就要求产业地产企业一方面加速非房地产融资团队的建设，一方面要增加园区物业的自持比例，通过园区运营提高资产收益率。

（九）市场国际化

随着国家“一带一路”建设的深入推进，国内一些优秀的产业新城投资开发企业开始跨洋出海，如碧桂园在马来西亚的森林城市、万达在印度的新德里的产业新城项目、华夏幸福在印度尼西亚雅加达及印度的产业新城项目等，这些项目的推进将有助于在中国积累的产业新城开发经验移植到“一带一路”沿线国家。

1. 马来西亚森林城市

碧桂园作为中国企业进行海外产业新城投资建设的先驱之一，2015年在马来西亚启动建设了“森林城市”项目，这是目前我国企业最大的海外产业新城项目，预计总投资达2500亿元人民币，开发周期30年。

森林城市项目契合了中国的“一带一路”战略，以“产城一体化”和“立体化绿色智慧城市”的理念刷新了现代城市规划、建设、运营的新高度，树立了“未来城市”榜样。森林城市与新加坡仅一桥之隔，距新马第二大桥约5公里，可快速往返新马。距新加坡CBD约35公里，距樟宜国际机场约55公里，项目靠近新隆高铁站点，高铁开通后约90分钟贯通新加坡与吉隆坡。

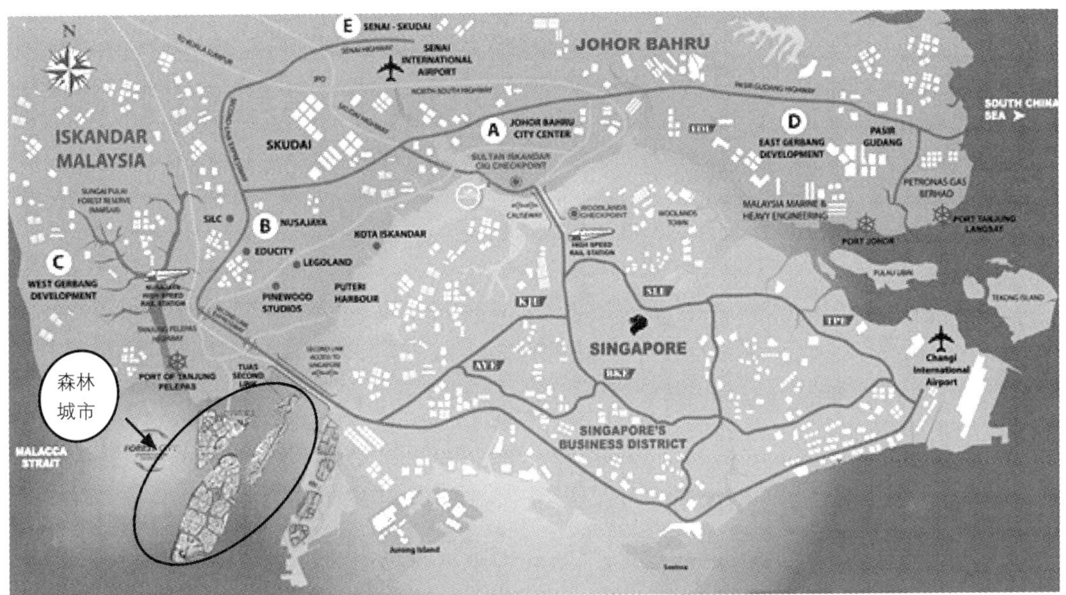

图6-22　森林城市的区位

森林城市占地近14平方公里，几近半个澳门的面积。森林城市总体规划概念由全球著名设计事务所SASAKI[1]操刀，提出规划和城市设计的可持续性方案，由四座填海岛屿组成，四岛皆有不同的拉动因素与功能，将打造成为外企驻地、金融特区、创新天堂、旅游胜地、教育名城、养生乐园、会展中心、电商基地等八大产业聚集地，是可容纳几十万人口的科技创业之城，也是世界先进的智慧之城。

森林城市类似于一个试验岛，融合了很多美好的建设理念，让它们有更好的实现机会，去构建一个全新的城市。实际上，这也是项目发起人、碧桂园董事局主席杨国强的理想主义情怀的实现并优化的过

1　SASAKI建筑与环境设计事务所由著名美籍日裔建筑师HIDEO SASAKI创建于1953年，是目前美国排名前10位的著名设计公司，在规划方面和土地应用方面在世界范围内首屈一指。在过去的半个多世纪，Sasaki一直致力于创造永恒的空间来加强公共区域、彰显环境特点、增加经济价值并推动社会互动。这种无可比拟的设计传统得到了认可，获得了500多个设计奖，其中包括由美国规划师协会颁发的“2012年度最佳规划公司”和美国景观设计师协会认证的2007“年度最佳公司”。

程。杨国强曾经感言："希望能有一座城市，那里的生活非常安全、没有车辆在地面穿行，建筑外墙都长满植物，到处都是公园，大家在那里可以晒太阳、跑步、游泳。"

森林城市可以称得上是全新高科技落地的秀场，代表了智慧城市建设的高度。其从城市运营、社区管理、家居办公三个层次打造智慧高新示范基地，以超标准的网络基建和先进的大数据分析为基础，将智能运用在公交营运(DRT)、能源运作(SMART GRID)、城市经营、城市防灾、智能安防、家居服务等各个方面。

2. 印度哈里亚纳邦产业新城

2016年1月，万达与印度哈里亚纳邦[1]签订合作备忘录，计划投资100亿美元在哈里亚纳邦建设万达产业新城，拟打造世界级综合性产业园区。项目一期占地约13万平方公里，计划引入软件、汽车、机械、医疗等产业，同时规划建设万达文化旅游城及住宅新区。项目一期预计总投资约100亿美元，万达主要是投入前期基础设施资金，其他工业、旅游、住宅产业，将吸引全球特别是中国企业投资。项目计划于2016年内开工。哈里亚纳邦将与万达共同组成管委会，引进中国特区管理模式，给投资者提供"一站式"服务。

与此同时，华夏幸福同日也与印度哈里亚纳邦政府（以下简称邦政府）在北京签署谅解备忘录。印度哈里亚纳邦政府及华夏幸福已原则上决定采用PPP模式在哈里亚纳邦协商并开展产业新城开发。PPP模式将包含土地购买、转换、基础设施开发、工业园区开发、通过向华夏幸福及/或占有人提供财政优惠等内容。邦政府全资所有的哈里亚纳邦工业及基础设施开发有限公司（Haryana State Industrial & Infrastructure Development Corporation LTD.，简称为"HSIIDC"）将基于华夏幸福拟定的投资标准，负责为华夏幸福鉴别、收购并整合土地。

在与哈邦政府就基于上述HSIIDC在哈里亚纳邦鉴别及收购土地的合作方式达成一致后，华夏幸福将提交项目建议书报告，该报告将

1 哈里亚纳邦为印度西北部的一个邦，毗邻印度首都新德里，总面积4.4万平方公里，是印度传统农业大邦，亦是印度工业大邦。

图6-23　万达及华夏幸福产业新城的区位

大致说明拟议项目的组成部分、土地用途、开发模式、实施进度、成本等信息。

然而，外资在印度投资产业新城最大难点在征地。根据印度当前的征地法，私人项目征地需获得80%征地涉及对象的同意。莫迪就任总理后抛出征地法修订案，欲废除上述“同意条款”，但遭遇反对党的强力反对，至今修订法案没有任何突破。《印度时报》曾报道称，万达和华夏幸福希望利用哈邦政府现有的土地建工业园，而不是通过征地完成这一项目。不过哈里亚纳邦官员表示，虽然政府支持该项目，但目前无法提供这么大面积的土地。

另外，虽然万达与华夏幸福进驻印度主打产业园概念，但从目前公布的项目规划以及二者过去于中国的发展模式可知，一定规模的住宅和销售物业是必不可少的。但印度的房地产市场并不健康，房价差距极大，贫民窟与高楼大厦比肩的情况比比皆是，一方面住房短缺，另一方面库存上升，这是一个非常大的矛盾。有分析指出，“开发商投资欧美国家可以说是看中了广大中国投资移民过去的购买力。而在投资印度时，如果期待这里的置业者能像中国那样在城市化过程中带来大量的购买力，首先需要明确是否存在购房刚需，其次就是熟悉他们的购房习惯、置业能力，这个不同国情下，应该是存在巨大的差异的。”还有一点需要提醒的是，因当地政府政绩需求而促成的投资因缘也会随着领导班子的更换而面临危机。因此，需要高度关注中资企业海外投资产业新城的经济风险和政治风险。

3. 印度尼西亚雅加达产业新城

华夏幸福将以海外子公司与印度尼西亚共和国PT Alam Sutera Realty Tbk公司（以下简称“AS”）[1]共同设立合资公司，合作开发目标地块，建设产业新城，实现经济发展、社会和谐、人民幸福。目标地块于万丹省唐格朗市的Pasar Kemis。双方可以根据一致达成的开发计划对目标地块总体规划进行调整。合资企业采用印度尼西亚有限责任公司的形式设立，合资企业持股比例、经营范围等事项待双方协商确定。

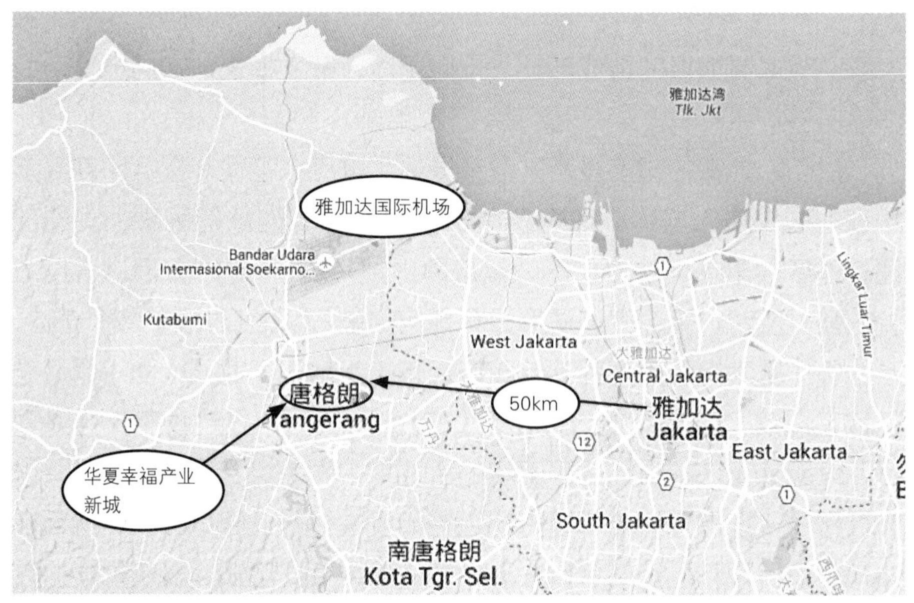

图6-24 华夏幸福印度尼西亚产业新城的区位

合资企业持续经营至少15年。双方在以下时间重新评估合资企业的营业期限：（1）合资企业设立15周年之日；（2）合资企业设立

1 印度尼西亚共和国PT Alam Sutera Realty Tbk公司为印度尼西亚共和国知名企业马龙佳集团（Argo Manunggal Group）旗下负责地产开发运营的旗舰企业。AS成立于1994年，2007年12月在印尼证券市场上市，股票代码ASRI。AS主要业务涉及大规模市镇和高质量居住、商业项目的综合开发及管理，在大雅加达地区拥有超过3400公顷土地储备。

满15周年后的任何5年期限届满。按照最终协议条款，双方同意一方转让持有的合资企业股份时，另一方有优先购买权。合资企业的营业期限和重新评估程序会由最终协议进一步约定。

此举标志着华夏幸福产业新城运营的专业能力和行业地位得到了国际认可，是其国际化战略的重大里程碑。同时，印尼是“一带一路”上的重要节点国家，华夏幸福抓住“一带一路”的重大历史机遇，将开启产业新城建设的全新领域。

印尼项目作为华夏幸福海外第一座产业新城，将定位于全球产业新城标杆，华夏幸福会将其在中国的城市规划、大项目招商、园区运营等方面的丰富经验与印尼优势相结合，建立国内、海外产业新城之间的资源互动和服务网络，为中国企业投资印尼搭建国际化平台，并积极探索印尼区域经济、社会和民生协调发展的产业新城模式。

根据双方分工，此次合作中华夏幸福将提供规划、开发、建造和运营方面的专业技术及对海外承租人进行推广和销售的支持。AS负责与当地政府及相关人事进行沟通及对当地承租人进行推广和销售的支持。未来，华夏幸福在印尼加速打造产业新城、形成地区标杆的同时，还将积极关注南亚、东南亚、中亚、欧洲、北非等国家和区域，加速拓展“一带一路”中具有产能合作潜力的重点国家。

结　语 | CONCLUSION

自世界上第一个真正意义上的产业新城项目诞生至今也有半个世纪了，经过半个世纪的不懈探索、完善、升级，已走出来了一条以政府引导、市场运作的方式来推动城镇化建设运营之路——打造产业新城，解决了在城市化中，人们进的来、住得下、活得好的问题，并最终实现了政府、企业与社会的多赢。虽然在实践中，产业新城的发展路径有所差异，但总体上看产业新城的商业逻辑架构已经初步成熟，基本上形成了可复制、可推广的商业模式。

然而，产业新城在落地复制过程中也不是一帆风顺的，也面临着诸多的问题和难点。由于产业新城项目开发周期长，资金占用量大，一般5年左右现金流才能回正，相对于短平快的传统地产开发项目而言，未来项目推进的不确定性和风险也就会显著增加；由于政府换届可能带来政治风险可能导致项目推进受阻；产业新城项目由于涉及产品和业态多、统筹协调难度大，专业化产业新城投资运营人才匮乏；产业新城的重点和亮点都在于产业招商，这是决定产业新城成败的关键一招，在一张“白纸”上重新打造一个产业集群，招商难度大、培育周期长，短时期难以出成绩。

但是，半个世纪的探索发展，逐项克服了这些困难和难点，产业地产开发者用坚实的行动证明了产业新城商业模式的可行性和光明前景，证明了产业新城模式是新型城镇化建设的有益探索。总结其背后的成功之道，我们认为妥善处理好社会需要、政府引导、企业运作等三个层面的因素至关重要。

（一）**社会需要**。社会需要是打造产业新城的先决条件。随着经济社会的快速发展以及新技术的快速进步，人民对城市的功能、生态和设施配套都提出了更高要求。然而在目前我国城市发展中，仍存在诸多问题，由于城市资源过度集中核心城区，导致城市面临很大的通勤压力，从而导致交通拥挤、大气污染、生态恶化等一系列大城市病，严重威胁了城市的可持续发展和广大居民的身心健康。同时，随着时代的进步，原有的城市规划路网密度低，不能适应现代社会发展要求。所以，在城市郊区半径50公里内打造一个或多个围绕老城区的产城融合、产城一体的产业新城势在必行，可以实现老城与新城的良性互动、优势互补。

打造产业新城，首先就可以从规划层面解决大城市病的“病根”，在规划设计环节，始终坚持以人为本，合理布局新城区域内的公共设施、绿地景观、居住区、商务区以及产业园区之间的空间分布。尤其是，随着城市科技的进步和发展，将智慧城市和海绵城市的最新技术成果应用到产业新城之中，将会使产业新城更好地服务人们生活和工作，建设幸福城市。

（二）**政府引导**。政府引导是未来打造产业新城的政策条件。在未来打造产业新城过程中，政府将会越来越多地扮演引导的角色，充分调动社会优势资源，打造产业新城投资运营平台。

在宏观层面，为彻底解决大城市病，从中央到地方都高度关注。2015年12月召开了中央城市工作会议，这是时隔37年，中国再次召开中央城市工作会议，足见高层对中国当前城市化出现的问题高度重视。中央城市工作会议要求尊重城市发展规律，做好“五个统筹”，即统筹空间、规模、产业三大结构，提高城市工作全局性；统筹规划、建设、管理三大环节，提高城市工作的系统性；统筹改革、科技、文化三大动力，提高城市发展持续性；统筹生产、生活、生态三大布局，提高城市发展的宜居性；统筹政府、社会、市民三大主体，提高各方推动城市发展的积极性。要求未来城市发展过程中要深入践行新型城镇化发展理念，打造宜居、宜业、乐业的新型城镇。这就为未来打造产业新城提供了战略方向。

在产业新城落地操作层面，由于政府自身在产业新城打造的专业团队上的不足以及政府财力的有限性，完全由政府主导打造的产业新城变得原来越困难，这就客观上就要求社会资本在打造产业新城中参与进来，充分整合社会资源，在实际操作中做到“政府引导+市场主导”，充分激发社会资本在打造产业新城的创新优势、高效优势以及专业化团队优势。

（三）**企业运作**。企业运作是成功打造产业新城的关键因素。无论是开发区管委会下属的国有控股的开发总公司还是市场化的产业新城专业开发运营商，在打造产业新城的过程中，都要始终高度关注战略、团队和文化三个关键因素。

一是战略制胜。战略是关于企业发展方向性的根本性问题。商人与企业家之间的区别就在于是否有战略以及战略是否清晰。优秀的产业地产企业都十分重视战略顶层设计的重要性。一是商业模式的顶层设计，解决了为谁打造产业新城？打造什么产品？产业新城的内在逻辑是什么？其经济可行性以及现金流模式、盈利模式？等一系列问题。二是高度重视公司战略的制定，始终站在全球视角审视公司发展方向，优化、调整公司发展方向，使公司快速适应市场变化。归结为一句话，优秀产业地产企业成功秘诀在于战略制胜、模式落地。

二是人才团队。人是生产力中最关键的因素。优秀产业地产企业高度重视人才团队打造，一流卓越的人才队伍，是产业新城商业模式落地生根的根本保障。优秀产业地产企业对人才的培养和整合不应拘泥于传统的地产思维，应将全球范围内各行各业的优秀人才聚集起来，在产业地产的平台上创造性的干事创业，同时给予干部员工全行业最具竞争力的薪酬，充分解放员工的生产力，形成“集天下英才而用之”的宏大格局。

三是文化建设。一家优秀的企业不是靠人管人，而是要靠制度和文化管人，企业的管理者应该做“造钟人”，而非“报时人”。优秀产业地产企业要求公司的管理层都能成为“勇担当、主动干”企业文化的践行者和标杆，力图通过管理层的言传身教在工作中将公司的“优秀密码”和“优秀基因”传递给广大员工，让员工在潜移默化中学习到思维模式、工作方法；从而使员工在工作中能够快速成长，独当一面，有力保障了公司在快速发展中的思想统一、方法统一和模式统一，使企业文化理念真正内化于心、外化于行。

“世界上唯一不变的就是变化”。随着中国经济进入“新常态”，产业转型升级、产能的跨国转移以及“大众创业、万众创新”的深入推进，产业新城商业模式也要因势利导，进一步优化、完善、提升，以适应政府、市场和客户快速变化需求。尤其是，当前随着“一带一路”中国企业走出去步伐加快，在海外推进产业新城项目亦面临诸多前所未有的新情况、新问题、新难点。因此，探索出一条国际化的产业新城之路，依然任重道远，这需要致力于产业地产发展繁荣的仁人志士坚定信念、戮力前行，不断用颠覆性的思维来思考、创新产业新城模式，让产业新城之花开遍全球，让世界感受中国力量！

参考文献

[1] 陈耀. 产业地产未来发展三个新方向[J]. 城市开发, 2015(7):16-17.

[2] 一座产业新城的创新之举——固安PPP模式探析.http://www.hebei.gov.cn/hebei/11937442/10757006/10757086/13111643/index.html

[3] 华夏幸福拟将物业资产“证券化”规模不超过24亿.http://chanye.focus.cn/news/2015-11-26/6230160.html?pvid=ebff45be40416ec6

[4] 林毅夫. 按照比较优势选择产业政策[J]. 中国发展观察, 2005(7):24-28.

[5] 范恒山. 中国城市化进程[M]. 北京：人民出版社, 2009.

[6] 范恒山. 我国促进区域协调发展的理论与实践[J]. 经济社会体制比较, 2011(6):1-9.

[7] 仇保兴. 城市定位理论与城市核心竞争力[J]. 城市规划, 2002(7):11-13.

[8] 仇保兴. 我国城市发展模式转型趋势——低碳生态城市[J]. 城市发展研究, 2009, 16(8):1-6.

[9] 仇保兴. 从绿色建筑到低碳生态城[J]. 城市发展研究, 2009, 16(7):1-11.

[10] 仇保兴. 城市经营、管治和城市规划的变革[J]. 城市规划, 2004, 28(2):8-22.

[11] 仇保兴. 对建设宜居城市的思考——解读中央城市工作会议精神[J]. 今日浙江, 2016(2).

[12] 张维迎. 土地审批权收归中央并非根本之道[J]. 农村工作通讯, 2007(2):54-54.

[13] 曾肇河. 公司投资与融资管理[M]. 北京：中国建筑工业出版社, 2006.

[14] 曾肇河. 房地产公司战略管理[M]. 北京：中国建筑工业出版社, 2007.

[15] 曾肇河. 现金流量比利润更重要[J]. 建筑, 2013(22).

[16] 曾肇河. 现金抉择[M]. 北京：中信出版社, 2012.

[17] 北京大学国家发展研究院综合课题组, 周其仁. 还权赋能——成都土地制度改革探索的调查研究[J]. 国际经济评论, 2010(2):54-92.

[18] 周其仁. 中国将建立紧凑型城市[J]. 广东经济, 2014(2).

[19] 哈继铭. 人口结构与城市化推动房地产发展[J]. 中国房地产业, 2007(7):28-29.

[20] 中国城市的起源.http://www.360doc.com/content/14/0711/18/137012_393720304.shtml

[21] 城市管理学.http://www.yimiwang.com/Reader/book.00003714.html

[22] 产业新城出海首站落印尼华夏幸福模式全球推广.http://news.xinhuanet.com/chanye/ 2015-

12-30/c_1117622495.htm

[23] 黄艳. 纽约市的区划模式[J]. 北京规划建设, 1998(6):13-16.

[24] 黄艳松. 浅谈城市规划中的环境保护策略[J]. 中华民居旬刊, 2013(21).

[25] 毕博-世界知名科技园区研究.http://wenku.baidu.com/view/1f1ea442336c1eb91a375d68.ht

[26] 东京轨道交通与土地综合开发模式对北京的借鉴.http://wenku.baidu.com/link?url=J-QzK1yXwmCiHJc-awuZV8ALBNyFGfBAcuSQdobXFKAr8y-NL2SUEJJy3R1RLiXNdAcSwJvEtQ7X621G4tC3McS_GmyTw8UgLNt6OQpgS-G

[27] 范恒山. 关于中国土地政策改革的思考[J]. 理论视野, 2006(4):11-12.

[28] 范恒山. 关于推进我国区域合作的若干思考[J]. 中共中央党校学报, 2008(6):49-54.

[29] 钱颖一. 硅谷的故事:关于硅谷的学术研究[J]. 现代工业经济和信息化, 2011(4):37-39.

[30] 洪丽, 曾国安. "十三五" 期间中国住房与产业地产需求预测[J]. 中国房地产, 2015(36).

[31] 陈奕静. 基于商业生态系统理论的产业地产发展研究[D]. 重庆大学, 2015.

[32] 岳武. 产业地产的发展趋势及投资风险概述[J]. 企业改革与管理, 2015(17):105-106.

[33] 普洛斯运营模式.http://wenku.baidu.com/link?url=9epNm6hWBArsIqtxSnMTtJ1-VNZBFK4vejjcFKTLly_N_ZJavW8jtOVmGndXmnH4qpTwABxvU3vxDK6re4oIems0z5Dnqol17ZVZnttDY53

[34] 世合理想大地开发模式解析.http://wenku.baidu.com/link?url=uFtoLgSEW3Y1fiiPyKDdQFDSKpukw26Eh5B0rHbecEFoTq5aoRf7ssonliAEeOBxFMb4dq0MDE_iu1OCnfcqUCsreWVvaRCQbA6mnhDs6Cm

[35] 东京都市圈发展对我国特大城市发展的启示.http://www.ccud.org.cn/2014-07-11/114328859.html

[36] 李艳. 浅议产业地产开发模式及策略[J]. 房地产导刊, 2015(6).

[37] 陈磊. 华夏幸福:农村包围城市[J]. 中国房地产业, 2013(6):40-43.

[38] 李雪. 华夏幸福基业公司产品营销策略研究[D]. 吉林大学, 2015.

[39] 王珏. 华夏幸福基业产业园发展战略研究[D]. 对外经济贸易大学, 2014.

[40] 伦敦道克兰之复兴.http://www.hebjstz.com/2016/szgy_0122/301.html

[41] 美国尔湾新城高新科技园区.http://www.twwtn.com/Park/50_250319.html

[42] 曹建军, 宋婷. 裕廊工业园区建设经验及对我国石化园区规划的启示[J]. 当代石油石化, 2012, 20(11):13-17.

[43] 刘德惠. 新加坡裕廊工业区和烟台工业开发区建设模式的比较研究[D]. 上海交通大学, 1999.

[44] 许利萍. 美国硅谷、新加坡裕廊工业园的发展启示[J]. 世界经济情况, 2011(5):53-56.

[45] 谭旭峰. 新加坡裕廊工业区的经验启示[J]. 中国高新区, 2005(2):56-58.

[46] 王欣. 伦敦道克兰城市更新实践[J]. 城市问题, 2004(5):72-75.

[47] 王欣. 伦敦道克兰城市更新的实践与启示[J]. 城市, 2004(3):61-63.

[48] 杨滔. 大规模城市更新中整体与局部的互动——伦敦道克兰区案例[J]. 北京规划建设, 2009(3):109-112.

[49] 马祖琦. 伦敦“道克兰”轻轨机场延伸段[J]. 世界轨道交通, 2006(2):60-61.

[50] 北京经济技术开发总公司官方网站.http://www.bdagroup.com.cn/bda_web/

[51] 亦庄永清高新区正式挂牌，京南经济新引擎崛起！.http://news.dichan.sina.com.cn/2015/05/19/1058495.html

[52] 新加坡裕廊之道.http://www.china-crb.cn/resource.jsp?id=19348

[53] 青岛万达东方影都建设工程融资投资立项项目可行性研究报告.http://wenku.baidu.com/view/69ce6a79a8114431b80dd823.html?re=view

[54] 2015年中国产业地产发展研究报告：潜藏机遇竞争激烈.http://www.wtoutiao.com/p/n35RXN.html

[55] 浅谈伦敦金丝雀码头的成与败.http://www.lanshaproperty.com/news.php?id=70

[56] 赵勇健, 吕斌, 张衔春,等. 高技术园区生活性公共设施内容、空间布局特征及借鉴——以日本筑波科学城为例[J]. 现代城市研究, 2015(7):39-44.

[57] 汤珏, 赵壹. 日本筑波快线特点对市域轨道交通规划与建设的启示[J]. 城市建设理论研究, 2014(10).

[58] 廖建锋, 李子和, 夏亮辉. 新竹科学工业园的发展状况和成功要素分析[J]. 科技管理研究, 2004, 24(5):84-86.

[59] 最简单的培训法——万达“11130”教学法.http://html.smeshx.gov.cn/2014/2014_Nov_19/2014_Nov_19_06_03_40_19587.shtml

[60] 万达速度揭秘：2342计划管理.http://wenku.baidu.com/link?url=oiGD-g0JUXs9p50hLI-v7CdcjcHwjbZsXByz1MxJ1ZNH9UN-EaMStSC7YFk8wDh8G_zrINhZmtdp8Ry-JXIZ8m6uQP4HdwMg4qEGvNnyA2a

[61] 唐礼智. 硅谷模式的模仿与创新——以新竹和班加罗尔为例[J]. 城市问题, 2007(10):91-95.

[62] 青岛东方影都2017年全面运营打造青岛新地标.http://news.bandao.cn/news_html/201503/20150316/news_20150316_2511576.shtml?i|279997:1=

[63] 尔湾生态产业新城案例研究.http://wenku.baidu.com/view/305cf890cc22bcd126ff0cd0.

html?from=search

[64] 产业新城发展模式研究.http://wenku.baidu.com/view/68c9bd979b89680203d825c4.html?from=search

[65] 邓丽姝. 开发区发展服务业的战略思考——以北京经济技术开发区和天津经济技术开发区为例[J]. 特区经济, 2007, 221(6):51-53.

[66] 武东伟. 论北京经济技术开发区(BDA)的工业地产[D]. 对外经济贸易大学, 2007.

[67] 张大鹏. 北京经济技术开发区:规划与建设的特质[J]. 北京规划建设, 2004(6):110-111.

[68] 马麟. 从北京经济技术开发区的建设与发展谈城市经营[J]. 北京规划建设, 2001(6):22-23.

[69] 重庆两江新区："十大组团""四大片区"的完备的生态战略新区.http://gb.cri.cn/42071/2013/09/27/5311s4267733.htm

[70] 郑东新区管委会官方网站.http://www.zhengdong.gov.cn/

[71] 郑东新区十年发展轨迹探秘.http://hn.ifeng.com/hnzhuanti/zhengdongxinqu/

[72] 探访长垣重工业园区由"制造"向"创造"奋进.http://henan.sina.com.cn/city/yqgc/2012-02-23/175-14006.html

[73] 让科学发展成为县域经济的主旋律——关于长垣县推进又好又快发展的调查与思考.http://www.henan.gov.cn/jrhn/system/2009/04/21/010130051.shtml

[74] 杨慧, 倪鹏飞. 金融支持新型城镇化发展的对策研究[J]. 经济纵横, 2015(2):63-68.

[75] 李传健, 邓良. 新型城镇化与中国房地产业可持续发展[J]. 经济问题, 2015(1):119-123.

[76] 苏州工业园区融资建设模式案例.http://wenku.baidu.com/link?url=s7gj0n6Qu-fbkFr-DgC2G9T0Zc7H6U1S8Kx9GR_5kaCs4T49WhBel_ehXCM4p_jAmzP9mstqjZvQVaVnD6wCrskY2WKNGg3wBKNYmL6EHAy

[77] 揭开美国尔湾新城的神秘面纱.http://www.fdarcity.com/detail.aspx?m=23&n=388

[78] 从园外工业园区看中国产业地产发展方向.http://www.docin.com/p-642968668.html

[79] 信春霞. 中国人口城市化率的深层次分析[J]. 上海财经大学学报, 2002, 4(6):39-45.

[80] 何燎原, 赵胤钘. 我国产业新城开发的融资模式比较及优化[J]. 财会研究, 2012(21):72-74.

[81] 刘勇. 产业新城:县域经济转型发展的新探索[J]. 区域经济评论, 2014(6):118-123.

[82] TDD模式.http://baike.baidu.com/link?url=zxitz2DU0LaubVxnSurha78hrhq9A6hYncvSBkFRs9gehTK0d2AX4qBa8FRYpw3C

[83] 刘晓兵. 美国日本房地产投资信托发展对中国的启示[J]. 金融理论与实践, 2003(10):59-61.

[84] http://www.worldunion.com.cn/uploadfile/NewsPic/20160122/E2244F66DB28D954.pdf，中国房地产市场2015年回顾与2016年展望.

[85] 张鹏. 日本房地产泡沫对我国宏观调控的启示[J]. 中国经贸导刊, 2010(5):13-14.

[86] 解密事业合伙人与项目跟投机制.http://wenku.baidu.com/view/77d4c47bf61fb7360b4c65a7.html?from=search

[87] 华夏幸福常青藤启航训练营.http://economy.gmw.cn/2014-09/22/content_13331086_2.htm

[88] 万达文化旅游商业产品模式探究及全国布局.http://cq.winshang.com/news-235833.html

[89] http://www.gov.cn/gongbao/content/2014/content_2644805.htm，国家新型城镇化规划（2014 - 2020年）.

[90] http://www.xinhuanet.com/politics/2015csgz/，中央城市工作会议.

[91] 易宪容. 房地产去库存化的困境才刚开始[J]. 经营管理者, 2016(2).

[92] 易宪容. 房地产去库存化是一次重大的利益关系调整[J]. 投资北京, 2016(1).

[93] 吴学安. 楼市去库存,药方有几味?[J]. 城市开发, 2015(12).

[94] 谭刚. 从美日房地产周期看我国房地产发展趋势[J]. 新财经, 2002(9):52-53.

[95] 赵路兴. 机遇与挑战并存——新型城镇化进程中的房地产发展趋势[J]. 中国经贸导刊,2013(30).

[96] 刘程. 二、三线城市中小型房企的危机与出路[J]. 中国房地产, 2011(11):23-25.

[97] 巴曙松：从日本房地产发展历程看中国房地产发展之路.http://house.hinews.cn/pagenew-27032.html

[98] 越南王富美兴把沼泽变宝地.https://news.housefun.com.tw/news/article/15 106939381.html

[99] 世合理想大地一个造镇传奇.http://sh.house.sina.com.cn/scan/2015-07-23/10256029808254631327752.shtml

[100] 莫斌：碧桂园森林城市，从大盘运营到城市运营.http://nj.house.ifeng.com/detail/2016_01_07/50667769_0.shtml

[101] 万达与印度地方政府合作拟投资100亿美元.http://money.163.com/16/0122/18/BDV2NR74002534NU.html

[102] 瞄准一带一路生意 华夏幸福进军印度.http://www.jiemian.com/article/52 2381.html